Isabella Kroth
Halbmondwahrheiten

Isabella Kroth

HALBMOND-
WAHRHEITEN

Türkische Männer
in Deutschland

Innenansichten einer
geschlossenen Gesellschaft

Diederichs

Dieses Buch basiert auf wahren Begebenheiten, von denen mir die Protagonisten selbst erzählt haben. Es erhebt jedoch nicht den Anspruch, die Geschehnisse in jeder Hinsicht authentisch wiederzugeben. Selbst wenn die Männer gerne mit ihrem vollen Namen genannt worden wären, war dies nicht möglich, um sie und die Rechte Dritter zu schützen. Deshalb sind insbesondere die Namen der im Buch vorkommenden Personen verändert, zum Teil auch ihre beruflichen und privaten Handlungen und Lebensumstände.

Mix
Produktgruppe aus verbildlich bewirtschafteten
Wäldern und anderen kontrollierten Herkünften
www.fsc.org Zert.-Nr. SGS-COC-001940
© 1996 Forest Stewardship Council

Verlagsgruppe Random House FSC-DEU-0100
Das für dieses Buch verwendete FSC-zertifizierte Papier
Classic 95 liefert Stora Enso, Finnland.

© 2010 Diederichs Verlag, München,
in der Verlagsgruppe Random House GmbH
Umschlaggestaltung: Weiss/Zembsch/Partner, Werkstatt/München
unter Verwendung eines Motivs von © ImageShop/Corbis
Druck und Bindung: GGP Media GmbH, Pößneck
Printed in Germany
ISBN 978-3-424-35022-7

Gewidmet ist das Buch dem Mann, der sich für mich auf das Integrationswagnis Deutschland eingelassen hat. Vielen Dank dafür.

Wenn ich nicht brenne, wenn du nicht brennst,
wenn wir nicht brennen,
wie kann
die Finsternis erleuchtet werden.

(Nâzım Hikmet)

INHALT

EINLEITUNG

Türkisch-muslimische Männer –
eine geschlossene Gesellschaft?

Adem war der Erste, der das Wagnis einging. Jetzt sitzt er mit gut zwanzig Männern im Kreis. Er hält ein Gläschen mit Çay in der Hand und balanciert es vorsichtig über den Kopf seiner kleinen Tochter, die auf seinen Schoß klettert. Er sagt: »Es ging um meine Ehre. Meine Frau hatte sie mit Füßen getreten.« Die anderen Männer um ihn herum nicken. Sie wissen, was er meint. Einer sagt: »Frauen sind die Ehre eines Mannes. Sie haben alles in der Hand – sie können diese Ehre mehren oder sie zerstören.« Der Tee im elektrischen Samowar in der Ecke brodelt auf. Durch die große Fensterfront entschwindet das letzte Tageslicht.

Hier in einem Berliner Dienstzimmer haben sich Männer einer viel beschworenen »Parallelgesellschaft« versammelt. Männer über die pauschale Bilder kursieren: Das der türkischen Paschas, die ihre Frauen daheim schlagen und ihre Ehre bis aufs Blut verteidigen, den Gebetskranz immer bei der Hand. Das Bild der Väter, die ihre Töchter zum Kopftuch und zur Ehe zwingen und ihre Söhne in den Koranunterricht schicken. Von Patriarchen, die ihre archaischen Sitten und Gebräuche mit nach Deutschland genommen haben. Bislang klingt es in der Runde so, als würden sich Vorurteile bestätigen. Ich bin neben einer Rechtsanwältin die einzige Frau im Raum, neben etwa zwanzig Männern. Meine Anwesenheit stört ihr Gespräch nicht. Beinahe bin ich froh, mich unsichtbar fühlen zu können.

Bislang waren es vor allem Frauen als Opfer traditioneller Strukturen, die über eben diese gesprochen haben. Bücher von Zwangsehen und Ehrenmorden zementieren ein einseitiges Bild der Männer als Patriarchen, die über ihre Familien regieren. Vielleicht aber sind die Männer, die hinter diesen Frauen stehen, genauso Opfer einer patriarchalen Gesellschaft? Die türkische Soziologin Pınar Selek, die ein Buch über männliche Identitäten in der Türkei geschrieben hat, sieht den Mann als ein »ramponiertes Wesen«, dem während seiner Entwicklung nach und nach die Regeln des Patriarchats nahegebracht werden. Der Pädagoge Ahmet Toprak hat über türkische Männer der zweiten und dritten Generation in Deutschland geforscht. In seinem Buch über Zwangsheirat, häusliche Gewalt und die Doppelmoral der Ehre bezeichnet er die türkischen Männer als »schwaches Geschlecht«. Wie fühlt es sich an, den Erwartungen entsprechen zu müssen, immer stark zu sein, Orientierung zu geben, auf Traditionen zu pochen – zumal wenn man fern der Heimat lebt oder sich in Deutschland nicht zu Hause fühlt? Ich will herausfinden, wie stark oder schwach und ramponiert die »Patriarchen« wirklich sind. Hierher in die Gruppe bin ich gekommen, weil es hieß, ich könne mit Männern darüber sprechen, wie es sich anfühlt, in Deutschland zu leben, ohne wirklich angekommen zu sein. Mit Männern, die mir einen Einblick geben können in eine Gesellschaft, die in Deutschland oft als eine parallele bezeichnet wird.

Murat, der heute Abend noch wenig gesagt hat, meldet sich jetzt zu Wort: »Wir haben unsere Ehre doch selber in der Hand. Man kann da nicht nur die Frau verantwortlich machen.« Die Männer schweigen. Berkant wischt sich über die Augen. In die Gesprächspause hinein sagt er: »Ich hab meine Frau mit allem allein gelassen. Ich hab sie kontrolliert und ausgenutzt. Dann hatte sie mich satt. Sie hat mich sitzen lassen und mir vorgeworfen, ich sei ein Versager.« Einer ruft dazwischen: »Ich würde meine Frau sofort verlassen, wenn sie so was sagt.« Metin lacht auf: »Ne, du würdest sie umbringen.« Plötzlich reden alle durcheinander. Bis ein Mann, der bislang geschwiegen hat, die Stimme erhebt. Die Männer sehen zu ihm auf, auch wenn er nicht der Älteste in der Runde ist. Sie lauschen seinen Worten, was er sagt über Ehre, Stolz und Gerechtigkeit. Manchen ersetzt dieser Mann den Vater, manchen ist er ein guter Freund. Für alle ist er ein Lebensberater. Der Schlüssel zu einer Gesellschaft, von der sie das Gefühl haben, dass sie ihnen verschlossen bleibt. Sie nennen ihn Kazım-Abi, Kazım, den älteren Bruder. Es ist der Psychologe Kazım Erdoğan. Er ist einer von ihnen.

Für mich war er der Türöffner zu einer Gesellschaft, von der es immer hieß, sie sei eine geschlossene; Zutritt nicht möglich. Am Anfang meiner Recherchen hatte ich mit Vertretern von Verbänden, Autoren und Pädagogen gesprochen, die mir von Problemen erzählten, vor die sich türkischstämmige Männer in Deutschland gestellt fühlten. Von der Hilfsorganisation *Terre des Femmes* erfuhr ich, dass immer wieder auch Männer Hilfe suchen würden, dann aber abgewiesen werden müssten, da es zu wenige Möglichkeiten geben würde, um ihnen zu helfen. Ich bekam den Eindruck, dass die Probleme groß seien, dass Männer aber über sie schweigen würden, auch aus Angst, als Verräter ihrer Kultur und Traditionen zu gelten. Es hieß oft: »Das ist eine geschlossene Gesellschaft – die lassen niemanden reinschauen.« Oder: »Sie haben keine Chance, die Männer werden mit Ihnen nicht sprechen.«

Über diese ist dagegen schon viel gesagt worden: Die Wahrnehmung der türkisch-muslimischen Männer ist geprägt von einem öffentlichen Diskurs in oft schrillen Tönen. Deutschlandweit diskutieren Experten über diese Männer – auf Gipfeln, Konferenzen und Tagungen. Doch zu Wort gekommen sind diejenigen, über die so viel geredet wird, noch kaum.

Über den Berliner Psychologen Kazım Erdoğan hatte eine Mitarbeiterin eines Frauenhauses gesagt, er sei einer der wenigen, der auch Männern Hilfe anbieten würde. Als ich ihn anrief, hieß es: »Kommen Sie! Sie sind herzlich eingeladen in die Gruppe.« Erdoğan hat die Männer der »Parallelgesellschaft« zu sich geholt, in den Psychosozialen Dienst Neukölln, der mitten in einem Berliner Problemkiez liegt: 300.000 Einwohner, mehr als ein Drittel davon Migranten. Die Arbeitslosenquote liegt bei 23 Prozent. Ein moderner Glasbau, lange Gänge, die erste Türe links trägt die Zimmernummer 011. Hier hat der Psychologe eine Selbsthilfegruppe für türkische Männer gegründet, die jeden Montagabend tagt.

Heute Abend ist zum Beispiel Dursun, 66 Jahre, erschienen, ein Einwanderer der ersten Generation, ein ehemaliger »Gastarbeiter«. Über die viele Arbeit hatte er seine Familie vergessen. Die Kinder holte er erst spät zu sich nach Deutschland, dann überließ er die Erziehung seiner Frau. In der Gruppe hat er gelernt, wieder mit seinen inzwischen erwachsenen Kindern zu sprechen. Auch seine Ehe ist besser geworden. Der Psychologe hatte ihn nach einer Sitzung aufgefordert, seiner Frau doch einmal einen Blumenstrauß zu kaufen. Als Dursun seiner Frau am gleichen Abend gelbe Margeriten überreichte, war sie erst misstrauisch. Dann strahlte sie.

Metin, 42, begann früh mit einer kriminellen Karriere. Die Hälfte seines Lebens war er auf der Flucht vor der Abschiebung. Inzwischen besitzt er eine befristete Duldung und sagt Sätze wie: »Man muss die Jugendlichen von der Straße holen.« Abends zieht er durch die Parks und versucht, junge Drogendealer zu bekehren.

Als der 39-jährige Berkant von seiner Frau verlassen wurde, brach seine Welt zusammen. Er hatte sich jahrelang von ihr bedienen lassen; nur Forderungen gestellt. Er sagt: »Ich war ein richtiger türkischer Pascha.« Nach der Trennung war er überfordert. Als alleinerziehender Vater von zwei Söhnen musste er sich plötzlich um den Haushalt und die Kinder kümmern. In der Gruppe hat er gelernt, was Kinder brauchen: Liebe und Geduld.

Ahmet ist im Anzug gekommen. Der Besuch bei Kazım Erdoğan ist für den 40-Jährigen etwas Besonderes. Ihm hat der Psychologe seine Würde wiedergegeben, als Ahmet sich am Ende fühlte. Für seine Frau hatte er die Türkei verlassen. Als »Importbräutigam« bekam er von ihr ein Taschengeld; mit seiner Ehre war das nicht zu vereinbaren.

Sie sind Sunniten und Aleviten, türkische Kurden, ehemalige »Gastarbeiter« oder junge Männer aus der zweiten oder dritten Einwanderergeneration. Sie alle verbindet das Bedürfnis, sich ihren Frust von der Seele zu reden. Über das zu sprechen, was ihnen Angst macht: das Auseinanderfallen ihrer Familien, die zunehmende Kriminalität auf den Straßen und das Gefühl, in Deutschland immer noch nicht dazuzugehören. »Wir sind wie eine Familie«, sagt Dursun. »Auch wenn manche das nicht verstehen: Wir können miteinander offen über Probleme reden.«

Offen über Probleme zu sprechen, das haben viele der Männer erst in den Abendsitzungen bei Kazım Erdoğan gelernt. Seine Selbsthilfegruppe für türkische Männer ist alles andere als gewöhnlich. Denn die Scham ist groß: »Viele Themen tabuisiert die türkisch-muslimische Gesellschaft«, sagt der Psychologe. »Ein türkischer Mann, dessen Frau sich von ihm scheiden lässt, gilt als Versager. Wer zugibt, sich allein zu fühlen, wird als Schwächling bezeichnet.«

Eine »geschlossene Gesellschaft« habe ich in der Gruppe von Erdoğan nicht vorgefunden. Dafür Männer, die bereit waren, sich und ihre Vergangenheit infrage zu stellen. Männer, die Schwäche zugeben können und die bestimmte Moralvorstellungen überdenken, wie die von Ehre und Stolz. Eine entscheidende Rolle spielte der Psychologe Erdoğan. Er hat mir den Zugang leicht gemacht. Die Männer, die zu ihm kommen, wollen über ihre Probleme sprechen. Sie haben sich bereits geöffnet. Sie kommen in die Gruppe, weil sie sehen, dass in Deutschland längst nicht alles so läuft, wie sie es sich wünschen. Jeder der Teilnehmer der Gruppe war bereit, sich mit mir zu unterhalten. Fast jeder wollte sich für das Buch portraitieren lassen. Oft haben mich meine Gesprächspartner mit ihrer Direktheit und Offenheit sogar überrascht. Auch außerhalb der Gruppe habe ich viele Männer kennengelernt, die das Bedürfnis haben, sich mitzuteilen. Niemand hat mir das Gespräch verweigert. Sie alle haben bereitwillig und geduldig jede Frage beantwortet.

Ich habe gemerkt: Die Türen lassen sich aufstoßen. Die Gesellschaft ist zugänglich. Die Männer, mit denen ich gesprochen habe, waren freundlich und aufgeschlossen. Sie freuten sich, dass jemand vorurteilsfrei mit ihnen sprach und nicht von vornherein die Frage stellte, ob sie Opfer oder Täter waren. Das Vertrauen zu mir hat sich über fast zwei Jahre aufgebaut. Die Männer waren immer wieder bereit, sich mit mir zu treffen, sie haben mich in ihre Wohnungen geladen, ins Café, in die Moschee oder in die Kirche. Ich durfte sie in ihrem Alltag begleiten, mit ihnen die Kinder von der Schule abholen gehen, gemeinsam mit ihnen essen und feiern. Sie haben über Fehler gesprochen, die teils gravierend sind: Gewalt an Frauen, Drogen, Kriminalität. Ein größerer Schritt aber war für die Männer, über ihre Gefühle zu sprechen: Einsamkeit, Selbstzweifel, das Gefühl, ausgegrenzt zu sein. Es war für sie eine große Überwindung, zuzugeben, dass sie darunter leiden, nicht zu wissen, wie sie mit Eltern, Kindern oder Ehefrauen sprechen sollen. Immer wieder haben mich meine Gesprächspartner Freunden und Bekannten vorgestellt. Grenzen gab es dort, wo bestimmte Familienmitglieder betroffen waren: die geschiedene Ehefrau etwa oder oftmals die Eltern.

Wer sind nun diese Männer, über die so viel geredet wird, von denen selbst aber man nie etwas hört? Was verhindert ihre »Integration«? Und: Welche Probleme beschäftigen sie? In zwölf Portraits kommen in diesem Buch Männer aus und um Kazım Erdoğans Gruppe zu Wort. Männer aus der ersten und zweiten Generation türkischer Einwanderer, die mit ihren Einzelschicksalen nicht allein sind und doch längst nicht die gesamte Gruppe türkischstämmiger Menschen in Deutschland repräsentieren können und sollen. Es sind nicht die klassischen Erfolgsgeschichten von Mitbürgern mit Migrationshintergrund. Keine Ärzte, Anwälte oder Politiker werden portraitiert. Die Männer stammen nicht aus dem Bildungsbürgertum von Istanbul oder Ankara. Sie oder ihre Eltern und Großeltern haben in der Türkei Armut, Arbeitslosigkeit oder Ausgrenzung hinter sich gelassen, um in Deutschland einen Neustart zu wagen.

Dennoch lassen sich die portraitierten Männer nicht einer bestimmten homogenen sozialen Gruppe zuordnen. Sie gehören unterschiedlichen Lebenswelten an – Herkunft, Religion und Überzeugungen divergieren. Gemeinsam ist ihnen, dass sie sich geöffnet und über Hindernisse gesprochen haben, die ihnen die Integration in Deutschland schwer machen. Es sind Männer, die Einblick geben können, weshalb Studien immer wieder auf Probleme insbesondere von türkischstämmigen Migranten hinweisen.

Die zwölf Geschichten sind bewusst aus der Perspektive der Portraitierten geschrieben. Natürlich stehen hinter jeder Erzählung auch Frauenschicksale; immer sind diese untrennbar verknüpft mit dem Leben der Männer. Der Blickwinkel der Frauen oder auch der Kinder und Eltern bleibt in den zwölf protokollarischen Portraits aber unberücksichtigt. Die Männer wagen einen Tabubruch, indem sie offen über Schwächen, Fehler und manchen religiös oder traditionell begründeten Irrglauben sprechen. Polygamie, die Gedanken an einen Ehrenmord, Drogenhandel, Scheinehe – sie erklären, wie es dazu kommen kann. Ich will in den Geschichten nicht be- oder verurteilen, sie sollen ein Versuch sein, zu erklären; deshalb sind sie so wertneutral wie möglich aufgeschrieben. Wer nicht zuhört, wer zu schnell urteilt, dem bleibt jede Gesellschaft verschlossen. Die Männer geben Einblick in eine Gesellschaft, die wie von unsichtbaren Mauern umgeben zu sein scheint. Diese Männer haben sie durchbrochen.

KAZIM ERDOĞAN, DER KALIF
VON NEUKÖLLN

Der Psychologe Kazım Erdoğan ist eine Vertrauensperson, wie es in ländlichen Regionen der Türkei einst der Dorfälteste war. Bei ihm suchen Männer Orientierung, die sie sonst nirgends finden. Mit den Menschen, die zu ihm kommen, verbindet ihn vieles: Die Herkunft und auch die Erfahrungen, die er in Deutschland machte.

Er selbst nennt sich ironisch den »Kalifen von Neukölln«, das Oberhaupt der islamischen Gemeinde im Stadtteil. Auf seinem vollen Schreibtisch im Psychosozialen Dienst Neukölln steht ein hölzernes Namensschild mit zwei kleinen Flaggen – der deutschen und der türkischen. Es ist sein klar definiertes Ziel, das Miteinander von Türken und Deutschen zu verbessern.

Geboren 1953, man könnte ihn älter schätzen, als er ist. Er geht gebeugt, das kurze graue Haar ist licht: Ein Mann, dem man die viele Arbeit ansieht. Dessen Tage oft um vier Uhr morgens beginnen und vierzehn Stunden später enden. Ein Mann, der sich aufreibt für sein Ziel. Er sagt: »Integration ist wie ein Auto. Ohne Pflege, rostet sie.«

Kazım Erdoğan hat viel gemeinsam mit den Männern, die zu ihm kommen und Rat suchen. Er kennt die anatolische Weite, der viele der Älteren nachtrauern. Er selbst stammt aus dem kleinen Dorf Gökçeharman in Zentralanatolien. Ein Dorf im Niemandsland. Die Familie Erdoğan lebte in einem der einfachen Lehmhäuser mit flachem Dach, durch das bei Regen das Wasser durchsickerte, ohne Strom und fließendes Wasser. Siebzehn Personen teilten sich drei Zimmer – neben den sieben Geschwistern und den Eltern auch die Großeltern, Onkel und Tanten, sowie die Schwager. Die Familie teilte sich Weizengrütze aus großen Schüsseln. »Wenn siebzehn Löffel den Topf auskratzten, war das wie Musik«, sagt Erdoğan.

Der Vater war Angestellter bei der Bahn. Ein einfacher Arbeiter, in der Hierarchie ganz unten. Die Mutter arbeitete doppelt: Sie kümmerte sich um den Haushalt und arbeitete auf den Feldern, wo sie per Hand Gerste und Weizen erntete; Maschinen gab es keine. Von seinem Gehalt als Eisenbahnmitarbeiter hatte der Vater Grund gekauft, er war überzeugt gewesen, die Felder könnten seinen Kindern einmal das Überleben sichern. Dann kam die Abwanderung nach Deutschland. Von den einst 360 Einwohnern in Gökçeharman sind gerade einmal zwanzig Personen übrig geblieben. Die Lehmhäuser sind verlassen und verfallen. Die Menschen haben die Flucht angetreten vor Arbeitslosigkeit und harter Feldarbeit. Sie ließen sich als »Gastarbeiter« werben, um ihr Glück in Deutschland zu suchen. Der Vater erkannte, dass mit den Feldern nichts mehr zu gewinnen war. Also setzte er, selbst Analphabet, auf Bildung. Seinen sechsjährigen Sohn Kazım schickte er im Zug nach Erzurum, mit 300.000 Einwohnern die größte Stadt in Ostanatolien, 400 Kilometer von Gökçeharman entfernt. Sein Sohn sollte dort ein privates Internat besuchen, ein seltenes Privileg. Dorthin brachten reiche Eltern ihre Söhne und Töchter, oder eben jene Väter, die bei der Bahn arbeiteten, so wie Kazım Erdoğans Vater. Die Gebühren für die Schule hätte dieser sonst niemals zahlen können. Als Bahnmitarbeiter aber musste er nur einen kleinen Teil des Lohns abzwacken. Kazım Erdoğan sagt, er war seinem Vater jeden Tag dankbar, im Internat sein zu dürfen. »Mir war immer bewusst, dass ich nicht nur für mich, sondern auch für meine Familie lerne«, sagt er. Doch den sozialen Unterschied zwischen ihm und den anderen Kindern spürte er deutlich. Viele Mitschüler bekamen jede Woche Körbe voll mit Sultaninen, Nüssen, Feigen und Butter zugeschickt, als Ergänzung zu Milchpulver und Weizengrütze in der Schulkantine. Kazım Erdoğan erhielt nie einen Korb. Im Internat von Erzurum fühlte er sich nicht nur deshalb zum ersten Mal ausgegrenzt. Er gehörte nicht dazu. Alle Schüler wussten, dass, wer aus dem Dorf Gökçeharman kommt, Alevit und zudem Kurde sein muss. Und nicht, so wie die Mehrheit, sunnitischer Türke. Während die anderen während des Ramadan fasteten, versteckte er sich tags zum Essen auf der Toilette. Im Unterricht strengte er sich doppelt an, um bei den Lehrern nicht in Ungnade zu fallen.

Zwölf Jahre blieb er auf dem Internat, schloss das Gymnasium mit der Note »sehr gut« ab. Er war damit der erste Abiturient aus seinem Heimatdorf. Und er sollte der erste Akademiker sein. In Ankara schrieb er sich in der Universität ein: Psychologie. Drei Monate vergingen, ohne dass der Student ein einziges Mal in einer Vorlesung saß. Faul war er nicht, im Gegenteil. Aber er besaß kein Geld, um sich das Leben in der Stadt zu finanzieren. Also ging er, statt ins Psychologie-Seminar, in ein Hotel zum Arbeiten. Er leitete eine Cafeteria, servierte Tee und schleppte Getränkekisten. Dann exmatrikulierte er sich. Seine Hoffnung war der Onkel in Berlin. Er hatte die türkische Heimat schon vor ein paar Jahren verlassen, um als »Gastarbeiter« nach Deutschland zu reisen. Seinem Neffen schrieb er Briefe und bot ihm an, zu ihm zu kommen. In Deutschland stünde dem inzwischen 21-Jährigen die Welt offen: Das Studium sei umsonst, die Straßen mit Münzen gepflastert. Der Onkel versprach, ein Flugticket zu schicken. Es kam nie an.

Kazım Erdoğan hatte nun ein Ziel. Er sparte selbst auf das Ticket, das ihn nach Berlin bringen sollte, ins gelobte Land. Für einen Flug reichte es nicht, aber für eine Busfahrkarte nach München mit anschließendem Zugticket nach Berlin. Eine Vier-Tage-Reise, ohne Dusche oder Bett. Im Gepäck: Zwei Cordhosen und eine Jeans, ein paar Hemden und Pullover. In der Hosentasche: 100 DM und der Zettel mit der Adresse des Onkels. Und für alle Fälle auch die eines Studentenwohnheims in Charlottenburg.

Am 5. Februar 1974 stand er um sieben Uhr morgens am Berliner Bahnhof Zoo, müde und hungrig. Aber da war kein Onkel. Kazım Erdoğan griff in die Hosentasche nach dem Zettel mit der Adresse – er hatte ihn verloren. Die Ankunft im Märchenland Deutschland – alles andere als verheißungsvoll. Niemand verstand ihn, als er um Auskunft bitten wollte. Bis er auf einen türkischen Mann vom Reinigungsdienst traf. Der begleitete ihn zu dem Studentenwohnheim, dessen Adresse der erschöpfte Ankömmling noch im Kopf hatte. Ein paar Stunden später holte ihn der Onkel dort ab. Ein nüchternes Wiedersehen, bei dem die erste Frage des Onkels lautete: »Wie viel Geld hast du?« Der Neffe händigte ihm aus, was er noch übrig hatte: 69 DM. Der Onkel bestellte ein billiges Begrüßungsessen. Das Restgeld trug er ins Wettbüro. »Wenn ich gewusst hätte, in welchen Verhältnissen mein Onkel lebte, wäre ich wohl nicht nach Deutschland gegangen«, sagt Erdoğan. Der Onkel verließ mittags das Haus, dann ging er ins Männercafé. Den Neffen aber schickte er in Fabriken, wo er unter dem Namen des Onkels arbeitete. Erdoğan war nun ein illegaler Arbeiter, denn eigentlich hätte er nach drei Monaten in Deutschland wieder ausreisen müssen. Ein schmächtiger Türke aus einem anatolischen Bergdorf, voller Scham über seine Herkunft und doch voller Hoffnung, in Deutschland studieren zu dürfen. Er ließ seine Zeugnisse übersetzen und bewarb sich wieder um einen Studienplatz für Psychologie. Dann schleppte er Kühlschränke und Waschmaschinen, stand am Fließband und sortierte im Akkord Margarinebehälter, schlug sich als Wärter die Nacht um die Ohren. Er arbeitete für *Quelle* im Lager, für *Wiener Wald* in der Küche, schleppte Getränkekisten für *Coca Cola* und *Berliner Kindl* und putzte bei *IBM*. Er war ein verspäteter türkischer »Gastarbeiter« und »ganz unten«, so, wie es der Journalist Günter Wallraff in seinem gleichnamigen Buch beschrieben hat. »Ich war ein ehrlicher Verbrecher«, sagt Erdoğan heute.

Am Zahltag erwarte ihn der Onkel jedes Mal ungeduldig. »Er wusste genau, mit welcher U-Bahn ich nach Hause komme.« Noch am Ausgang der Station »Rathaus Neukölln« überreichte er dem Onkel seinen Wochenlohn. »Mir blieben gerade mal zehn DM, um mir belegte Brötchen in den Fabrikkantinen zu kaufen, aber nicht genug für die Fahrkarten mit der U-Bahn oder dem Bus.« Die Schwarzfahrten wurden zur Zitterpartie, die Angst vor der Abschiebung war der ständige Begleiter.

1974 war das Jahr nach dem offiziellen Anwerbestopp türkischer

»Gastarbeiter«. Seit einem Abkommen mit der Türkei von 1961 war die Zahl der in Deutschland lebenden Türken auf 910.500 gestiegen. Männer und Frauen, die die Engpässe am Arbeitsmarkt stopfen sollten und erfolgreich am deutschen Wirtschaftswunder mitgearbeitet hatten. Die eigentlich nicht bleiben, sondern per Rotationsverfahren nach einem Jahr in die Türkei zurückkehren sollten. Das war die Theorie – die Praxis sah anders aus. Die deutschen Firmen wollten die angelernten Arbeitskräfte behalten. Alles andere wäre aus ihrer Sicht ökonomischer Unsinn gewesen. Genau wie für die türkischen Ankömmlinge. Nach nur einem Jahr hatten sie ihre Ziele noch nicht erfüllt: das Häuschen in der Türkei zu renovieren, ein Auto zu kaufen oder die Eltern finanziell abzusichern. Die »Gastarbeiter« blieben. Sie wurden zu Dauergästen und seit Anfang der 70er zur Belastung. Nach dem Ölpreisschock litt die deutsche Konjunktur. Eine Phase der Massenarbeitslosigkeit begann, die Euphorie über Arbeitskräfte aus der Türkei war verflogen.

Sieben Monate nach seiner Ankunft in Berlin geriet Kazım Erdoğan in eine Routinekontrolle der Zivilpolizei. »Es hieß: ›Schönen Guten Tag, den Ausweis bitte‹«, erinnert sich Erdoğan, der damals fast kein Wort Deutsch sprach. »Ich stammelte so etwas wie ›Pass Hause‹, dann nahmen sie mich mit auf die Wache.« Erdoğan gab den Namen seines Onkels zu Protokoll. Der Polizist gab ihm eine Zigarette zur Beruhigung und kontrollierte seine Taschen. Darin fand er einen Brief des Onkels, der Empfänger war ein gewisser Kazım Erdoğan. Der Beamte schlug in einem Buch nach, in dem alle eingereisten Türken registriert waren. Dann sah er den jungen Mann an und schüttelte den Kopf. Schon am Abend saß der illegale Einwanderer, der gehofft hatte, in Deutschland studieren zu dürfen, in Abschiebehaft – zwischen vierzig oder fünfzig Mithäftlingen, die wie er auf der Straße eingesammelt worden waren. »Ich fühlte Scham hoch drei. Man kommt ohne Geld in ein reiches Land und wird wieder rausgeschmissen. Da fühlt man sich als Versager.« Der 21-Jährige hatte an diesem Tag vierzig Pfennig bei sich. Er warf zwei Zehn Pfennig-Stücke in ein Münztelefon mit Drehscheibe. Er verwählte sich, weil er so zitterte. Die zwanzig Pfennig waren weg. Beim zweiten Versuch erreichte Erdoğan seinen Freund, einen Kurden aus Syrien. Ihn bat er, eine Bestätigung der Universität zu holen und einen Dolmetscher. Vier Tage später war Erdoğan frei. Als immatrikulierter Student hatte er Aussicht auf eine Aufenthaltserlaubnis. Heute sagt er: »Ich weiß, wie es sich anfühlt, Angst in einem fremden Land zu haben. Deshalb kann ich die Männer, die zu mir kommen, gut verstehen.«

Vielleicht hatte Kazım Erdoğan mehr Hartnäckigkeit als die Männer, die heute bei ihm Rat suchen. Vielleicht hatte er auch mehr Glück. In jedem Fall waren es sein hellwacher Geist, seine Intelligenz und sein Arbeitseifer, die den Psychologen dorthin brachten, wo er nun ist.

Als Kazım Erdoğan damals seine Immatrikulation erhielt, zog er von seinem Onkel in Neukölln weg in eine Zweizimmerwohnung in Schöneberg, ohne fließendes Wasser. Zum Duschen ging er ins Stadtbad. Zum Kochen holte er sich Wasser aus dem Flur, das er in Schüsseln abfüllte. Für die Miete sollte er 67,01 DM überweisen. »Einmal habe ich den Pfennig weggelassen«, sagt er. »Dann kam eine Mahnung. Beim nächsten Mal habe ich auf fünfzehn Pfennig aufgerundet.« Er hatte Bekanntschaft gemacht mit deutscher Gründlichkeit.

Am 15. Oktober 1974, knapp acht Monate nach seiner Einreise, begann er mit dem Deutschkurs fürs Studium. Ein Jahr später studierte er Psychologie, Soziologie und Erziehungswissenschaften.

In Deutschland setzte Phase zwei der Zuwanderung ein: Mit dem Anwerbestopp von 1973 reduzierte sich die Zahl derer, die in Deutschland Arbeit suchten. Dafür holten diejenigen, die schon hier waren, per Familiennachzug ihre Angehörigen nach. Die Struktur des Arbeitsmarktes änderte sich. 1970 hatten 75 Prozent der türkischen Einwanderer sozialversicherungspflichtige Arbeit. Fünf Jahre später arbeiteten noch 50 Prozent und im Jahr 1980 waren nur noch 39 Prozent in fester Anstellung.

Als Student beobachtete Erdoğan die Entwicklung. 1979 beschrieb er in seiner Diplomarbeit über »Arbeiter aus der Türkei in Westberlin« die Probleme der Migration: fehlende Deutschkenntnisse, Bildungsarmut und Diskriminierung. Er forderte Deutschkurse in den Fabriken und Integrationshilfen in den Schulen. Auch die deutsche Politik erkannte Handlungsbedarf. Im gleichen Jahr, in dem Erdoğan seinen Abschluss machte, erschien das »Kühn-Memorandum«, verfasst vom SPD-Abgeordneten und ersten Ausländerbeauftragten Heinz Kühn. Dieser formulierte, was sich damals niemand auszusprechen traute: Deutschland war zu einem Einwanderungsland geworden, mit vier Millionen »Gastarbeitern« und ihren Familien. Er forderte eine konsequente Integrationspolitik. Sein Memorandum war so etwas wie ein erster Integrationsplan – mit Vorschlägen, die teils erst Jahrzehnte später aufgegriffen wurden, etwa für in Deutschland geborene Kinder eine Option, die deutsche Staatsbürgerschaft anzunehmen. Sein Memorandum war visionär, doch es verschwand in den Schubladen.

Anfang 1980 bot die Ulrike-von-Levetzow-Hauptschule Erdoğan eine Stelle an. Er war damit Angestellter im Öffentlichen Dienst und bekam nach fünf Jahren seine unbefristete Aufenthaltserlaubnis.

Noch 1985 waren zwei Drittel der türkischen Einwanderer in Deutschland an- oder ungelernte Arbeiter auf dem Bau oder in der Schwerindustrie: Akkord-, Schicht- und Fließbandarbeit. Dabei wären gut ausgebildete türkische Lehrer wie Kazım Erdoğan spätestens seit Anfang der 80er dringend nötig gewesen: 1,4 Millionen Menschen aus der Türkei lebten in Deutschland, viele mit großen Sprachdefiziten und Bildungsmängeln. Doch deutsche Bildungspolitiker hatten immer noch das Rückfahrticket der Gäste im Kopf, genau wie viele der Einwanderer.

In den Vorbereitungsklassen sollte der neue Lehrer Erdoğan Migrantenkindern Deutsch beibringen und sie quer durch die Fächer hinweg unterrichten. »Ich hatte so etwas wie eine revolutionäre Haltung, eine Botschaft. Ich wollte den Schülern ein Vorbild sein. Ich wollte ihnen zeigen, dass man es schaffen kann, wenn man von ganz unten kommt.« Und er wollte die Eltern seiner türkischstämmigen Schüler zu sich holen. Er wollte den Vätern und Müttern die Scheu nehmen. Er wusste: »Ein türkischer Mann, der sich nicht verständigen kann und in einem fremden Land von Arbeitslosenhilfe lebt, schämt sich. Er hat keine Eigenschaften, die wir positiv finden.« Erdoğan rief die Eltern immer wieder an, bis sie zu ihm in die Schule kamen und merkten, dass sie dort willkommen waren.

Deutschland war auch dann noch kein offizielles Einwanderungsland, als sich mit dem Militärputsch in der Türkei im Jahr 1980 viele Asylbewerber meldeten. Die Zahl der Anträge überstieg die Schwelle von 100.000. Die Stimmung wurde feindlicher. Die Politik machte den »Asylmissbrauch« und die »konsequente Abschiebung« zu zentralen Wahlkampfthemen. Mit der Regierung Kohl sollte das Thema Integration in den Hintergrund geraten. Der Bundeskanzler glaubte: »Integration ist nur möglich, wenn die Zahl der bei uns lebenden Ausländer nicht weiter steigt.« Seine Regierung beschloss 1983 das »Gesetz zur Rückkehrförderung«, das türkische Einwanderer dazu bewegen sollte, in die Heimat zurückzukehren. Die Rückkehrwilligen sollten eine Prämie bekommen: 10.500 DM und für jedes Kind noch einmal 1500 DM. Wer sich dafür entschied, musste unterschreiben, nie mehr nach Deutschland zurückzukehren. Nur 12.000 Anträge auf Rückkehrförderung wurden bewilligt, gut 37.000 Menschen reisten aus. Ein kurzfristiges populistisches Projekt ohne große Wirkung, aber mit deutlicher Botschaft: Türkische Einwanderer sind eine Belastung und Konkurrenten auf dem Arbeitsmarkt.

Die Zahl der Arbeitslosen in Westdeutschland erhöhte sich weiter. Von rund 890.000 im Jahr 1980 stieg sie bis 1985 auf 2,3 Millionen. Der Verteilungskampf wurde härter. Kazım Erdoğan sah, dass sich seine türkischen Landsleute nicht nach Münzen auf der Straße bückten, so wie ihm das sein Onkel einst erzählt hatte, sondern nach Sperrmüll, um ihn in die »Bruchbuden der Nation« zu schleppen.

Im September 1985 lernte er seine Frau kennen, Gülşen. Ein Bekannter hatte ihm von der schönen Verkäuferin bei *Woolworth* an der Kasse erzählt. Kazım Erdoğan machte sich auf den Weg. Er wusste, dass sie aus İmranlı stammte, was nicht weit von seinem Heimatdorf entfernt war, und dass sie alevitische Kurdin war. Er lud sie zum Essen ein, Gülşen bezahlte. Am 15. Mai 1986 standen die beiden im Standesamt. Eine Hochzeit aus Vernunft, sagt Erdoğan heute – die Familie seiner Frau machte Druck. Die Liebe zwischen ihm und Gülşen kam später. Nach der Hochzeit sollte seine Frau nicht mehr an der Kasse stehen, aber nicht um fortan Hausfrau und Mutter zu sein. Erdoğan riet ihr, sich stattdessen zur Erzieherin fortzubilden. Sie bewarb sich in einer Zufluchtswohnung für bedrohte Mädchen, engagierte sich, so wie ihr Mann. 1990 wurden sie Eltern einer Tochter, Dilan. Drei Jahre später kam die zweite Tochter zur Welt, Yonca.

Unterdessen setzte Erdoğan seine Karriere fort: 1989 bekam er ein Angebot, das er nicht ablehnen konnte. Er sollte in der Schulpsychologischen Beratungsstelle Schöneberg Eltern und Kinder unterstützen. Er war überzeugt, dadurch noch mehr Einfluss auf Integrationsfragen nehmen zu können und sagte zu. In der Beratungsstelle kämpfte er gegen die Sorge vieler türkischer Eltern, ihre Kinder hätten in Deutschland keine Chance. Eine Sorge, die sich nach dem Mauerfall verstärkte. Durch ihn fühlten sich viele Zuwanderer in die dritte Reihe verwiesen. Sie hatten das Gefühl, bei der deutsch-deutschen Einheit außen vor zu bleiben.

Nach der Wende nahmen Ausländerfeindlichkeit und Arbeitslosigkeit zu. »Das Boot ist voll!« lautete der Wahlspruch der rechtsextremistischen Republikaner. Auch die CDU hatte die Debatte um Asylbewerber in den Wahlkampf von 1990 verlagert. Schlagworte wie »Asylantenflut«, »Wirtschaftsschmarotzer« oder »Überfremdung« prägten die öffentliche Diskussion. Boulevardzeitungen griffen die Polemik auf und zeichneten das Bild vom betrügerischen und faulen Asylanten. Damals schätzten Münchner Abiturienten den Anteil der Asylbewerber an der Bevölkerung auf 30 bis 40 Prozent. Er lag bei weniger als einem Prozent. Laut einer Infas-Umfrage war die Bereitschaft, eine Partei »rechts von CDU/CSU« zu wählen, während der Asyldebatte stark gestiegen – von 8 auf 12 Prozent im Osten, von 12 auf 19 Prozent im Westen. Die Stimmung kippte: Es kam zu einer Serie rassistischer Anschläge. September 1991, Hoyerswerda: Neonazis warfen Steine und Molotowcocktails, 32 Verletzte. August 1992, Rostock: Hunderte Rechtsradikale riefen Parolen wie: »Jetzt werdet ihr geröstet« – unterstützt von Anwohnern. Zuletzt brannte ein Haus, in dem 115 vietnamesische Vertragsarbeiter lebten. November 1992, Mölln: ein Brandanschlag auf ein Wohnhaus, drei Tote. Die Täter riefen: »Heil Hitler.« Deutschland fürchtete um seinen guten Ruf, so kurz nach der Wiedervereinigung. Bundeskanzler Kohl warnte vor einem »Staatsnotstand«. Am 26. Mai 1993 änderte der Bundestag Artikel 16 des Grundgesetzes: Flüchtlinge, die aus »verfolgungsfreien« Ländern stammten oder über »sichere Drittstaaten« einreisten, sollten künftig keine Chance mehr auf Asyl haben. Die Bundesrepublik war für Flüchtlinge damit nur noch für die erreichbar, die mit dem Flugzeug einreisten. Drei Tage später brannte in Solingen ein Haus türkischer Einwanderer. In der Folge bildeten Millionen Deutscher Lichterketten quer durch die Republik und demonstrierten gegen Fremdenfeindlichkeit.

In jenem Jahr beantragte Kazım Erdoğan die deutsche Staatsbürgerschaft. Als er mit seiner Frau und den zwei kleinen Töchtern vom Nord-Neuköllner Hermannplatz ins gutbürgerliche Rudow zog, spottete die Neonazi-Szene dort, er habe das Migrantenmilieu hinter sich lassen wollen. Erdoğan sagt: »Fremd kann man sich überall fühlen, wenn man nicht miteinander spricht.«

Die Politik hielt auf Kurs. Auch nach Hoyerswerda, Mölln und Solingen war Integration kein Thema. Es hieß weiter, Deutschland sei kein Einwanderungsland. Ein politisches Bekenntnis, das ein Konzept zur Integration nicht nötig machte.

In ihrer Koalitionsvereinbarung von 1998 erkannte Rot-Grün zumindest erstmals an, ein »unumkehrbarer Zuwanderungsprozess« habe stattgefunden. Nachdem der CDU-Politiker Roland Koch im Wahlkampf erfolgreich auf eine Kampagne gegen die doppelte Staatsbürgerschaft setzte, erreichte die Koalition auf Bundesebene einen Kompromiss. Seit dem Jahr 2000 erhalten alle Kinder die deutsche Staatsangehörigkeit, wenn ihre Eltern rechtmäßig seit mehr als acht Jahren in Deutschland leben. Spätestens aber bis zum 23. Lebensjahr müssen sie sich für oder gegen den deutschen Pass entscheiden. Über Sinn und Unsinn des »Optionszwangs« streiten Politiker bis heute.

Im Herbst 2000 trat der CDU-Politiker Friedrich Merz die Debatte von der »Deutschen Leitkultur« los. Hitzige Diskussionen über deutsche Werte und die Anpassung oder gar Assimilation von Ausländern folgten. Der Begriff Leitkultur entwickelte sich zum Reizwort. Die Integrationsdebatte betonte das, was Deutsche von Ausländern trennte.

Der Anschlag am 11. September 2001 tat sein Übriges. Das Misstrauen gegenüber dem Islam wuchs. Ein Feindbild baute sich auf. Der Druck auf Muslime in Deutschland wurde stärker. Andererseits wuchs auch das Bedürfnis nach Informationen.

2003 wechselte Erdoğan zum Psychosozialen Dienst Neukölln – zurück in den Stadtteil, wo er sein Leben in Deutschland begonnen hatte. Er sollte von nun an türkischstämmige Migranten betreuen, die sich ähnlich verloren fühlten, wie er einst bei seiner Ankunft. Da saßen junge Frauen vor ihm, die nach ihrer Hochzeit nach Berlin gekommen waren und sich nun, ohne ein Wort Deutsch zu sprechen, einsam fühlten. Oder ihre männlichen Gegenstücke: »Importbräutigame«, deren Weltbild sich bei der Ankunft im fremden Land auf den Kopf stellte. Da waren türkische Väter, verzweifelt, weil sie ihre Familien nicht mehr ernähren konnten. Ehefrauen, die unter ihren Schlägen litten.

Auf Erdoğans Schreibtisch stapelten sich die immer gleichen Fälle der Männer und Frauen, die zwischen die Mühlsteine der unterschiedlichen Kulturen geraten waren. Die sich verloren und missverstanden fühlten in Deutschland, ohne Glauben an eine Zukunft für sich oder ihre Kinder. Ungelöste Probleme: Gewalt in der Familie, Drogen, Isolation. »Nur die Namen und Geburtsjahre unterschieden sich«, sagt Erdoğan. In Neukölln drängten sich ihm die Probleme auf. Er sah Mütter im türkischen Großmarkt, die ihren Kindern entnervt Befehle erteilten, ihnen aber nichts erklärten. Er sah Männer mit dem Gebetskranz in der Hand, die ein paar Meter vor ihren Frauen liefen. Schwer bepackt mit Einkaufstüten, kamen sie kaum hinterher. Er ärgerte sich, wenn Jugendliche für ihr gutes Deutsch gelobt wurden, obwohl sie in Deutschland aufwuchsen. Er erschrak, wenn er hörte, wie schlecht manche Kinder Deutsch sprachen, obwohl sie hier geboren wurden. Er kannte die Statistiken: Den Anteil von Migranten, der an bestimmten Neuköllner Schulen zwischen 80 und 100 Prozent liegt. Er kannte die Ergebnisse der PISA-Studie vom Jahr 2000, die die drastischen Schwächen von Schülern mit Migrationshintergrund deutlich machte. Ihm war auch bewusst, dass sich immer mehr türkischstämmige Migranten in ihre Religion zurückzogen. Laut dem Essener Zentrum für Türkeistudien ist der Anteil der türkischstämmigen Migranten, die sich als streng religiös bezeichnen zwischen 2000 und 2005 von 8 auf 28 Prozent gestiegen.

Kazım Erdoğan merkte, dass er bei seiner Einzelberatung gegen Windmühlen kämpfte. »Ich wollte effizienter sein«, sagt er. »Ich habe mich gefragt: Warum erwartest du, dass andere handeln? Fang doch mal an, wenn etwas besser werden soll.« Dann gründete er 2004 die »Initiative für ein noch besseres Neukölln«. Er ging wieder zurück an die Schulen, weil er überzeugt war, dort die meisten Menschen zu erreichen. Er wollte Hemmschwellen abbauen: »Viele türkische Eltern gehen nicht zu den Veranstaltungen, weil sie kaum etwas verstehen und sich schämen. Nach außen sieht das so aus, als würden sie sich nicht für ihre Kinder interessieren.« Er telefonierte sich durch Listen und lud die Väter und Mütter zu Informationsgesprächen ein – auf Türkisch, Arabisch und Deutsch. Die Themen: Gewalt in den Familien, Umgang mit Medien und Frauenrechte.

Die Bundesregierung definierte in ihrem neuen Zuwanderungsgesetz, das seit Januar 2005 gilt, das Thema Integration erstmals als politische Herausforderung. »Fördern und Fordern« hieß der neue Grundsatz – eine Kampagne, die nach Zuckerbrot und Peitsche klang. Bei vielen Migranten verstärkte sie die Vorstellung, sie hätten die Pflicht versäumt, sich zu integrieren. Gleichzeitig aber standen jetzt erst Integrationskurse im Angebot – Sprache und Normen im Expressverfahren lernen. In seinen Gesprächen an der Schule stellte Kazım Erdoğan vor allem eins fest: »Die Unterschied zwischen ›uns‹ und ›euch‹ wuchs in der Wahrnehmung vieler Türken.«

Der Streit um die Mohammed-Karikaturen im September 2005 trug dazu bei. Auf ihre Veröffentlichung folgte ein internationaler Proteststurm, auch in Deutschland. Eine Allensbach-Umfrage vom Mai 2006 zeigte ein erschreckend eindeutiges Ergebnis der bisherigen Debatten: 98 Prozent der Deutschen verbanden mit dem Islam Gewalt und Terror, 96 Prozent Rückständigkeit, 94 Prozent die Unterdrückung von Frauen. Sympathie mit dem Islam empfanden nur sechs Prozent. Das allgemeine Misstrauen wuchs, angefeuert durch die versuchten Kofferbomben-Anschläge in Koblenz und Dortmund im Juli 2006. Nur wegen eines Irrtums beim Bau der Sprengsätze kam es zu keinem Blutbad.

Die Bundesregierung reagierte mit neuen Konferenzen und Gipfeln – ein Dialog mit den Migranten sollte beginnen. Beim ersten Integrationsgipfel im Juni 2006 trafen sich mehr als 80 Teilnehmer – unter ihnen die Bundeskanzlerin Angela Merkel, Vertreter von Kirchen, Wirtschaft und Zuwanderern. Sie sollten mit der Arbeit an einem »Nationalen Integrationsplan« beginnen. Drei Monate später tagte erstmals die ebenfalls neu gegründete Islamkonferenz. Geladen waren die größten muslimischen Organisationen sowie Repräsentanten der Zivilgesellschaft wie die islamkritische Schriftstellerin Necla Kelek. Innenminister Wolfgang Schäuble sah im Dialog den einzigen Weg, eine Radikalisierung von Muslimen zu verhindern.

Kazım Erdoğan wälzte unterdessen Akten, blätterte dicke Mappen mit Fällen durch. Er sah, dass die Probleme in seinem Viertel nicht geringer wurden. Die Gewalt nahm zu und der Migrantenanteil an den Schulen stieg. Er erkannte: »Wir haben die Menschen immer noch nicht erreicht.« Vor allem nicht die Männer der türkischen Gesellschaft. »Wenn sie Probleme haben, gehen sie in die Moschee, ins Männercafé oder bleiben vor dem Fernseher. Aber sie reden nicht darüber. Sie wollen keine Schwäche zugeben«, sagt Erdoğan. Auch viele deutsche Männer gehen lieber in die Kneipe, um dort den Frust zu vergessen. Aber da ist noch ein Unterschied zwischen deutschen Männern und solchen mit türkischstämmigen Hintergrund, glaubt

Erdoğan: »Für viele bedeutet es immer noch einen Gesichtsverlust, über Probleme zu sprechen.« Dabei wusste der Psychologe, wie groß eben diese Probleme, Sorgen und Ängste der Männer waren. Er kannte die Verwirrung etwa der »Importbräutigame«, die ohne die deutsche Sprache zu beherrschen oder einen Job zu besitzen, spürten, dass sie in der Familie wenig zu sagen hatten. Erdoğan wusste von der Not derer, die von ihrer Familie zur Ehe gezwungen wurden, oder die sich nicht trauen, sich zu ihrer Homosexualität zu bekennen. Er wusste auch, wie viele Männer darunter litten, die Rolle als Ernährer nicht mehr ausfüllen zu können, weil sie Hartz IV bezogen. Er wusste, dass sie darunter litten, bei ihren Kindern oder Enkeln nicht den richtigen Ton treffen zu können. Dass sie Liebe mit Sexualität verwechselten und es ihnen schwerfiel, das neue Selbstbewusstsein ihrer Frauen zu akzeptieren. Dass manche, weil sie keine Worte fanden, Gewalt benutzten, um sich auszudrücken.

Es war im Januar 2007, als er sich mit zwei Männern zusammensetzte, die ihn sonst in den regulären Gesprächszeiten besuchten. Der eine, Adem, weil er nach der Trennung von seiner Frau weder ein noch aus wusste. Der andere, Refat, hatte ein ähnliches Problem. Der Psychologe fragte die beiden, ob sie bereit seien, sich in einen Kreis mit anderen Männern zu setzen und über ihre Erfahrungen zu sprechen. Ob sie Freunde und Bekannte dazuholen könnten. Zwei Wochen später tagte die erste Gesprächsgruppe für türkische Männer in Deutschland.

Buttergebäck, Tee und Mineralwasser – das Budget war klein. »Ich wurde ausgelacht, mit so bescheidenen Mitteln etwas bewegen zu wollen«, sagt Kazım Erdoğan. Doch was er den Männern bot, war nicht in Euro umzurechnen: das Gefühl, selbst etwas tun zu können, aktiv zu werden für die Integration in Deutschland. Jeden Montag wurde der Gesprächskreis größer. »Jeder kannte einen, den er mitbringen wollte.« Inzwischen kommen 45 Männer in die Gruppe – mal erscheinen neue Gäste, mal verabschieden sich die Männer nach Wochen oder Monaten. Alle trugen die Botschaften weiter, die sie in Erdoğans Dienstzimmer gelernt hatten.

Längst geht es nicht mehr nur um ihre persönlichen Probleme. Die türkische Männergruppe diskutierte über Menschen, die sich abschotten, und über Parallelgesellschaften. Über ihre Wohnblocks, die immer mehr zu sozialen Brennpunkten werden, und Wege, wie sie das ändern könnten. Erdoğan griff Debatten auf, wie die über den Moschee-Bau in Köln-Ehrenfeld – und über den Journalisten Ralph Giordano, der im Mai 2007 die Integration in Deutschland als gescheitert erklärte und die Unfähigkeit der muslimischen Migrantenverbände zur Selbstreflexion, zur Selbstkritik und Selbstironie anprangerte.

Erdoğan diskutierte mit seiner Gruppe über den Integrationsgipfel, der im Juli 2007 nach einem Eklat in die zweite Runde ging. Wegen der Novellierung des Zuwanderungsgesetzes boykottierten Migrantenverbände das Treffen. In dem Gesetz war geregelt, dass nachziehende türkische Ehepartner mindestens achtzehn Jahre alt sein und etwas Deutsch sprechen müssen. Stein des Anstoßes bei den Protesten waren vor allem die Ausnahmen. Denn was für türkische Ehepartner galt, spielte keine Rolle für diejenigen, die aus der Schweiz, aus Israel oder Südkorea kamen – also ohne Visum einreisten. Viele in der Gesprächsrunde von Kazım Erdoğan haben ihre Frauen zu sich nach Deutschland geholt. Zum Beispiel Faruk: Seine Frau war damals erst 15 Jahre alt und konnte einreisen, ohne ein Wort der fremden Sprache zu beherrschen. Erst jetzt, 23 Jahre später, hat die Agentur für Arbeit sie zum Deutschkurs geschickt. Faruk, der wegen seiner Krankheit nicht mehr arbeiten kann, würde seine Frau lieber bei sich zu Hause behalten. Aber er weiß auch, dass die Familie auf ihr Einkommen angewiesen ist.

Die Männer gehen hart mit sich ins Gericht und kritisieren einander. Wenn einer zu sehr versucht, die Schuld auf andere abzuwälzen – den Staat, die Politiker, die Gesellschaft, erinnert etwa Ali, ehemaliger »Gastarbeiter«, heute Rentner, daran: »Wir sind in der Opferrolle, weil wir versäumt haben, mit offenen Karten zu spielen. Wir müssen endlich zugeben, dass wir ebenfalls Fehler gemacht haben.«

Als im Februar 2008 Recep Tayyip Erdoğan nach Köln kam und seine teils eingebürgerten Landsleute warnte, Assimilation sei ein Verbrechen gegen die Menschlichkeit, erkannte Kazım Erdoğan, dass der türkische Ministerpräsident »uns den Spiegel unserer gescheiterten Integrationspolitik« vorhielt. Er fragte in die Runde, wer denn gerne in die Türkei gehen würde? Es war die Mehrheit, darunter auch jene, die das Land nur vom Urlaub her kannten. Einer sagte: »Man muss aufpassen, dass man nicht zu sehr verdeutscht wird.« Der Psychologe fragte weiter, was das denn bedeute, »verdeutscht« zu sein? Und ob man sich nicht auch ohne »verdeutscht« zu sein, in Deutschland wohlfühlen könne? Er wollte die Männer zum Nachdenken bringen. Ihnen erklären, dass Integration nichts mit Assimilation zu tun haben muss. Dass eine Gesellschaft wie eine bunte Kette sei – dass sie schön ist, wenn sich unterschiedliche Steine aneinanderfügen. Einer sagte am Ende des Abends: »Der Ministerpräsident hat nationalistische Gefühle gestärkt – dabei sollten wir endlich in Deutschland ankommen.« Ein anderer: »Wir haben uns immer darüber unterhalten, was uns trennt. Wir sollten darüber reden, was uns verbindet.«

Dann veröffentlichte im Januar 2009 das Berlin-Institut für Bevölkerung und Entwicklung die Studie: »Ungenutzte Potentiale. Zur Lage der Integration in Deutschland«. Das Ergebnis: Türkischstämmige Einwanderer sind die mit Abstand am schlechtesten integrierte Zuwanderergruppe in Deutschland: 30 Prozent besitzen keinen Schulabschluss, nur 14 Prozent eines Jahrgangs machen Abitur. Gerade einmal 32 Prozent haben den deutschen Pass beantragt. 93 Prozent heiraten innerhalb der eigenen Herkunftsgruppe.

Einseitige Schuldzuweisungen folgten – gegen die untätige deutsche Politik genau wie gegen die angebliche Integrationsunwilligkeit der türkischstämmigen Migranten. Heinz Buschkowsky, der Bezirksbürgermeister von Neukölln reagierte mit einer Kritik an den Eltern. Sie seien »kaum mehr zu motivieren, an der Bildungs- und Erziehungsarbeit der Kinder teilzunehmen«. Kazım Erdoğan meldete sich mit »seinen Männern« in der Neuköllner Otto-Hahn-Oberschule an – zum Putzen. Sie sammelten Müll ein, schrubbten den Boden und scheuerten die Wände. Keiner hatte ein Kind, das in diese Schule ging. Sie wollten beweisen, dass türkische Väter Einsatz zeigen können.

Im September 2009 schlug Thilo Sarrazin zu. In einem Interview mit dem Kulturmagazin *Lettre International* holte der SPD-Politiker und Bundesbankvorstand zu einem Rundumschlag gegen arabische und türkische Einwanderer aus, die weder integrationswillig noch integrationsfähig seien. Er müsse niemanden anerkennen, »der vom Staat lebt, diesen Staat ablehnt, für die Ausbildung seiner Kinder nicht vernünftig sorgt und ständig neue kleine Kopftuchmädchen produziert«. Das gelte für 70 Prozent der türkischen Bevölkerung in Berlin. Sarrazin kritisierte, ständig würden »Bräute nachgeliefert: Das türkische Mädchen hier wird mit einem Anatolen verheiratet, der türkische Junge hier bekommt eine Braut aus einem anatolischen Dorf«. Er vergriff sich im Ton.

»Sarrazin hat doch recht«, sagte Metin, Anfang 40. Er hat ein paar Jahre im Knast verbracht und sieht jetzt vieles anders. »Was haben wir schon für die Integration geleistet?« Ali erwiderte: »Warum soll Arbeit mit Obst und Gemüse nicht genügen?«

Die Diskussion über Integration braucht Zwischentöne. Schrille Schuldzuweisung funktioniert genauso wenig wie der Versuch, Probleme zu ignorieren. »Der Ton macht die Musik«, sagt Kazım Erdoğan: »Man muss im Gespräch bleiben.«

Im Dezember 2009 organisierten die Männer seiner Gruppe ihre erste Pressekonferenz. In ihrer Mitteilung schrieben sie: »Wir sorgen uns ernsthaft um unsere Kinder und um deren Chancen in der deutschen Gesellschaft. Wir wissen, dass unsere Kinder nur eine Chance haben, wenn sie früh genug Deutsch lernen und früh genug der deutschen Kultur näherkommen.« Sie sprachen sich gegen das Betreuungsgeld aus und plädierten dafür, Kinder so früh wie möglich in den Hort zu schicken.

Kazım Erdoğan sitzt immer noch hinter Aktenbergen, die Papierstapel auf seinem Schreibtisch sind seit der Gründung der Selbsthilfegruppe nicht kleiner geworden. Neue Projekte sind hinzugekommen: »Die Woche der Sprache und des Lesens in Neukölln« etwa, die er alle zwei Jahre organisiert. Sie soll die unterschiedlichen Kulturen miteinander ins Gespräch bringen. Seit 2009 holt Erdoğan außerdem Vertreter aus vier Generationen zu sich – Großeltern, Eltern, Kinder und Kindeskinder. Das Projekt heißt »Unser neues Dorf«. Durch dieses will er die Kommunikationsbarrieren zwischen den Generationen beseitigen. Seine Tochter Dilan ist inzwischen Mitgründerin des Vereins »Jugend Neukölln« – Bildungsarbeit für Jugendliche und Eltern.

Der Gesprächsbedarf ist groß. Manche der Männer aus Erdoğans Gruppe klopfen schon um 16 Uhr an seine Türe, dabei beginnt die Runde erst zwei Stunden später. Erdoğans Tage sind noch länger geworden. Aber er hat einen entscheidenden Erfolg vorzuweisen: Er hat die Männer der »Parallelgesellschaft« zum Sprechen gebracht. Männer, die als verschlossen gelten, weil die Barrieren zwischen den Kulturen immer noch groß sind. Erdoğan hat den Zugang zu ihnen möglich gemacht und gezeigt, wie ausgeprägt auch bei dieser scheinbar »geschlossenen Gesellschaft« das Bedürfnis ist, über Probleme zu sprechen.

ALI, DER STILLE GAST

Fünf Jahre sollte das Projekt Deutschland dauern, mehr nicht: Arbeit finden, Geld verdienen, ein Haus in der Türkei bauen. Und dann zurück, als gemachter Mann. Aus den fünf sind inzwischen 36 Jahre geworden. Sein Haus hat Ali gebaut, es steht in einer türkischen Ferienregion. Doch die anderen Träume sind längst geplatzt. Denn das Wichtigste für Ali waren doch eigentlich die Söhne. Beide hat er bei dem Versuch, in Deutschland alles richtig zu machen, verloren.

Wohnung Nummer 304, siebter Stock. Ein typischer Berliner Plattenbau. Ali kennt hier kaum jemanden. Viele der Mieter stammen wie er aus der Türkei, doch mehr als einen freundlichen Gruß im Lift oder in der Eingangshalle tauscht man nicht aus. Außen an den Balkonen hängen Satellitenschüsseln, wie Ohren, die gen Osten lauschen. Alis Antenne haben die Hauseigentümer auf der falschen Seite angebracht. Fernsehsender, die er eigentlich gerne sehen würde, wie den alevitischen Kanal *Yol TV*, kann er nicht empfangen. Im Fernseher läuft nun der türkische Sender *TRT2* – öffentlich-rechtliches Fernsehen. Sogar *Samanyolu TV*, den privaten Sender des islamischen Predigers Fethullah Gülen, bekommt Ali rein. Darauf würde der 65-Jährige gerne verzichten. Denn für Ali ist Gülen ein Propagandist, einer, der Schluss machen möchte mit der laizistischen Republik Türkei. Ali ist überzeugt: Für Aleviten wie ihn würde der Druck dann wieder wachsen. Seine Religion ist in der Türkei nicht anerkannt. In den Augen vieler Sunniten, sagt Ali, sei er als Alevit gar kein Muslim. »Und wer kein Muslim ist, gehört in der Türkei nicht dazu.«

Seit Ali Rentner ist, sitzt er häufiger auf seinem Sofa und sieht fern. Über dem Sitzmöbel haben er und seine Frau Belma warme Wolldecken ausgebreitet, am Boden liegen bunte Flickenteppiche.

Nur zwei Schritte weiter, hinter einem Chiffon-Vorhang, steht das Ehebett. Darunter bewahrt Ali Aktenkoffer auf, voller Videokassetten, Fotografien, Notizbücher. Er ist ein Sammler, der seine Geschichte erforschen will. Als ob er auf der Suche nach einer Erklärung wäre danach, was falsch gelaufen ist, bei ihm, der doch alles richtig machen wollte. Meistens schlägt Ali die Fotoalben schnell wieder zu. Die Erinnerungen tun ihm weh. Wenn Ali zum Tee einlädt und seine Geschichte erzählt, gibt er Einblick in ein Leben, in dem er viel kämpfen musste. Ein Leben, in dem er sich nie fragte, ob sich die Anstrengungen lohnen würden. Er hat einfach immer versucht, das Beste zu geben.

1945 wurde Ali in einem Dorf in der Nähe von Malatya geboren, der »Aprikosenstadt«, wie er sie nennt. Denn von hier stammt der Großteil der getrockneten Steinfrüchte, die auf dem Weltmarkt landen. Malatya liegt mitten in Ostanatolien, in einer bergigen Region auf 1600 Metern Höhe. Das kühle und trockene Klima ist ideal für den Aprikosenanbau. Das soziale Klima in Malatya jedoch ist aufgeheizt von nationalistischen Gefühlen.

Hier wuchs Ahmet Ali Ağca auf, der Mann, der im Mai 1981 das Attentat auf Papst Johannes Paul II. verübte und im Januar 2010 wieder in Freiheit kam. Er stand der rechtsextremen Bewegung *Graue Wölfe* nahe. Bis heute gilt Malatya als Hochburg nationalistischer Bewegungen. Die Opfer sind religiöse und ethnische Minderheiten wie Christen, Aleviten oder Kurden. 2007 ermordeten hier fünf junge Männer drei Christen – Angehörige einer protestantischen Freikirche, unter ihnen auch ein Deutscher. Die Christen wurden erst gefesselt, dann wurde ihnen die Kehle aufgeschlitzt.

Auch Alis Familie gehört der religiösen Minderheit der Aleviten an. Sie berufen sich nicht auf Ebu Bekir, den die Sunniten als rechtmäßigen Nachfolger des Propheten Muhammeds sehen, sondern auf den vierten Kalifen Ali. Alevi bedeutet: »Anhänger Alis«. Als Alevit nimmt Ali den Koran nicht wörtlich, sondern interpretiert ihn. Das islamische Recht, die Scharia, lehnt er ab, er fastet nicht während des Ramadan, den Gottesdienst feiert er in Privathäusern und nicht in der

Moschee. Zum Gebet sitzt er Männern und Frauen gegenüber. Ali trinkt ab und zu ein Bier, rituelle Waschungen kennt er nicht.

In der Vergangenheit ist es immer wieder zu Anschlägen gegen Aleviten gekommen – in Maraş etwa, im Jahr 1978, und 1993 in Sivas, einer Stadt, die 200 Kilometer von Alis Heimat entfernt liegt. Während eines Kulturfests zu Ehren des alevitischen Dichters Pir Sultan Abdal aus dem 16. Jahrhundert versammelte sich dort ein wütender Mob vor dem Hotel gegenüber der Moschee. Darin einquartiert war der sozialkritische türkische Schriftsteller Aziz Nesin, sowie alevitische Künstler, die für die Festwoche angereist waren und in dem Hotel übernachteten. Aus der Menge flogen Brandsätze gegen das Hotel, mehr als dreißig Menschen verbrannten bei lebendigem Leibe.

Bereits als Kind, in den 50er-Jahren, bekam Ali mit, wie Aleviten diskriminiert werden. Er beobachtete, dass seine Eltern ihren Glauben vor anderen verbargen. Sie hielten es sogar für Verrat an der Gemeinschaft, über ihre Religion zu sprechen. In ihrem Heimatdorf bei Malatya aber war die Mehrheit der 500 Einwohner Aleviten. Auch Belma, neben die sich Ali an seinem ersten Schultag setzte. Sie war seine Kinderliebe und wurde später seine Ehefrau. Um Belma zu imponieren, erledigte Ali ihre Hausaufgaben. Er war ein guter Mathematiker und konnte logisch denken. Ihm stand noch eine schöne Karriere bevor, davon waren die Eltern überzeugt.

Alis Vater hatte große Pläne mit seinem Sohn. Er sollte Beamter werden und nach dem Abitur die Polizeischule in Ankara besuchen. Auch Ali wusste genau, was er wollte. Noch bevor er in die Hauptstadt zog, hielt der 17-Jährige um die Hand der gleichaltrigen Belma an. Nur als Ehefrau konnte er das Mädchen, in das er so verliebt war, mit sich nehmen. Zwei Jahre nach der Hochzeit schenkte sie ihm den ersten Sohn, Ozan. Vier Jahre später Erdem, den zweiten. Seine Familie war schon fast komplett, als Ali nach der Ausbildung seine Stelle als Beamter bei der Polizei begann. Die Tochter Damla wurde erst Jahre später in Deutschland geboren. Sie war das einzige seiner Kinder, das niemals von seinen Eltern getrennt aufwachsen musste.

Ali litt unter dem rüden Umgangston auf der Polizeistation in Ankara. »Da sind unschuldige Menschen verhaftet worden, dann mussten sie sich freikaufen. Das war Korruption.« Ali wurde ein Außenseiter, weil er das Verhalten seiner Kollegen kritisierte – und weil er Alevit war. Seine Kollegen wussten das, schließlich war Alis Heimatdorf bekannt für seine vielen Aleviten. Trotzdem bemühte sich Ali darum, nicht aufzufallen: Während des Ramadan versteckte er sich auf den Toiletten der Polizeistation, um dort heimlich zu essen. Abends, wenn sich die anderen zum Fastenbrechen trafen, knipsten er und Belma das Licht im Wohnzimmer an. Die Nachbarn sollten denken, dass auch seine Familie am Tisch saß und aß. Aber tatsächlich gingen Ali und seine Frau wieder ins Bett und löschten eine Stunde später das Licht. Ein Aufwand, den Ali für nötig hielt. Nicht nur, weil ihm die Nachfragen lästig waren, weshalb er nicht beten gehe und weshalb seine Frau kein Kopftuch trage. Ali hatte Angst davor, seine Stelle zu verlieren.

Die sechs Jahre bei der Polizei waren schwer für ihn. Er flüchtete sich in sein Hobby, die Fotografie. Er machte die Fotos fürs Protokoll und zog sich in die Dunkelkammer zurück. Am liebsten aber fuhr er am Wochenende mit seiner Frau und den zwei kleinen Söhnen aufs Land und fotografierte die Umgebung. In diesen Momenten war Ali glücklich. Er erklärte Ozan die Namen der Bäume und warum es im Winter schneit. Den kleinen Erdem nahm er Huckepack. Er spielte bei diesen Ausflügen mit seinen Söhnen Verstecken oder Fangen und vergaß den bedrückenden Alltag. Vater zu sein, entschädigte Ali für alles.

Dann wurde Erdem krank. Die Ärzte diagnostizierten bei dem Sechsjährigen Herzrhythmusstörungen und stellten hohe Rechnungen, die Alis Krankenkasse nicht zahlen wollte. Als Beamter war nur er versichert, nicht aber seine Familie. Ali bekam Angst, weil ihm die Ärzte sagten, sein Sohn müsse dringend behandelt werden. Er bat Bekannte um Geld. Einer seiner Freunde erzählte ihm, dass in Deutschland jeder versichert sei, auch Kinder. Ali überlegte nicht lange. Kurz vor dem offiziellen Anwerbestopp türkischer »Gastarbei-

ter« entschloss sich der 28-Jährige, auszureisen und seinen Sohn
dann nachzuholen. Damit war er einer der letzten Männer, die noch
auf einen der Arbeiterzüge sprangen, die sie vom Istanbuler Haupt-
bahnhof *Sirkeci* aus in den Westen brachte. Einer der letzten, die sich
zur Gesundheitsprüfung meldeten, sich in den Mund schauen und
auf Geschlechtskrankheiten hin untersuchen ließen. Einer der letzten,
die für Deutschland zu einer wichtigen Ressource wurden – Arbeits-
kraft. Die begrüßt wurden mit Orchester, rotem Teppich und Blu-
mensträußen. Und die irgendwann zur Belastung wurden.

Ali bekam einen Job bei einer Berliner Innenputzfirma. Dort
sollte der Polizist aus Ankara zentnerschwere Gipssäcke schleppen.
Dafür war er zwar überqualifiziert, doch Ali war zufrieden. Er wollte
seinem Sohn Erdem die dringenden Arztbehandlungen ermöglichen.
Die schwere Arbeit nahm er dafür in Kauf.

Die deutschen Ärzte gaben Entwarnung. »Es war kein Herzfeh-
ler, sondern Dickdarmprobleme«, sagt Ali und lacht. Der Grund für
seine Ausreise war hinfällig. Doch in Berlin fühlte er sich wohl. Hier
fiel er abends nach der Arbeit erschöpft, aber glücklich ins Bett. »Ich
habe nicht mehr so viel gegrübelt wie als Polizist in Ankara.« Das
Abenteuer Deutschland wollte er noch nicht aufgeben.

Er hatte sich das genau überlegt, fast so, als wolle er eine Rechnung
erstellen: Über dem Strich standen ein paar Jahre harte Arbeit in
Deutschland, maximal fünf. Unter dem Strich: finanzielle Unabhängigkeit, vielleicht ein Häuschen in der Türkei, ein ruhiges Familienleben. Bei seiner Rechnung aber hatte er etwas Entscheidendes
vergessen. Er war davon ausgegangen, dass das Wichtigste im Leben
Unabhängigkeit und Freiheit sind. Erst sehr viel später musste er
feststellen, dass ihm das Wohl seiner Kinder noch wichtiger ist. Sie
aber hatte er in der Türkei zurückgelassen, in der Obhut der Großeltern.

Beruhigt von der Diagnose der Ärzte schickte Ali seinen Sohn
Erdem wieder zu seiner Mutter in die Türkei. Er selbst stürzte sich in
Arbeit. Zwei Jahre vergingen, in denen er seiner Familie regelmäßig
Geld schickte. In seinen Briefen beschrieb er Belma die breiten Stra-

ßen und die Plattenbauten. Er erzählte von der Liebe der Deutschen zu ihren Hunden und beschrieb, wie höflich die Menschen in Berlin seien. Dass niemand sich im Supermarkt an der Kasse vordrängle. Dann holte Ali seine Frau per Familiennachzug zu sich. Ozan und Erdem blieben zurück. Sie waren nun zwölf und acht Jahre alt, Ozan besuchte die Mittelschule, Erdem die Grundschule. Ali glaubte, die Trennung könnten sie gut wegstecken. »Nur noch ein oder zwei Jahre in Berlin, dachte ich«, sagt Ali. »Dann wollte ich zurück.« Als gemachter Mann, mit genug Geld, um seinen Söhnen eine Ausbildung finanzieren zu können. Er wünschte sich ein Hochschulstudium für Ozan und Erdem. Sie sollten es einmal besser haben als er.

So wie Ali dachten damals viele der Männer und Frauen, die ihr Glück in Deutschland versuchten. Nur sechs Prozent der Kinder konnten mit der gesamten Familie auswandern. Andere durften zunächst mitreisen, wurden dann aber wieder zurückgeschickt – so wie Erdem. Die Folgen hatte Ali unterschätzt.

Es verging ein Jahr nach dem anderen und kein Tag, an dem er nicht an seine Söhne dachte. Wenn er Arbeitskollegen mit ihren Kindern sah, durchfuhr ihn ein stechender Schmerz. Wenn ihm Ozan und Erdem am Telefon von ihren Erlebnissen in der Schule erzählten, wurde er traurig. Wie gerne wäre er damals bei Erdems Einschulung dabei gewesen. Oder bei Ozans Zeugnisverleihung. Wie gerne hätte er ihnen die Mathe-Hausaufgaben erklärt oder wäre mit ihnen im Wald spazieren gegangen. Er ahnte, dass es für seine Söhne schwer war, ohne Eltern aufzuwachsen. Sein Vater hielt ihm das jedes Mal am Telefon vor. »Er erzählte mir, dass Erdem im Schlaf weint«, sagt Ali leise. »Er sagte, dass Erdem nach mir schreit. Aber ich konnte einfach noch nicht zurück in die Türkei.« Alis Vater verstand das nicht. Er fragte: »Was willst du überhaupt im Ausland?«

Auf dem Bau war Ali ein zuverlässiger und tüchtiger Arbeiter und beliebt bei seinen Kollegen. Einer, der 50 Kilogramm schwere Gipssäcke schleppen konnte, ohne nach zwei Stunden umzukippen. Von den dreizehn Angestellten im Team kamen zehn Männer so wie er aus der Türkei, einer aus Griechenland, nur zwei waren Deutsche, darunter der Vorarbeiter. Manchmal machte dieser Scherze mit den »Gastarbeitern«: »Warum lernt ihr denn kein Deutsch?« Ali sagte: »Keine Zeit.« Da lachte der Vorarbeiter: »Nein, Ali, du bist ganz einfach dumm, mir fällt es ganz leicht.« Auch Ali lachte. Der Vorarbeiter hatte ja recht. Er selbst wollte auch Deutsch lernen, doch es fehlte einfach an der Kraft, sich abends noch einmal hinzusetzen. Unbedingt nötig war es nicht. Mit den Kollegen konnte er sich unterhalten. Und einer von denen, der Deutsch konnte, vermittelte. Sie waren ein eingeschworenes Team. Männer, die schon seit Jahren zu Gast in Deutschland waren, und die alle bald wieder in die Türkei zurückkehren wollten. Wozu dann diese schwere Sprache lernen?

Männer wie Ali lebten in Deutschland wie in einer Zwischenwelt. Sie hatten die Heimat hinter sich gelassen, ohne jemals angekommen zu sein. Sie waren stille Gäste, geduldet, solange sie die schmutzige Arbeit erledigten. Die Frage, wie lange man eigentlich Gast sein kann, stellte niemand – auch nicht die Gastgeber.

Ali verstand sich gut mit seinen Kumpels. Einmal hatte er sie zu sich nach Hause eingeladen. Er wollte mit ihnen in Ruhe Erfahrungen austauschen. Doch als die Männer zu ihm nach Hause kamen, sah er plötzlich wieder all das, was diese von ihm trennte. »Sie wollten meiner Frau nicht einmal die Hand geben.« Er spürte, wie unsicher die Männer seiner Frau gegenüber waren, weil sie kein Kopftuch trug. Ali überkam Wut auf seine Kumpels. Seine Frau hatte zuvor stundenlang in der Küche gestanden. Er lud die Männer nie wieder ein.

In Deutschland leben etwa eine halbe Million Aleviten. Laut einer Studie des Bundesamts für Migration und Flüchtlinge machen sie 13 Prozent der Muslimen in Deutschland aus. Erstmals wirklich aufgefallen sind sie durch eine *Tatort*-Folge, die von einem Inzest-Fall in einer alevitischen Familie handelte. Die Alevitische Gemeinde Deutschland stellte Strafanzeige wegen Volksverhetzung. Denn die Drehbuchautorin der Folge »Wem Ehre gebührt« hatte alte Vorurteile aufgegriffen. Das Gerücht, sie würden bei ihren geheimen Tießen inzestuöse Orgien feiern, verfolgt Aleviten seit Jahrhunderten. Dass die Religion in Deutschland ausgerechnet durch diese TV-Übertragung bekannt wurde, enttäuschte viele von ihnen, auch Ali.

Drei Jahre nach seiner Ankunft in Berlin holte er endlich seinen jüngeren Sohn Erdem zu sich, der am stärksten unter der Trennung von seinen Eltern litt. Für zwei Kinder reichte damals weder der Platz in der kleinen Wohnung noch Alis Gehalt. Zudem wollte der Vater, dass Ozan zunächst seinen Abschluss auf der Mittelschule machte. Und so musste sein Ältester den Großeltern dabei zusehen, wie sie den Koffer des jüngeren Bruders packten. Ali sagt, Ozan sei der Stärkere von beiden. Doch der 13-Jährige fühlte sich zurückgelassen. Wie soll ein Kind die rationale Entscheidung seiner Eltern anders verstehen?

Während Ozan in Malatya blieb, bewährte sich Erdem in Deutschland. »Er war ein Überflieger in der Schule«, erzählt Ali stolz. Erst sollte der Neunjährige in die erste Klasse eingestuft werden, doch weil sich Ali beim Klassenlehrer einsetzte, konnte es Erdem in der zweiten versuchen. An den Tag, als der Lehrer ihn zu sich rief, kann sich Ali noch genau erinnern. »Ich weiß, Ali, Sie sind sehr müde von der Arbeit. Sie müssen auch gar nicht lange bleiben. Ich wollte Ihnen nur sagen, dass mir so ein Kind wie Ihres unter tausenden Schülern noch nicht begegnet ist.« Erdem konnte noch während des Schuljahres in die dritte Klasse wechseln.

Trotz seiner guten Noten blieb Erdem das Sorgenkind. »Er brauchte viel Aufmerksamkeit«, erinnert sich Ali. Aufmerksamkeit, die ihm gefehlt hatte, während der drei Jahre, die er allein in der Türkei verbrachte. Ali suchte nach Ventilen für die innere Unruhe des Sohns. Er schickte ihn zum Karate-Unterricht und zum Fußballspielen. Und wenn Ali von der Arbeit auf dem Bau nach Hause kam, lief er mit Erdem noch einmal los. Oft spazierten Vater und Sohn dann über den Ku'damm. Die vielen Lichter dort, die Geschäfte, das belebte Treiben, das gefiel Erdem. Ali war am nächsten Tag in der Arbeit müde und erschöpft. Doch wichtiger war ihm das Glück seines Sohns.

Gemeinsam mit Belma arbeitete er am finanziellen Aufstieg. Ali übernahm am Bau mehr und mehr Verantwortung. Sein Arbeitgeber erkannte sein Potenzial: Ali konnte Pläne lesen und deshalb wie ein Polier eingesetzt werden. Er leitete die anderen Arbeiter an und vermittelte dank seiner verbesserten Deutschkenntnisse zwischen ihnen und dem Bauleiter.

Auch Belma verdiente Geld. Wenn Erdem morgens in der Schule war, ging sie in die Universität, um dort zu putzen. Dank des doppelten Einkommens und der billigen Mieten in Berlin leisteten sich Ali und Belma bald eine neue Wohnung. »122 Quadratmeter!«, sagt Ali stolz. Nun endlich, drei Jahre nach Erdems Ankunft in Deutschland, konnte Ali 1979 auch seinen Erstgeborenen zu sich holen. Ozan war ein junger Mann geworden, sechzehn Jahre alt, die Mittelschule hatte er erfolgreich beendet. Der Neustart in Berlin war schwierig für ihn. Trotzdem schaffte Ozan den Hauptschulabschluss, dann machte er eine Ausbildung zum Radio- und TV-Techniker. Er wollte Erfolg haben, so wie sein jüngerer Bruder und sein Vater. Der hatte inzwischen so viel Geld gespart, dass er sich in Kuşadası an der türkischen Ägäisküste eine Doppelhaushälfte kaufen konnte. Später, als Rentner, wollte er dort leben, so war der Plan.

Heute erinnert in Alis Berliner Wohnung wenig an seine Söhne. Keines der Bilder an der Wand zeigt Ozan oder Erdem. Schräg gegenüber der Couch hängt das Bild einer jungen Frau, der die dunkelbraunen Haare bis zur Hüfte fallen – seine Tochter Damla. Ali erzählt gerne von ihr, etwa, dass sie sich entschieden hat, Schauspielerin zu werden, weil sie es liebt, in die unterschiedlichsten Rollen zu schlüpfen – mal spielt sie eine starke und unabhängige Frau, mal eine, die nicht weiß, was sie will. Sie hat die Suche nach ihrer Identität zum Beruf gemacht.

Ali zieht ein Buch hervor, dessen Seiten er eng beschrieben hat. »Das habe ich für meine Kinder gemacht. Sie sollen ein Gefühl für unsere türkischen Wurzeln bekommen und wissen, wie unsere Geschichte ist.« In diesem Buch beschreibt Ali die komplizierten Verwandtschaftsverhältnisse seiner Familie. Dafür hat er sich ein System ausgedacht. Über jedem Namen steht ein Ziffern-Code, der für den Platz im Familienstammbaum steht. Zu den Personen hat Ali Stichpunkte notiert. Generell ist alles auf Türkisch verfasst, doch wenn er nicht will, dass der Betreffende liest, wie Ali ihn beurteilt, schreibt er auf Deutsch. Dann steht da zum Beispiel: »Er war ein faules Kind und hat später seine Frau geschlagen.« Schon seit ein paar Jahren ist Ali dabei, den Stammbaum der Familie zu erforschen. Im Urlaub ist er dafür zum Standesamt in Malatya gegangen und hat dort bis ins Jahr 1827 zurückrecherchiert. Er wollte sogar noch weiter in die Familiengeschichte vordringen, doch dafür hätte er eine teure Archivanfrage stellen müssen, für 3000 Euro. Geld, das er nicht hatte. Irgendwann sollen die Recherchen abgeschlossen sein. Ali freut sich bereits auf den Tag, wenn er seinen erwachsenen Kindern das Buch überreichen wird.

Zunächst schien alles, was sich Ali für seinen Sohn Erdem wünschte, in Erfüllung zu gehen. Das Abitur bestand er mit der Note 1,3. Der Vater war überzeugt, dass Erdem nun die Welt offenstand. Er konnte Medizin oder Jura studieren. Doch noch während der Schule hatte Erdem ein Mädchen kennengelernt. Sie war Halbtürkin, erzählt Ali, eine Arzttochter. Doch das Mädchen hatte Probleme, das sahen Ali und seine Frau sofort. Irgendwann fragte ihr Sohn, ob das Mädchen nicht ein paar Tage bleiben könne. Sie hätte Schwierigkeiten daheim und bräuchte einen Platz zum Schlafen. Ali hatte ein schlechtes Gefühl. Das Mädchen war auffallend dünn und blass, mit Ringen unter den Augen. Eigentlich hätte er auf Erdems Bitte am liebsten »Nein« gesagt. Doch türkische Gastfreundschaft ging ihm über alles.

Mit dem Einzug des Mädchens veränderte sich Erdem innerhalb von Tagen. Oft blieb die Türe zu seinem Zimmer verschlossen, manchmal über Stunden. Als Ali bemerkte, was dahinter geschah, war es schon zu spät.

Ali war beim Arbeiten, als seine kleine Tochter Damla anrief. Die Sechsjährige, auf die Erdem aufpassen sollte, klang ängstlich. Sie sagte: »Papa, du musst sofort nach Hause kommen. Erdem ist so komisch.« Ali machte sich auf den Weg.

Damla saß weinend vor Erdems Türe. Kaum hatte sie aufgelegt, hatte ihr der Bruder das Telefon aus der Hand gerissen. Dann hatte er fluchtartig die Wohnung verlassen. Als Ali zu seiner kleinen Tochter eilte, fiel sein Blick auf den Wohnzimmertisch. Er sah die Spritze und seine schlimmsten Befürchtungen bestätigten sich – Erdem nahm Heroin.

Erst zehn Tage hatte das Mädchen bei Ali gewohnt, doch Erdem war wie in einer anderen Welt. Durch die Drogen erhielt er etwas, das ihm seine Eltern nie geben konnten. Er fühlte sich stark und unabhängig. Die Drogen ersetzten sein Bedürfnis nach Aufmerksamkeit.

Ali versuchte, seinen Sohn von dem Mädchen zu trennen. Doch als er sie aus der Wohnung warf, verließ auch Erdem die Eltern. Nur wenn er Geld brauchte oder einen Platz zum Schlafen, kehrte er zurück. Nie sperrte Ali ihn aus, immer empfing er seinen Sohn, gab ihm ein paar Scheine und Kleidung. Aber jedes Mal, wenn ihn der Sohn besuchte, schmerzte ihn das. Zwei Mal gelang es Ali seinen Sohn zu einer Therapie zu überreden. Doch beide Male wurde Erdem innerhalb weniger Monate rückfällig.

Ali bekam eine Ahnung von dem, was er bei seinen Söhnen versäumt hatte. Vielleicht waren es Schuldgefühle, die ihn beflügelten, eine eigene Geschäftsidee mit Zukunftsperspektiven für Ozan zu entwickeln. Er konzipierte und kalkulierte, so lange, bis der Plan für eine eigene Dönerproduktion stand. Ali wusste, dass er sich keinen finanziellen Misserfolg erlauben konnte. Doch er machte gleich zu Beginn einen entscheidenden Fehler: Er übergab seinem Sohn Ozan die Aufgabe als Geschäftsführer. Sein Wunsch, ihm zum Erfolg zu verhelfen, war stärker als seine Vernunft.

Doch zunächst hatte Ali gut vorausgeplant. Er suchte eine Lagerhalle mit Kühlhaus, einen Fleischermeister und besorgte sich Maschinen und einen Lieferwagen, um den fertigen Döner zu transportieren. Der Zusammenhalt der Familie klappte: Der Vater in der Türkei lieferte einen Teil des Startkapitals, Ali kümmerte sich um die Organisation, Belma putzte und Ozan sollte alles verwalten. Ali vertraute ihm.

Noch heute hört man die Euphorie in Alis Stimme, wenn er von der Kunst des Dönermachens spricht. Er beschreibt, wie man die

Fleischblätter mit einer Maschine auswalzte, so lange, bis sie dünn waren wie Papier. Wie man das Fleisch dann schnitt und rollte. Wie man schließlich den Spieß formte, indem man schichtweise Hack und das hauchdünne Fleisch übereinanderlegte. Ali spricht darüber voller Elan; wenn er könnte, würde er sofort wieder mit der Arbeit beginnen.

Als Familienbetrieb kauften sie Fleisch, produzierten und vertrieben den fertigen Döner, bis nach Leipzig oder Dessau, manchmal sogar bis nach Westdeutschland. Ein Rundumservice – mit Fleisch und Fladenbrot, Servietten, Ketchup, Mayo, Aluminium- und Frischhaltefolie. Noch heute kennt Ali die Kosten in- und auswendig. »Auf zwei Wochen hochgerechnet sind das bei 1200 Kilogramm Dönerfleisch und 500 Fladenbroten insgesamt 40.000 DM.«

Bald mietete Ali auch einen kleinen Imbiss. Sein Restaurant im Ostteil der Stadt war ein Erfolg. Die Leute standen Schlange. 1993 hatte sein Laden am Prenzlauer Berg noch wenig Konkurrenz. Ein richtiges Familienunternehmen: Ozan verkaufte und machte die Kasse. Belma schnitt tagsüber Salat, Tomaten und Zwiebeln, abends räumte sie auf, wischte den Boden und wusch die Messer. Und auch Ali kam nach der Arbeit noch vorbei, um beim Verkauf zu helfen und die Bestellungen für die nächsten Tage zu bearbeiten. Tagsüber war er nach wie vor auf dem Bau beschäftigt. Inzwischen arbeitete er für ein großes Unternehmen mit 1300 Mitarbeitern, 800 von ihnen türkischer Herkunft. Oft war Ali nach einem langen Tag zum Umfallen müde. Doch der finanzielle Erfolg und die Zufriedenheit seines Sohns machten ihn glücklich.

Die Dönerproduktion wuchs: erst 300 Kilo Döner, dann vier und zuletzt zehn Tonnen täglich. Ali sagt heute: »Vielleicht wäre es besser gewesen, kleine und gute Kunden zu haben.« Aber sein Sohn Ozan, sagt er, sah das anders. »Er drängte darauf, zu expandieren. Ihn trieb die Hoffnung auf schnelles Geld.« Vielleicht, weil er seinem Vater endlich einen Grund geben wollte, stolz auf ihn zu sein. Vielleicht, weil er den Schmerz noch nicht vergessen hatte, als ihn sein Vater zugunsten des jüngeren Bruders in der Türkei zurückließ.

Doch mit Zahlen zu jonglieren hatte Ozan nie gelernt. Anders als sein Vater, verglich er nicht Ein- und Ausgaben. Und Ali ließ ihn gewähren, so lange, bis er merkte, dass Ozan die Fleischspieße verteilte, ohne das Geld einzutreiben. Er hatte den Ausreden der anderen vertraut, als diese ihm sagten, sie würden beim nächsten oder übernächsten Mal zahlen. Als Ali sah, wie viel Geld dem Familienbetrieb nun fehlte, war es bereits zu spät. 1995 machten sie Pleite mit 250.000 DM Verlust. Ozan meldete Insolvenz an.

Ali verlor nicht die Hoffnung, noch nicht. Er zog mit Belma aus der 122-Quadratmeter-Wohnung in eine Einzimmerwohnung in dem Plattenbau, in dem sie noch heute wohnen. 53 Quadratmeter, inklusive Balkon. Er wollte Geld sparen, um Ozan zu helfen – sie waren doch eine Familie. Als solche feierten sie Mitte der 90er auch noch Ozans Hochzeit in der Türkei. Zur Musik von *Davul*, *Zurna* und *Saz* – Trommel, Oboe und Laute – tanzten sie im Kreis unter der sengenden Sonne Ostanatoliens. Ali war glücklich, dass nun auch Ozan eine Familie gründete und mit seiner türkischen Frau nach Berlin kam.

Aber das Verhältnis zu Ozan kühlte mehr und mehr ab. Sie stritten um Geld und um die Erziehung von Ozans Kindern. Ali warf ihm vor, sie zu vernachlässigen. Sein Sohn wollte sich das nicht gefallen lassen. Nicht von seinem Vater, der ihn doch selbst im Stich gelassen hatte, als er klein war.

Ali stürzte sich wieder in die Arbeit. Als 2001 durch die Wirtschaftskrise viele Menschen arbeitslos wurden, machte sich der 54-Jährige keine Sorgen. Er wusste, dass er nicht so leicht zu ersetzen war. Er war einer der wenigen Betonsanierer. Wenn irgendwo eine Ecke wegbrach, dann konnte er den Schaden mit einer Spezialmischung reparieren.

2002 spürte er einen kurzen Schmerz in seiner Brust. Ein Herzinfarkt. Achtzehn Monate lang war Ali krankgeschrieben. Eine Zeit, in der er erstmals merkte, wie allein er war. Seinen jüngsten Sohn Erdem hatten die Drogen im Griff. Auch Ozan stand ihm nicht bei, sagt Ali. »Seitdem ich ihm finanziell nicht mehr helfen kann, will er nichts mehr von mir wissen.« Nur seine Tochter Damla kam Ali während seiner Krankheit regelmäßig besuchen, sprach mit den Ärzten und erledigte die Anrufe bei der Krankenkasse.

Eineinhalb Jahre war Ali krankgeschrieben. Als er endlich an seine Arbeitsstätte zurückkehrte, war da ein neuer Vorarbeiter, der gleich wütend auf ihn zukam und fragte, weshalb er zu spät sei. Dabei war Ali überpünktlich. Der Vorarbeiter kommandierte ihn von Anfang an herum, gab ihm Aufträge, die er unmöglich erfüllen könnte. Bis sich Ali auf eine andere Baustelle versetzen ließ. Ali, der in seinem Leben viele Niederlagen einstecken musste, erlebte in der Folge einen Sieg, eine kleine Genugtuung, die ihn doch für vieles entschädigte. Der Vorarbeiter, der ihn zuvor noch herumkommandiert hatte, stand vor einem Problem. An den Säulen einer Halle waren ganze Stücke aus Beton weggebrochen, sodass die Eisenstangen darunter zu sehen waren. Doch keiner der Arbeiter, die ihm an jenem Tag zur Verfügung standen, war in der Lage, den Schaden zu reparieren. »Es hieß damals ›Wer kann das machen?‹ Die Antwort war: ›Nur der Betonkosmetiker Ali. Er ist der Einzige, der es richten kann.‹« Wenn Ali über diese Episode spricht, strahlt er. Er erzählt, wie gerne er sich bitten ließ, wie gut es ihm tat, gebraucht zu werden. Dass er zuerst dankend ablehnte und dem Bauleiter sagte, ihm gefalle der Ton des Vorarbeiters nicht. Wie der Bauleiter diesen dann anrief. »Er sagte dem Vorarbeiter, dass er mit mir in einer schönen Melodie sprechen muss. Weil ich der beste Mann sei.« Der Vorarbeiter entschuldigte sich bei Ali, der den Job mit Bravour erledigte. Bis zur Kündigung dauerte es trotzdem nur noch ein Jahr. Ali, der 1973 nach Deutschland kam und am Wirtschaftswunder mitarbeitete, wurde nun nicht mehr gebraucht.

Er war 62 Jahre alt und wollte noch nicht aufgeben. Doch plötzlich gab es für ihn, den einst gefragten »Gastarbeiter« aus der Türkei keine Arbeit mehr. Er ging in Rente. Seitdem bekommt er 663 Euro monatlich plus 80 Euro von der Zusatzrente. Seine Frau erhält nur 200 Euro, weil sie die meiste Zeit für die Familie und den Döner-

Betrieb gearbeitet hatte. Die beiden lebten von nun an sparsamer. Ali gab sich zufrieden, wieder einmal.

Bis er hörte, er sei ein Risikopatient.

Nach 20 Jahren sagte der Hausarzt zu seiner Frau: »Dein Mann nimmt jetzt besser keine Schmerztabletten mehr.« Belma richtete Ali die Nachricht aus. Beide wussten nicht, was der Arzt meinte. Schmerztabletten hatte Ali noch nie genommen. Er vereinbarte einen zweiten Termin bei seinem Hausarzt, den er seit Jahren regelmäßig besuchte, um seine Blutwerte kontrollieren zu lassen. Der Arzt sagte ihm: »Dein PLT ist niedrig, schon seit vier Jahren. Da musst du aufpassen.« Doch Ali verstand nicht. Er fragte: »Was habe ich für eine Krankheit? Was ist denn PLT?« Der Arzt erklärte weiter: »Ali, du hast CML.« Doch Ali verstand immer noch nicht. Da sagte ihm der Arzt: »Du hast Leukämie, Ali«, und nach einer kurzen Pause: »Wäre es akut, hättest du noch vier bis sechs Wochen, so aber hast du bestimmt noch vier bis fünf Jahre.« Dann legte er dem Patienten die Hand auf die Schulter und komplimentierte ihn hinaus.

Zum ersten Mal fühlte sich Ali wirklich verloren in Deutschland. »Mein Hausarzt war doch auch Türke«, sagt er. »Er hätte mir alles erklären können. Aber er hat mich im Stich gelassen. Vielleicht, weil er einen Fehler gemacht hatte – die Blutwerte waren seit Jahren auffällig gewesen.«

Ali suchte einen Onkologen in der Charité auf. Der Arzt dort sah die Blutwerte, dann bat er den Patienten die früheren Testergebnisse bei seinem Hausarzt zu holen. Mit einer Mischung aus Ärger und Enttäuschung erzählt Ali von dem zweiten Besuch dort: »Es hieß nur: ›Was, du schon wieder? Was willst du noch?‹« Zwei Jahre sind seit der Diagnose nun vergangen. Einmal meldete sich der Hausarzt noch. Am Telefon fragte er Belma: »Na, lebt Ihr Mann noch?« Da legte sie einfach auf.

Inzwischen leben Ali und Belma auf 48 Quadratmetern – innerhalb ihres Plattenbaus sind sie noch einmal umgezogen, um die Kosten zu senken. In diese 48 Quadratmeter passt alles, was Ali heute noch braucht. Das Wichtigste trägt er sowieso am Körper: Den goldenen Ehering am Finger. In der Brusttasche seines karierten Hemds den Mitgliedsausweis des Kulturzentrums Anatolischer Aleviten Berlin und seine Versicherungskarte aus seiner damaligen Tätigkeit als Beamter. Dank ihrer kann er sich in Ankara behandeln lassen. Dort versteht er, was die Ärzte sagen. Seine Krankheitsgeschichte dokumentiert Ali in einem grauen Ordner. Vorne sind die Dokumente aus Deutschland eingeordnet, die Arztbriefe und Versicherungsunterlagen. Im hinteren Teil sind die Schreiben aus der Türkei.

Das Experiment Deutschland ist für Ali zu einer Lebensaufgabe geworden. Er hat wie ein Architekt geplant und vermessen. Wenn Beton bröckelte, setzte er einfach eine Spezialmischung an. Er ist Ali, der Betonsanierer. Ein Mann wie er gibt nicht so schnell auf. Manchmal, wenn Ali zurückblickt auf sein Leben, dann wird es ihm schwer ums Herz. Dabei hat er es zu viel gebracht: In seinem kleinen Ferienhäuschen in Kuşadası an der türkischen Ägäis verbringt er die Sommerwochen. Er fühlt sich wohl dort, die Stadt ist international geprägt, vor allem Deutsche machen dort gerne Urlaub. Hier trägt niemand Kopftuch oder verhüllt sich in weiter Kleidung. In den Restaurants sitzen Touristen in knappen Shorts oder im Bikini. Souvenirstände bieten Wasserpfeifen und blaue Glasaugen an, die vor Schicksalsschlägen schützen sollen. Das ist der Mix, der für Ali Heimat bedeutet. In anderen Regionen der Türkei würde er sich fremder fühlen. In Kuşadası hat er ein kleines bisschen Deutschland auf türkischem Boden. Kuşadası, das heißt auf Deutsch Vogelinsel: Ali hat hier sein Nest gefunden, zumindest einen Sommer lang.

Seinen Sohn Erdem hat Ali beim letzten Urlaub mitgenommen. Er dachte, die frische Luft, das Meer, die Sonne würden ihm guttun. Doch Erdem war auf Entzug. Er rauchte Kette, trank 50-prozentigen *Rakı*. Ali erinnert sich nicht gerne daran. Die Familie musste vorzeitig den Urlaub abbrechen.

Erdem steht nun wieder bei den anderen Heroin-Junkies am Kottbusser Tor. Ab und zu kommt er bei seinem Vater vorbei. Ali gibt ihm dann etwas Geld. Inzwischen habe Erdem wieder eine neue Partnerin, nachdem seine frühere Freundin vor zehn Jahren an ihrer Sucht starb.

Ali hat die Neue schon gesehen. »Sie ist genauso abhängig wie mein Sohn.« Er klingt resigniert. Doch er sagt: »Aufgegeben haben wir ihn noch nicht. Aber wir wissen auch nicht, wie wir ihm noch helfen können.«

Von Ozan weiß Ali, dass er sich wieder selbstständig gemacht hat, er programmiert Spielautomaten. Ob er glücklich ist und ob er genug Geld damit verdient, das weiß Ali nicht. Ab und zu wechselt er mit ihm ein paar Worte. Meist, wenn er Ozans Kinder zu sich holt, oder sie zurück zu ihrem Vater bringt.

Ali ist ein stolzer Großvater. Er ist glücklich, wenn die Enkel bei ihm in der kleinen Wohnung spielen oder er mit ihnen in den Sommerurlaub fahren kann. Den Plan, ganz in die Türkei zurückzugehen, haben er und Belma nun aufgegeben. Ali will seine Familie nicht noch einmal zerreißen. Seinen Enkeln will er all seine Liebe geben, er will sie auf den richtigen Weg bringen. Sie sollen das Abitur machen und Erfolg haben im Leben. Das will Ali hinbekommen. Eine Chance hat er noch. Eigentlich ist er ganz zufrieden mit sich und seiner Welt.

KEMALS
HALBMONDWAHRHEITEN

Kemal empfand es wie eine Entführung, als er mit sieben Jahren aus der Türkei nach Deutschland geholt wurde. Seine Eltern hatte er zu diesem Zeitpunkt noch nie gesehen. In Berlin fiel es ihm schwer, Fuß zu fassen, dort fühlte er sich immer nur als Ausländer. Er fragte sich, wer er eigentlich war – Türke oder Deutscher? So lange, bis er sich entschloss, seine Wurzeln zu suchen. Eine Entdeckungsreise, die beinahe wieder mit einer Entführung geendet hätte, diesmal mit der seines eigenen Sohns.

Sein erstes Lied heißt »Alle meine Entchen«. Barış drückt vorsichtig die Tasten des Klaviers. Die Melodie ist dem Zwölfjährigen unbekannt, der Text dazu auch. Gemeinsam mit seinem Klavierlehrer soll er singen: »... schwimmen auf dem See, schwimmen auf dem See.« Er blickt verunsichert zu seinem Vater, der ihn nicht aus den Augen lässt. Kemal lächelt ihm zu, wie um seinem Sohn Mut zu machen. Er klatscht in die Hände, wenn ihm etwas gelungen ist. Er ist stolz auf Barış, seinen Ältesten. 57 Euro und 52 Cent gehen jeden Monat für den Klavierunterricht in der Volkshochschule von seinem Konto ab. Doch die Kosten nimmt er gerne in Kauf, auch wenn an jedem Monatsende das Geld knapp ist. Kemal will bessere Chancen für seinen Sohn, als er sie selbst hatte.

Klavierunterricht – das ist für viele Eltern in Neukölln sicher die letzte Sorge. Im Problemkiez von Berlin leben viele mit dem Existenzminimum. Ihre Kinder sollen einfach nur durchkommen. Kemal aber sagt: »Mein Kind braucht ein Instrument, um von der Straße wegzubleiben.«

Barış soll nun die Hausaufgabe notieren. Der Klavierlehrer will freundlich sein, er sagt: »Schreib das ruhig auf Türkisch auf, dann lerne ich auch was.« Wieder blickt Barış zum Vater. Ihm ist ein Wort entfallen. Weder im Deutschen noch im Türkischen fühlt er sich ganz zu Hause. Die ersten acht Jahre seines Lebens wuchs er bei seinen Eltern in Deutschland auf. Die nächsten vier Jahre verbrachte er mit ihnen in der Türkei. Und nun lebt er seit sechs Monaten wieder mit seinem Vater in Berlin. Ihm muss ein Spagat zwischen den Kulturen gelingen.

Auch Barış jüngeren Bruder Ilyas würde Kemal gerne ein Instrument lernen lassen, aber zu ihm hat er bereits seit neun Monaten keinen Kontakt mehr. Am Telefon kann er ihn nicht erreichen. Und seine Briefe verlassen Deutschland zwar in Richtung Türkei – aber ob sie Ilyas erreichen, weiß Kemal nicht. »Wenn einem der Sohn weggenommen wird, dann schmerzt es so, als sei er tot«, sagt er.

Die Geschichte von Kemal und seinen Söhnen Barış und Ilyas ist eine, die von Neuanfängen handelt und von Entwurzelung. Seit Kemals Trennung von seiner Frau sind auch die Geschwister voneinander entzweit. Sie führen Leben, wie sie unterschiedlicher nicht sein könnten: Ilyas wohnt bei der Mutter in der Türkei; Barış beim Vater in Deutschland. Sie sind die Opfer eines Integrationsdramas, bei dem das Happy End nicht abzusehen ist.

Kemal sieht seinem Sohn zu, wie er Notenheft, Bleistift und Musikbuch in den Schulranzen packt. Er hat das Gefühl, dass Barış den Neustart in Deutschland besser wegsteckt, als er selbst damals als Kind.

Kemal ist ein ruhiger Mann, 37 Jahre alt, er wirkt jünger. Seine kinnlangen Haare trägt er vorne etwas kürzer und im Nacken zusammengebunden. Seine Handgelenke umschließen schwarze Lederbänder. Meist hat er einen Stöpsel seines *iPods* im Ohr, oft läuft dann Michael Jackson. Im Café bestellt Kemal Tomatensaft und fragt, ob er Olivenöl dazu bekommen kann, am besten kalt gepresstes. Das erinnert ihn an seine Heimat Ayvalık, an der türkischen Ägäisküste, gleich gegenüber der griechischen Insel Lesbos.

Kemal wuchs dort bei den Großeltern auf. Er war das dritte Kind seiner Eltern, die in den 60er-Jahren zum Geldverdienen nach Deutschland ausgewandert waren. In der Berliner Wohnung war damals nicht genügend Platz für ihren Neugeboren, den sie Kemalettin nannten, den Vollkommenen. Bereits drei Wochen nach der Geburt brachten ihn die Eltern nach Ayvalık. Ihr Plan war es, den Sohn später wieder zu sich zu holen, sobald es ihnen finanziell besser ging. Darüber vergingen sieben Jahre. Eine Kindheit, in der Kemal seine Eltern niemals sah. Seine Großeltern hielt er deshalb für Vater und Mutter.

Der Großvater war Uhrmacher. »Für mich war er wie ein Zauberer«, sagt Kemal. Als Kind sah er ihm zu, wie er Uhrwerke auseinander- und wieder zusammenbaute. Er staunte, wenn die Zahnräder schließlich wieder ineinandergriffen. Kemal erzählt, wie sein Großvater ihm nach dem Essen immer ein Stück Würfelzucker in die Hand drückte. Er hatte ihn beim Teetrinken mit Kunden aufgespart. »Jeden Tag hat er an mich gedacht.«

Kemal war ein verträumtes Kind. Er spielte zwischen den Ruinen griechischer Klöster, Überbleibsel aus der Zeit, als die Stadt noch mehrheitlich von Griechen bewohnt war. Er kratzte Farbschichten aus den verfallenen Mauern der Häuser hervor – gelb, rosa, blau. Die Fassaden wurden über Jahrzehnte immer wieder überstrichen, um die Spuren des salzigen Meereswindes zu beseitigen. Auf seinen Entdeckungstouren nahm Kemal seine Kinderliebe Kader mit. Mit ihr verstand er sich besser als mit den Jungen in seinem Alter. Sie spielten Mann und Frau, saßen unter dem Tisch und kümmerten sich um ihr Plastikbaby. Oder sie lagen im Gras und beobachteten, welche Formen die Wolken annahmen. Die Kinder glaubten, Engel und andere Wesen zu entdecken. Abends beobachteten sie, wie die Sonne im Meer versank. Sie malten sich aus, wie das Leben wohl sei, am anderen Ufer von Ayvalık. Wie die Menschen wohl lebten, in Griechenland oder noch weiter weg. Sie bauten kleine Schiffe aus Papier und Kork, die sie nach Regengüssen in der Straßenrinne fahren ließen. Sie stellten sich vor, wie diese Schiffe bis nach Europa segelten, wie sie vollbeladen mit exotischen Früchten zurückkamen. Mit Bananen zum Beispiel, die die Kinder noch nie gesehen hatten. »Ich stellte sie mir riesengroß vor und dachte, sie müssten einen himmlischen Geschmack haben, weil so viele Menschen über sie redeten.«

Eines Tages bekamen die Großeltern Besuch aus Deutschland. Vor der Türe standen eine Frau und ein Mann mit einem Koffer voller Geschenke. Sie brachten Kemal ein elektrisches Auto mit Fernbedienung mit und einen bellenden Roboterhund. Kemal staunte über die Großzügigkeit der Gäste, die von den Großeltern kühl empfangen wurden. Ihre Zeit widmeten die Besucher vor allem ihm, sie schwärmten ihm von Deutschland vor. Sie erzählten von den vielspurigen Straßen, den Autos und den Hochhäusern. »Ich habe natürlich auch nach den Bananen gefragt«, sagt Kemal. »Ich wollte wissen, wie die schmecken.« Die beiden Gäste versprachen ihm haufenweise Bananen und lockten weiter. Sie zeigten ihm ihren *Ford Granada*, in dem sie die ganze Strecke von Berlin über Budapest, Belgrad und Istanbul bis nach Ayvalık zurückgelegt hatten. Der Siebenjährige setzte sich hinter das Steuer des geparkten Wagens, er sah durch die Windschutzscheibe und malte sich das Leben in Deutschland aus. Warum seine Großeltern in dieser Zeit oft traurig waren, ahnte Kemal nicht.

Die Gäste blieben sechs Wochen. Sie fragten Kemal immer wieder, ob er mit ihnen nach Deutschland fahren wolle. Der Junge erkundigte sich, ob denn seine Mutter mitkommen könne. Dass ihn die Besucherin da seltsam ansah, daran erinnert sich Kemal heute noch. Die fremde Frau sagte: »Ja, deine Mutter kommt mit.« Kemal wusste noch nicht, dass sie sich selber meinte.

Voller Vertrauen stieg der Siebenjährige zu dem Paar ins Auto. Die Nervosität, die schon den ganzen Tag in der Luft lag, hielt er für Reisefieber. Doch als er auf der Rückbank neben der fremden Frau aus Deutschland saß, bemerkte er, dass seine Großeltern nicht einstiegen. Dann fuhr der Wagen an. Der Siebenjährige brüllte. Er versuchte, die Autotür von innen aufzustoßen, doch die Frau hielt ihn fest. Kemal blickte durch die Rückscheibe, er sah seine Großmutter, wie sie mitten auf der Straße stand, die Hände nach ihm ausstreckte. Der Junge stieß die Frau neben ihm weg. Er schlug mit den Händen gegen die Scheibe. Doch das Auto hielt nicht an und seine Großmutter konnte Kemal bald nicht mehr sehen. »Die Frau, die mir so fremd war, nahm mich in den Arm und küsste mich. Sie weinte und sagte, sie sei doch meine Mutter.« Der Siebenjährige verstand allmählich: Die Fremden aus Deutschland waren seine Eltern.

Nach der langen Autofahrt kam Kemal müde in Deutschland an. Alles war ihm fremd, die Ampeln an den Kreuzungen, die Schnellimbisse und die grauen Häuserfassaden. Fremd waren ihm auch die älteren Geschwister, die ihn eifersüchtig beäugten. Kemal war ängstlich und verunsichert. Der Siebenjährige begann wieder, ins Bett zu nässen. Er war überfordert in Deutschland, wo er wenige Wochen nach seiner Ankunft eingeschult wurde. Die Mitschüler lachten über ihn, sie nannten ihn »Tarzan«, weil sie fanden, dass er sich ähnlich unbeholfen ausdrückte. Sogar die Klassenlehrerin hatte kein Verständnis für Kemal: Wenn er ihr nicht antwortete, fühlte sie sich nicht ernst genommen. Aber Kemal sprach kein Wort Deutsch.

Die Eltern verstanden nicht, warum ihr Sohn so sensibel war. Sie trichterten ihm ein, dass er »ein Mann sein« müsse, nicht weinen solle, um sie nicht zu enttäuschen. Manchmal versuchten sie ihn mit Ohrfeigen zur Vernunft zu bringen. Ihre Annahme, sie könnten ihren Sohn nach sieben Jahren problemlos nach Deutschland holen, war ein Irrtum, der auf Kemals Kosten ging.

Jahrelang fragte er sich, warum ihn die Eltern so lange nicht sehen wollten. Seine Mutter sagte ihm, die Großeltern hätten keine Besuche gewollt. Aber das wollte Kemal nicht glauben. Er drängte die Großmutter, ihm die Wahrheit zu sagen. Von ihr erfuhr er, dass er als Baby eine Milchvergiftung hatte. Die Großmutter hatte damals Kemals Mutter in Deutschland angerufen, um nach Rat zu fragen. Am Telefon sagte ihr diese, es sei doch nicht so schlimm, wenn das Kind sterben würde. Die Großmutter war entsetzt. Sie lief mit dem Kind im Arm zum nächsten Arzt, der fünf Kilometer entfernt wohnte. Kemal konnte gerettet werden. Die Großmutter brach jeden Kontakt nach Deutschland ab.

In den 80er-Jahren ging es für Kemals Eltern finanziell bergauf. Der Vater arbeitete sich bei einem Automobilzulieferer zum Vorarbeiter hoch. Die Mutter kaufte ein. »Sie war verliebt in Gegenstände, Skulpturen, Porzellan- oder Kristallfiguren«, sagt Kemal. Ihm aber mangelte es an vielem: Wärme, Zärtlichkeit und Verständnis. Auch der Vater hatte wenig Zeit für ihn. In Gedanken war er oft in der Türkei. Er war überzeugt, Deutschland bald für immer zu verlassen. Jedes Jahr verkündete er aufs Neue, spätestens im nächsten Jahr in die Türkei zurückzukehren.

Jedes Jahr im Sommer reiste die Familie im vollgepackten Auto in die Heimat Ayvalık. Der Vater dehnte die Schulferien seiner Kinder großzügig aus. In Kemals Zeugnis aus der ersten Klasse steht bei Fehltagen die Zahl 57, später während der Grundschulzeit sind es mal 45, mal 19 versäumte Tage. Wenn Kemal dem Vater seine Zeugnisse vorlegte, unterzeichnete dieser kunstvoll, mit schnörkeliger Unterschrift. Dass die Noten miserabel waren, störte ihn nicht. Kemal sollte irgendwann einmal sowieso wieder auf eine türkische Schule gehen.

Kemal flüchtete sich wieder in Traumwelten. Sein neuer Freund war Murat, der Nachbarsjunge. Sie spielten zusammen in einem imaginären Raumschiff, das sie sich in der Außentoilette des Mietshauses einrichteten. An die Wände malten sie Knöpfe und einen Monitor mit Fadenkreuz, durch den sie außerirdische Kreaturen entdeckten. Sie reisten »ganz weit weg von dieser Erde«, sagt Kemal. Sie hatten sich ihre eigene Welt erschaffen, fernab von der Berliner Wirklichkeit.

Weil Murat genauso ungern in die Schule ging wie Kemal, schwänzten sie oft. Ausgerüstet mit Knoblauchwurst und Fladenbrot verbrachten sie die Vormittage. Sie sprangen über Zäune, suchten sich stillgelegte Baustellen oder Verstecke auf dem Spielplatz. Es dauerte einige Zeit, bis Kemals Eltern dahinterkamen. Als eines Vormittags ein Lehrer anrief, waren sie beschämt und suchten ihren Sohn.

Es war Murats Schwester, die die beiden Schulschwänzer auf der Straße streunen sah. Sie packte ihren Bruder und Kemal und brachte sie nach Hause. Murat klingelte abends noch einmal bei seinem Freund. Als er ihn sah, erschrak er. Kemal kauerte hinter der Türe, die Gesichtshälfte so zugeschwollen, dass das Auge nur noch als kleiner Schlitz zu sehen war. »Mein Vater war autoritär«, sagt Kemal, »er hat mich nicht oft geschlagen, aber wenn, dann hat mein Kopf drei Wochen lang gebrummt.«

Kemal blieb ein Außenseiter. Die Mitschüler nannten ihn »Kanake« oder »Kümmeltürke«. Nicht nur die deutschen Mitschüler. Auch die anderen wollten nichts mit ihm zu tun haben, sie sprachen besser Deutsch als er und sie hatten mehr Freunde. Im Sportunterricht zogen sie ihm die Hose herunter. In der Turnhalle stand er nun genauso da, wie er sich in Deutschland fühlte – schutzlos und gedemütigt. »Ich hab mich kaum mehr getraut zu sprechen. Innerlich hab ich oft geweint«, sagt Kemal. Aber nach außen gab er sich stark: In der Schule bemühte er sich mitzuhalten. Nach dem Hauptschulabschluss empfahlen die Lehrer, ihn auf eine weiterführende Schule zu schicken. Doch Kemal wollte Geld verdienen. Die Familie erwartete das.

Kemal sieht auf die Uhr. Er muss sich beeilen, seinen Sohn von der Schule abholen. Wie häufig an freien Nachmittagen bringt er Barış in die Stadtteilbibliothek, die auf der letzten Etage der *Neukölln Arcaden* untergebracht ist. Barış sucht sich in der Kinderabteilung am liebsten Geschichtsbücher aus. Ihn interessieren die Ritter im Mittelalter oder die Menschen der Steinzeit. Heute aber will er über das Wetter lesen, denn er wartet auf den ersten Schnee. Die vergangenen vier Jahre in der Türkei musste er darauf verzichten. Sein erstes Schuljahr hatte der Zwölfjährige noch in Berlin gemacht. Nun geht er in die fünfte Klasse. Eigentlich wäre er in seinem Alter schon in der sechsten. Doch nach einem Einstufungstest wurde er zurückversetzt, da ihm in der Türkei viel Unterrichtsstoff verloren gegangen war: Vor allem mit der freien Rede hat er noch Schwierigkeiten. Er ist ein schüchterner Junge.

Er läuft die Regale entlang, bleibt stehen und zieht ein Buch heraus. Dann setzt er sich still neben Kemal. Ab und zu blickt Barış auf. Dann erklärt er seinem Vater, wie Regen entsteht, oder erzählt ihm von der Mathe-Zwei. Kemal ist stolz auf seinen Sohn. In der Schule haben sie auch Barış Sozialverhalten bewertet: Bei Hilfsbereitschaft, Selbstständigkeit und respektvollem Umgang steht bei ihm: »sehr ausgeprägt«. Bariş hat noch keinen einzigen Fehltag. Neulich, als er krank war, bat er seinen Vater um Vitamin C: »Er wollte keinen Unterrichtsstoff versäumen.«

Die anderen Kinder halten Bariş für einen Streber. Sie finden Ausdrücke für ihn, die Bariş nicht sagen möchte. Die anderen wollen zu Banden gehören. Sie sagen »verfick dich«, oder »Scheiß-Ausländer«, sie mögen Computerchats und Gewaltspiele. Bariş mag Harry Potter und den kanadischen Kinderstar Justin Bieber, mit dem er sogar etwas Ähnlichkeit hat. Seine Haare trägt er, genau wie sein Idol, zu einem Bob geschnitten. Anders als der Sänger aber ist Bariş auffallend blass, Haut und Augen bilden einen starken Kontrast. Kemal hat seinem Sohn einen Spitznamen gegeben: Hektor, wie der griechische Held aus Homers Epos *Ilias*. Seinen anderen Sohn nennt er Achilles. Seine Söhne sind seine Helden. Verletzliche Helden.

Vor ein paar Tagen hat Kemal einen Brief erhalten, vom Bezirksamt Neukölln. Die Beamten dort forderten ihn auf, Ilyas zur Sprachfeststellung zu bringen, denn der Sechsjährige müsse jetzt eingeschult werden. Kemal griff zum Telefon, er wollte alles erklären: Dass Ilyas in der Türkei festgehalten wird und dass er deshalb nicht in die Schule gehen kann. »Meine Geschichte wollten sie nicht hören. Sie haben mir vorgeworfen, dass ich mein Kind vernachlässige.« Der Beamte am Telefon riet Kemal dazu, Ilyas von der Schule abzumelden. Wenn sein Sohn doch gar nicht in Deutschland lebe, sei damit das Problem gelöst. Kemal aber hätte das Gefühl, seinen Sohn dann aufzugeben. Durch die Anmeldung in Deutschland glaubt er, etwas in den Händen zu halten. Eine Bescheinigung, mit der ein Anwalt etwas bewirken kann. Er will Ilyas wieder nach Deutschland holen.

Kemal war 22 Jahre alt, als er Ebru kennenlernte. Er war für einen Monat in die Türkei gereist, um dort seinen verkürzten Militärdienst abzuleisten. Ein symbolischer Dienst an seinem Heimatland: Statt der 15 Monate, so wie üblich, konnte Kemal als in Deutschland lebender Türke den Dienst auf einen Monat reduzieren. Wenn er dafür zahlte – umsonst ist der Mini-Wehrdienst nicht zu haben: 5112,92 Euro lässt sich das Militär den Erlass kosten, zahlbar bis zum 38. Lebensjahr. Wer bis dahin das Geld nicht überweist, muss noch mehr zahlen. Noch blieb Kemal Zeit. Er war in der Kaserne von Burdur stationiert, etwas mehr als hundert Kilometer entfernt von dem Touristenziel Antalya am Mittelmeer. Mit anderen Türken aus Deutschland, Spanien oder Frankreich sollte er den Eid schwören und lernen, mit der Waffe umzugehen. Die im Ausland lebenden Türken haben Privilegien: Kemal musste nicht am Boden durch den Schlamm robben, sondern besuchte eine Bauchtanz-Show und besichtigte die Umgebung. Erwartet wurde von ihm aber Nationalstolz: »Wir bauten die Gewehre zusammen und posierten für den Fotografen vor der türkischen Flagge.« Ihm war das fremd, auch wenn er seinen Patriotismus vollends erst Jahre später verlor.

Nach dem dreiwöchigen Militärdienst reiste Kemal weiter nach Ayvalık. Er wollte sich ein paar Tage entspannen und traf sich dort mit seinen Eltern. Die Schiffe, die ruhig im Hafen lagen, die Fischer, die ihre Netze auswarfen, die Verkäufer, die Olivenöl an Touristen verkauften – Kemal genoss den Urlaub.

Er saß in einem Strandcafé und sah die Sonne im Meer versinken. Er bestellte einen Tee und dann sah er Ebru wie eine Erscheinung. Eine hübsche Frau, die reif auf ihn wirkte. Kemal verliebte sich sofort in sie.

Damals war Ebru 15 Jahre alt und die Tage, in denen sie Kind sein durfte, lagen weit zurück. Ihre Schulausbildung war gleich nach der ersten Klasse beendet. Von da an unterstützte sie die Eltern in deren Restaurant. Sie servierte Tee und trug die Teller ab, abends wischte sie den Boden.

Kemal bat die junge Frau um ein Treffen. Er merkte, dass Ebru ihn mochte, doch diese sagte ab. Sie hatte Angst davor, mit dem Mann aus Deutschland gesehen zu werden. Ihre Eltern hätten ihr das niemals erlaubt. Kemal gab nicht auf. Er wollte Ebru unbedingt seinen Eltern vorstellen, ihr zeigen, wie ernst es ihm war. Durch den Besuch bei seiner Familie wollte er den inoffiziellen Flirt in eine Familienangelegenheit verwandeln. Im Anschluss konnte dann Kemals Vater um Ebrus Hand anhalten.

Das Mädchen stimmte schließlich zu. Kemal plante alles generalstabsmäßig: Der erste Besuch musste noch heimlich bleiben. Ebrus Eltern waren streng konservativ, die Wahl des Ehemanns für ihre Tochter wollten sie selbst bestimmen. Kemal leistete sich ein Taxi, damit Ebru auf dem Weg zu seiner Familie von niemandem gesehen wurde. Das Mädchen brauchte nicht lange, um Kemals Eltern für sich einzunehmen. Sie war genau so, wie sie sich eine Schwiegertochter immer gewünscht hatten: fleißig, zurückhaltend und höflich. Erleichtert brachte Kemal Ebru zurück in Richtung ihrer Eltern. Auf halbem Wege stieg Ebru aus dem Wagen. Sie hatte große Angst, von ihren Eltern gesehen zu werden. Kemal überkam zum ersten Mal ein leichtes Unbehagen.

In Deutschland sparte er Geld und kaufte Ringe für seine Verlobung. Im Winter wollte er mit seinen Eltern nach Ayvalık zurückkehren. Als es schließlich so weit war, machten es ihm Ebrus Eltern nicht leicht. Sie empfingen ihn mit Misstrauen. Die Mutter wollte keinen Mann aus Deutschland für ihre Tochter. Sie hatte wenig Gutes über dieses Land gehört. Die Familien, die von dort nach Ayvalık zurückgekehrt waren, hatten ihr von unfreundlichen Menschen, Kälte und Armut erzählt. Davon, dass dort junge Menschen keine Arbeit fänden und dann Drogen verkaufen würden. Die Zukunft ihrer Tochter plante sie anders. Sie wollte einen Geschäftsmann für Ebru, einen, der sie ernähren konnte und der in Ayvalık oder in der Nähe wohnte.

Ebrus Vater dagegen war toleranter. Er fragte seine Tochter, ob es wirklich ihr Wunsch sei, den Gast zu heiraten. Sie nickte. Kemal war ganz anders als die Jungen, die sie bislang kennengelernt hatte: Er war einfühlsam, respektvoll und bereit, sie auf Händen zu tragen.

Im August 1995 heiratete das Paar. Kemal pflückte die Frau wie eine schöne Blume und nahm sie mit nach Deutschland. Ebru ließ alles zurück, was ihr vertraut war: Familie, Freunde und ihr Heimatstädtchen. Zwei Jahre nach ihrer Hochzeit bekam sie den ersten Sohn, Barış. Ilyas kam 2004, sechs Jahre später zur Welt. Kemal beschenkte Ebru mit Rosen und Schmuck, schrieb Liebesbriefe. »Ich wollte ihr zeigen, dass ich ihre Arbeit als Mutter und Hausfrau schätze.« Ebru aber war oft ungeduldig mit ihm, sagt Kemal.

So wie sein Vater, arbeitete nun auch Kemal für den Automobilzulieferer. »Unsere Familie stand für Qualitätsarbeit«, sagt Kemal und klingt stolz dabei. Wie sein Vater stieg auch er rasch auf, zuletzt arbeitete er als Maschinenführer. Einmal erhielt er eine Auszeichnung, weil er bei einem firmeninternen Wettbewerb zur Reduzierung von Schrott mitmachte. Kemal zeichnete ein Logo für die Aktion und dachte sich den Slogan »Weniger Schrott für unsere Zukunft« aus. Zum Dank schenkte ihm der Chef 600 DM und ein Handy. Kemal arbeitete gerne. Doch eigentlich wünschte er sich, etwas Kreativeres zu machen, vielleicht mit Kunst. Von selbst kündigte er nicht. 2001 verlor er seine Stelle, als der Automobilzulieferer einen Großteil der Arbeitsplätze strich.

Der 30-Jährige suchte sofort eine neue Stelle, er musste ja seine Familie ernähren. Doch auf dem Arbeitsmarkt war es knapper geworden. Das Arbeitsamt vermittelte ihm eine zweijährige Weiterbildung. Dann bekam er ein Jobangebot von einer Firma in Köln. Doch Ebru wollte Berlin nicht verlassen. Sie hatte sich gerade erst eingelebt in Berlin. In den türkischen Läden fand sie alles, was sie zum Kochen oder für den Haushalt brauchte. Sie bat Kemal, nicht nach Köln zu gehen. Sie versprach, ihn beim Geldverdienen zu unterstützen. Aber das war schwierig: Ohne Schulabschluss, ohne Berufsausbildung und nur mit ein paar Brocken Deutsch war es schwer für Ebru, eine Stelle zu finden. »Ich wollte nicht, dass sie als Putzfrau endet«, sagt Kemal. Dann bot er seiner Frau an, in die Türkei zurückzukehren. Er schlug ihr vor, dort eine Ausbildung nachzuholen.

Kemal und Ebru glaubten an eine bessere Zukunft, als sie im Sommer 2004 ihre Reisekoffer packten, und mit dem sieben Jahre alten Bariş und seinem kleinen Bruder Ilyas Richtung Ayvalık aufbrachen. Für Kemal war die Reise eine Rückkehr in die Heimat, die er, als er so alt war wie Bariş, abrupt verlassen musste. Jetzt, 25 Jahre später, wollte er herausfinden, was ihn all die Jahre zum Türken in Deutschland machte.

Die engen Gassen, das Meer, der Sonnenuntergang – das alles machte Kemal glücklich. Er spürte, dass er hier endlich ankommen konnte. Die Bewohner von Ayvalık hießen Ebru und ihn mit offenen Armen willkommen. »Wir waren die Rückkehrer aus Deutschland, mit uns wollte jeder einen Tee trinken«, sagt er. Sie zogen bei den Schwiegereltern ein. Zunächst hatte Kemal dabei ein mulmiges Gefühl. Er erinnerte sich, wie wütend seine Schwiegermutter war, als er um Ebrus Hand warb. Damals ließ sie ihm keinen Zweifel, dass sie gegen die Ehe war. Auch diesmal bemerkte er die missgünstigen Blicke der Mutter. Kemal nahm sie hin. Wichtiger war ihm, dass seine Frau glücklich war. Und zudem kümmerten sich die Schwiegereltern liebevoll um Barış und Ilyas.

Ebru begann mit der Ausbildung zur Floristin. Kemal selbst jobbte hier und da, arbeitete in Cafés oder verkaufte Souvenirs. Seine Deutschkenntnisse nutzte er, um Touristen durch die Stadt zu führen. In seiner freien Zeit fotografierte Kemal die Menschen seiner Heimat: den alten Mann, der immer am Hafen saß und schrieb, ohne jemals etwas zu veröffentlichen. Er fotografierte ein junges Mädchen, das schüchtern hinter Vorhängen hervorlugte und ihm zulächelte. Auf der Straße hatte er sie noch nie gesehen. Er fotografierte eine Mutter, die mit ihren Kindern Fische fing. Er folgte ihr heimlich auf ihrem Rückweg, bis sie in eine ärmliche Gasse abbog. Kemal versuchte herauszufinden, was das ausmacht, Heimat. Er versuchte, Ähnlichkeiten zu entdecken zwischen den Menschen auf seinen Bildern und sich selbst. Die Fotos zeigte er stolz Ebru und ihrer Familie. Doch diese interessierten sich wenig für seine Kunst.

Das störte Kemal nicht weiter. Wenn er mit Ebru und den beiden Söhnen unter freiem Himmel frischen Fisch aß, wenn sie den Sonnenuntergang beobachteten, dann fühlte er sich glücklich. Er spürte, wie er in seinem Heimatland Wurzeln schlug. Er fühlte sich endlich so türkisch, wie ihn die anderen in Deutschland immer gesehen hatten. Kemal glaubte endlich zu wissen, wer er war.

Doch eines Tages im Jahr 2005 störte ein Aufruhr die Idylle. Da war einer, der Ärger machen wollte, ein schwarzer Türke. In der Stadt wollte er einen Kulturverein gründen, für Afrotürken. Dieser Mustafa Olpak hatte ein Buch geschrieben und behauptete darin, seine Vorfahren wären als Sklaven in die Türkei gekommen. Sein Buch »Köle«, oder zu Deutsch: »Sklave«, erschien 2005 in den türkischen Buchhandlungen. Olpak beschreibt darin die Geschichte seines Großvaters, der als Gefangener auf einem der Sklavenschiffe auf dem Weg von Kenia nach Europa verschleppt wurde. Olpaks Vorfahre strandete 1894 in Kreta, das damals noch zum Osmanischen Reich gehörte, und arbeitete dort als Sklave. Noch heute leben an der Ägäis- und Mittelmeerküste rund 20.000 Afrotürken, auf deren Herkunft Olpak in sein Buch hinweist. »Köle« brachte in der Türkei ein Weltbild durcheinander. Bis zum diesem Zeitpunkt waren viele Türken davon überzeugt, unter den Osmanen habe es keine Sklaven gegeben.

Die Menschen in Ayvalık waren zornig. »Verräter«, riefen sie, »Wichtigtuer«. Kemal schloss sich dem Aufstand an. Er dachte dabei an seinen Vater, der ihm immer wieder eingeprägt hatte, stolz zu sein auf die türkische Kultur. Eines Nachts brannte das Vereinshaus von Mustafa Olpak. Irgendwer hatte Feuer gelegt. Offiziell hieß es, eine elektrische Störung sei schuld an dem Brand. Kemal sagte: »Ab da lagen die ersten Schatten auf meinem Halbmond.«

Kemal fand einen Laden für Ebru, direkt am Hafen. Er renovierte ihn und dekorierte das Geschäft, passend zur Lage, mit Holzverkleidung und Schiffsknoten. Bald darauf konnte Ebru beginnen. »Ich war überaus stolz auf sie«, sagt Kemal.

Sie teilten sich die Arbeit: Ebru arbeitete im Blumenladen mit den Kunden, Kemal übernahm die Verwaltung, kontrollierte Rechnungen und Bilanzen. Zudem kümmerte er sich um die Kinder. »Ebru und ich, wir vertrauten uns hundertprozentig«, sagt Kemal. »Wir hatten beschlossen, alles zu teilen.« Er kochte gerne für seine Familie, es machte ihm Spaß, mit seinen Kindern zu spielen und ihnen bei den Hausaufgaben zu helfen. Auch zu putzen machte ihm nichts aus.

Auch heute hat Kemal für sich und seinen Sohn gekocht. In seiner Wohnung riecht es verführerisch nach gebratenen Zwiebeln und Paprika. Nach dem Besuch in der Stadtteilbibliothek sitzt er nun mit Bariş am Tisch – es gibt Spiralnudeln mit Hackfleischsoße, außerdem frische Oliven in einem Schälchen. Kemal nimmt sich eine und genießt ihren würzig-bitteren Geschmack. Vielleicht stellt er sich nun vor, sie stamme aus Ayvalık.

Bevor sie mit dem Essen beginnen, sprechen Vater und Sohn ein Gebet. Kemal sagt: »Himmlischer Vater, wir danken dir, dass du für uns sorgst und deine Hand über uns hältst. Lass uns nie so satt werden, dass wir die anderen vergessen. Dein ist die Ewigkeit, Amen.« Fast ist es so wie damals in der Türkei. Nur dass jetzt bloß die Hälfte der Familie am Tisch sitzt, Ilyas und Ebru fehlen. Und auch das Tischgebet hat mit der Religion seiner Eltern nichts mehr zu tun.

Bariş erzählt nun von seinem Schultag. Drei Jungs hatten ihn in eine Ecke gedrängt und die ewig gleichen Spottsprüche losgelassen. Der Zwölfjährige aber ließ sich nicht provozieren. »Ich habe denen gesagt, dass man seinen Nächsten lieben soll«, erzählt Bariş. Kemal streicht seinem Sohn zärtlich durch das Haar. Er ist froh über seine Reife. Zugleich schmerzt es ihn, dass Bariş Schwierigkeiten in der Schule hat. Kemal ahnt, dass er ein ähnlicher Außenseiter ist, wie er selbst es damals war.

Mit der Zeit bemerkte Kemal, wie sich die Bewohner von Ayvalık ihm gegenüber veränderten. Sie fanden es eigenartig, dass er den Haushalt übernahm. Die anderen Männer redeten über ihn, weil er nicht arbeiten ging, sondern morgens Bariş in die Schule brachte und mit Ilyas Lebensmittel am Markt kaufte. Sie registrierten auch, dass Kemal sich immerzu Notizen machte. Er bat die Ältesten der Stadt zum Interview, befragte sie zu ihrer Kindheit, ihrem Glauben und ihren Erfahrungen. Kemal besuchte auch die Künstler der Stadt – Maler, Bildhauer und Grafiker – und ließ sich ihre Technik erklären. Er begann selbst mit Öl zu malen und Skulpturen in Sandstein zu hauen. Die Künstler glaubten, er kopiere sie. Irgendwann blieben Kemal die Türen verschlossen. Plötzlich nannten ihn die Stadtbewohner »Deutschländer«. Für sie war er ein Fremder,

der nicht einmal richtig gut Türkisch sprach. Die Zurückweisung schmerzte Kemal.

Er folgte einem diffusen Gefühl: Er setzte sich an den Tisch und begann einen Text zu verfassen über Kunst, über Ayvalık und über seine Erfahrungen in Deutschland. Ein Hilferuf, den er auf Türkisch und auf Deutsch verfasste, und den er dann als Prospekt drucken ließ, er bestellte tausend Stück. Er legte die Prospekte in den Hotels von Ayvalık aus. Die Touristen aus Deutschland sollten auf ihn aufmerksam werden. Und sie sollten seine Prospekte mit nach Deutschland nehmen und verteilen. Denn in seinem Text wandte sich Kemal auch an die »türkischen Mitbürger in Deutschland«, er schrieb: »Damit die Integration klappt, müssen wir die deutsche Sprache lernen.« Die Touristen wunderten sich über den schrägen Vogel. Die Stadtbewohner schüttelten den Kopf. Den Schwiegereltern missfiel Kemals Verhalten. Sie wollten, dass er arbeitete und den anderen mit seinen Fragen nicht auf die Nerven ging. Sie sagten ihm, er solle sich endlich einen Brotjob besorgen.

Es dauert ein bisschen, bis Kemal herausfand, was das Brennen in der Brust bedeutete: Heimweh. Plötzlich kam ihm die Erkenntnis, dass er in der Türkei deutscher war, als er es jemals in Berlin sein konnte. Er bemerkte, dass ihn kaum etwas mit den Bewohnern von Ayvalık verband. Heimlich pflanzte er einen Baum auf eine Insel vor der Stadt, eine kleine Linde. Für ihn war sie ein Symbol für die verlassene Heimat – die diesmal Deutschland hieß. Jedes Mal, wenn es Kemal schlecht ging, besuchte er sein Bäumchen und goss es. Die Linde sollte wachsen und Wurzeln schlagen. So wie er sich das für sich selbst wünschte. Auch er wollte irgendwo verwurzelt sein.

Eines Tages begegnete Kemal zufällig ein Zimmermann, der scheinbar ziellos durch die Straßen spazierte. Kemal fiel vor allem der Gang auf: »Der hatte so etwas Deutsches.« Er folgte dem Mann, um ihn zum Tee einzuladen. Der Fremde war tatsächlich ein Deutscher. Die beiden freundeten sich an und beschlossen, gemeinsam zu arbeiten. Kemal sollte für ihn übersetzen und hier und da ein wenig mitarbeiten. Er bewunderte den Zimmermann für seine Technik und sein Fachwissen. Er fühlte sich ihm verbunden: Sie kamen beide aus Deutschland und beide galten als Fremde in Ayvalık.

Eineinhalb Jahre arbeitete Kemal mit dem Zimmermann zusammen. Hinter seinem Rücken nannten die Einwohner Kemal nun nicht mehr nur »den Deutschländer«, sondern einfach nur noch »den Deutschen«. Einer, der den Einheimischen die Jobs wegnehmen wollte. »Sie warfen mir sogar vor, das Land auszuspionieren«, sagt Kemal. »Sie wollten wissen, was ich denn mit den ganzen Informationen mache, die ich mir immer notierte.«

Er spürte wieder das alte Gefühl, ausgegrenzt zu sein. In Deutschland blieb er der Ausländer, ein Muslim mit schlechten Deutschkenntnissen. In der Türkei galt er als deutscher Spion, als Verräter und als Ungläubiger. Manche sagten hinter vorgehaltener Hand, er sei zum Christentum konvertiert. Plötzlich erinnerte sich Kemal an den schwarzen Türken. Er suchte ihn auf, um ihn um Entschuldigung zu bitten. Heute sagt Kemal: »Ich habe erst viel zu spät verstanden, was es bedeutet, diskriminiert zu sein.«

Als Kemal aufstehen möchte, um die übrigen Teller vom Tisch zu räumen, hält ihn Barış auf. »Setz dich doch bitte wieder, Papa, ich muss dir noch etwas sagen.« Manchmal ist Kemal sprachlos darüber, wie erwachsen sein Sohn sich verhält. Barış erzählte ihm wieder von den Klassenkameraden, die sich über ihn lustig machten. Er sagt, sie hätten vor ein paar Tagen den Anhänger an Kemals Kette entdeckt. Seitdem ließen sie nicht locker und fragten ihn immer wieder, was es mit dem Symbol auf sich habe. »Papa, die wollten wissen, ob wir Christen sind oder Muslime.« Kemal sieht seinen Sohn erschrocken an. Der Anhänger an der Kette muss ihm an jenem Tag aus dem Hemdkragen gerutscht sein. Erst seit wenigen Monaten trägt er ihn. Der Anhänger ist ein abgerundetes Kreuz mit einem Kreis in der Mitte, darin ein Herz. Ein christliches Symbol.

Wenn Kemal aus dem Haus geht, versteckt er die Kette. Noch fühlt er sich nicht bereit, sein Geheimnis nach außen sichtbar zu machen. Die Kette war ein Geschenk eines Christen, den er in der Evangelischen Freikirche im Berliner Stadtteil Kreuzberg kennengelernt hatte. Dorthin wendete sich Kemal nach seiner Rückkehr aus der Türkei, aus einem unbestimmten Gefühl heraus. Der Mann lud ihn ein, mit der Kirchengemeinde zu singen und zu beten. Und plötzlich hatte Kemal ein Gefühl von Geborgenheit, das ihm während der Zeit in Ayvalık gefehlt hatte.

Seine Mutter aber glaubte, er sei vom Teufel besessen, als Kemal nach den Besuchen in der Evangelischen Gemeinde plötzlich von »Barmherzigkeit« und den »sieben Kirchen der Apokalypse« redete. Sein Vater wurde wütend. Freunde und Bekannte sahen Kemal erstaunt an, wenn er über die Gemeinsamkeiten von Muslimen und Christen sprach. Kemal weiß, dass es für einen Muslim eine schwere Sünde ist, zum Christentum überzutreten. Er rechnet damit, wieder ausgegrenzt und vielleicht auch angefeindet zu werden, wenn sein neuer Glaube bekannt wird. Neulich auf einer Feier sah eine Verwandte die Kette. Sie sagte ihm, »Du kannst mir erzählen, was du willst, du bist doch Christ.« Ihre Stimme klang wenig tolerant.

Kemal überlegt, sich taufen zu lassen. Aber wie seine Eltern darauf reagieren würden, will er sich lieber nicht vorstellen. Als Kind hatten sie ihm gesagt, dass dem, der den Glauben wechsle, Verdammnis drohe. Vielleicht würde dem Vater die Hand ausrutschen, so wie früher.

Barış sieht seinen Vater nun ernst an. Dann sagt er: »Ich habe allen Bescheid gesagt. Meine Klassenkameraden wissen jetzt, dass wir Christen sind.« Kemal stockt das Herz. Dass es so leicht ist, die Wahrheit zu sagen, hätte er nicht gedacht.

Ebru bekam immer wieder zu hören, ihr Mann sei ein Nichtsnutz und ein Faulpelz, der sie nur ausnutze. Wie könne es sein, dass sie die Arbeit mache und ihr Mann das Geld verwalte? Sie versuchte zu erklären, dass sie gerne arbeite und ihr Mann sich gut um die Kinder kümmere. Doch irgendwann hörte sie auf, Kemal zu verteidigen. Sie bat ihn, eine feste Stelle anzunehmen, obwohl sie dank des Blumenladens eigentlich genug Geld verdiente. Kemal akzeptierte. Er spürte, dass er nur so seine Ehe retten konnte. Er verschickte Bewerbungen, doch Antworten erhielt er keine. Er glaubte, als »Ausländer« keine Chance zu haben.

Schließlich waren es die Schwiegereltern, die ihm einen Job besorgten. Er sollte in einem Nachbarort ein Kanalisationssystem aufbauen, Kloakenschlamm aufsaugen. Kemal stand bis zu den Knien in dem stinkenden Abwasser. Viel Geld verdiente er mit der Arbeit nicht. Dafür fiel nun seine Abwesenheit im Haushalt auf. Es hieß, er kümmere sich nicht mehr um die Söhne. Kemal beschloss, das Experiment Türkei aufzugeben.

Ebru verlangte den Ladenschlüssel, der erste Schritt, um Kemal aus ihrem Leben zu sperren. Auch im Haus der Schwiegereltern wurde Kemal immer mehr zum ungeliebten Gast. Eingenäht in seinem Kissen fand er ein mit Koranversen und Sprüchen beschriebenes Papier. »Da stand, dass ich keine Ruhe finden und meine Kunst mich unglücklich machen soll. Und dass ich mich von meiner Familie trennen soll.« Seine Kleidung fand Kemal beschmiert mit Schweinefett vor – Kemal wusste, dass das als bewährtes Mittel gilt, um Unheil über jemanden zu bringen.

Er bemühte sich noch ein letztes Mal um den Familienfrieden: Beim traditionellen Opferfest küsste er die Hand seiner Schwiegermutter, um diese zu besänftigen. Dann kniete er vor seiner Frau und bat sie, doch mit ihm zurück nach Berlin zu gehen, einen Neuanfang wagen. Doch Ebru lehnte ab.

Dann gab auch Kemal auf. Er beschloss, ohne seine Frau nach Deutschland zurückzukehren. Seine Söhne wollte er mitnehmen. Ebru und er zogen vors Gericht: Der Richter entschied, dass der Ältere, Barış, bei seinem Vater bleiben solle, der Jüngere bei der Mutter. Ebru stürzte aus dem Gerichtssaal, vorbei an Barış. »Sie beachtete ihn gar nicht«, sagt Kemal. »Sie war verletzt, weil er dem Richter gesagt hatte, dass er bei mir bleiben will.«

Fast drei Monate blieb Kemal noch in Ayvalık. Er versuchte Ebru zu überreden, Ilyas doch mit ihm gehen zu lassen. Er sagte ihr, man könne die Geschwister doch nicht trennen. Ebru brach den Kontakt ab. Kemal durfte Ilyas nicht mehr sehen.

Dann buchte Kemal drei Flugtickets. Er plante, auch Ilyas mit sich nach Berlin zu nehmen. Er wollte ihn entführen. In Gedanken stellte er sich vor, wie er mit Bariş und Ilyas zum Flughafen fahren würde und dann in wenigen Stunden mit beiden in Deutschland wäre.

Bariş brachte Kemal von seinen Plänen ab. Er sagte seinem Vater: »Lass uns abreisen. Ich möchte zurück nach Deutschland.« Kemal spürte, dass der Sohn seine Gedanken erahnt hatte. Im Flugzeug zurück nach Berlin blieb der dritte Platz in der Reihe frei. Als der Flieger abhob, sah Kemal aus dem Fenster. Er wollte nicht, dass sein Sohn ihn weinen sah.

Seit einem halben Jahr ist Kemal nun wieder in Deutschland. Wenn Bariş schon im Bett ist, sortiert Kemal noch Mahnungen und Unterlagen fürs Gericht. Seit seiner Rückkehr nach Deutschland hat er eine Menge Probleme. Vor Kurzem stand sogar die Polizei vor der Türe. Sie wollte Ilyas sehen, der immer noch in Berlin gemeldet und schulpflichtig ist. Das Bezirksamt forderte 2500 Euro, falls Kemal Ilyas nicht endlich anmelde. Kemal sagte, sein Sohn werde festgehalten. Die Polizisten glaubten ihm das nicht.

Auch das türkische Konsulat hat sich gemeldet. In dem Schreiben stand, dass nun, zwei Wochen vor seinem 38. Geburtstag, die Frist ablaufe. Wenn er nicht bis zum Ende des Monats dem Militär das Geld überweise, könne man seinen Pass nicht verlängern. Im Konsulat bat Kemal um Ratenzahlung, aber das wurde abgelehnt. Es hieß, er solle das Geld einfach auftreiben, sonst könne er nie mehr in die Türkei einreisen. Und sicher habe er doch dort Verwandtschaft, die er noch besuchen möchte?

Das Geld wird Kemal in den zwei Wochen bis zu seinem Geburtstag nicht mehr auftreiben können. Der Betrag wird sich erhöhen, auf 7668 Euro. Es wird einige Zeit dauern, bis Kemal das Geld zusammengespart hat. Zeit, in der er seinen Sohn Ilyas nicht sehen kann.

»Ich habe die Halbmondwahrheiten kennengelernt«, sagt Kemal. Er möchte nun versuchen, die deutsche Staatsbürgerschaft zu bekommen. Er bewundert Angela Merkel, die doch sagte, sie sei Kanzlerin aller in Deutschland lebenden Menschen, auch der hier lebenden Türken. Er sagt, er würde sie »ohne Wenn und Aber« wählen, wenn er könnte. Doch der deutsche Pass ist für Kemal noch unerreichbar fern. Er muss sich durch das Dickicht deutscher und türkischer Gesetze schlagen: Um sich einbürgern zu lassen, muss er zunächst einmal Geld an das türkische Militär überweisen. Dann kann er sich aus der Türkei ausbürgern lassen.

Nachts betet Kemal vor dem Schlafen, dass Ilyas ihn nicht vergessen möge. Er hofft, ihn bald einmal am Telefon zu sprechen, oder einen Brief von ihm zu bekommen. Sein Schlaf ist unruhig, am nächsten Morgen sind seine Augen oft verschwollen. Bariş fragt nicht nach Ilyas oder seiner Mutter. Er will seinen Vater nicht traurig machen. Vielleicht hat er auch das Gefühl, dass er dem Vater eine Stütze sein muss.

AHMET, EIN IMPORT AUS DER TÜRKEI

Ahmet ist durch die Hochzeit mit einer entfernten Verwandten nach Deutschland gekommen. Bei ihr in Berlin war er nicht mehr der starke Mann, zu dem er in seiner Heimat erzogen worden war. Plötzlich war er in der Rolle des Unterlegenen, neben einer Frau, die sich in Deutschland auskannte und im Gegensatz zu ihm die Sprache beherrschte. Ahmet war ein »Importbräutigam«. Eine Rolle, mit der er nicht zurechtkam.

Ahmet kann dieses Bild nicht vergessen, wie seine Frau ihm die Scheine hinlegte, widerwillig. Ein Taschengeld, damit er sich Fahrkarten für die U-Bahn oder einen Tee im Imbiss kaufen konnte. In der Art, wie sie ihn damals ansah, spürte er ihre Verachtung: Ein Mann, der nicht in der Lage war, Geld nach Hause zu bringen, der war in ihren Augen ein Versager. Doch Ahmet war damals gerade erst ein paar Wochen in Berlin, ein Quereinsteiger in die deutsche Gesellschaft, ein Import aus der Türkei. Seine deutschtürkische Frau hatte ihn nach der Hochzeit zu sich geholt.

Damals konnte Ahmet noch nicht einmal nach dem Weg fragen. Inzwischen kennt er den Stadtplan von Berlin auswendig. Wenn man heute zu Ahmet ins Taxi steigt, sieht man hinter dem Steuer einen großen, schlanken Mann mit hoher Stirn, leichtem Dreitagebart und zufriedenem Lächeln. Der 40-Jährige kennt fast jeden Winkel dieser Stadt, auch wenn er selbst nur selten sein Taxi verlässt, um Berlin zu erkunden. Vieles, was er auf der Straße sieht, gefällt ihm nicht, die Kneipen, die schon morgens gut besucht sind etwa, oder die jungen Leute, die auf der Straße rumlungern, ohne etwas zu tun zu haben.

In seinem *Mercedes* aber fühlt sich Ahmet wie in einem Schutzraum. Er verleiht ihm Selbstbewusstsein und schirmt ihn ab von der Arbeitslosigkeit da draußen. Den Taxischein zu machen, das war für ihn die schnellste und sicherste Möglichkeit, unabhängig zu werden und eigenes Geld zu verdienen, um seine Familie zu ernähren. Die Erwartungen seiner Ehefrau konnte er damit erfüllen.

Nur manchmal ist da noch dieses Gefühl, das ihn in Deutschland über Jahre begleitet hat. Das der Hilflosigkeit und Überforderung, das, sich minderwertig und unmännlich zu fühlen. Etwa, wenn die Fahrgäste merken, wie schwer es ihm fällt, ihre Sprache zu sprechen. In ihren Blicken spürt er Herablassung. Für manche, das weiß er, ist er einfach nur ein Ausländer, womöglich noch ein Sozialschmarotzer. Dabei war Ahmet in den 17 Jahren, seit denen er in Deutschland lebt, keinen Tag arbeitslos, Sozialhilfe hat er nie empfangen. Ihm ist der Aufstieg vom mittellosen Einwanderer zum berufstätigen Familienvater geglückt. Beinahe die Karriere, die sich seine Eltern für ihren einzigen Sohn gewünscht hatten. An einem Augusttag 1992 legten sie beim Mokkatrinken dafür den Grundstein.

An jenem Nachmittag saß Ahmet im Kreis seiner Familie. Verwandtschaft aus Deutschland war zu Besuch, ein Cousin des Vaters mit seiner Frau und der Tochter Hatice. Sie waren am Tag zuvor am Flughafen von Ankara gelandet und dann noch 180 Kilometer mit dem Bus gefahren, bis in ihr Heimatdorf in der Nähe von Kırşehir, mitten in Anatolien. Den weiten Weg von Berlin bis dorthin hatten sie natürlich nicht umsonst gemacht. Sie waren gekommen, um ihre Tochter mit Ahmet zu verloben. Für beide war es Zeit zu heiraten: Ahmet war 23 Jahre alt, Hatice 22.

Als einziger Sohn war Ahmet der Hoffnungsträger der Familie. Er sollte den Familiennamen weitertragen, außerdem seine Eltern im Alter finanziell unterstützen. Ahmets Eltern waren überzeugt, dass Hatice die richtige Frau für ihren Sohn war. Schließlich hatten die beiden viel gemeinsam: Beide waren im gleichen Dorf geboren worden, sie besuchten sogar die gleiche Grundschule. Bis Hatice mit acht Jahren nach Deutschland zog, um dort mit ihren Eltern ein neues Leben zu beginnen. Ahmet blieb in der Heimat.

Zwischen Hatices Abreise und ihrem Besuch bei Ahmet lagen dreizehn Jahre. Eine Zeit, in der die junge Frau völlig andere Erfahrungen machte als Ahmet. Sie lebte in einer modernen Berliner Stadtwohnung, schaute Sendungen von *ProSieben* und *RTL*. In Diskotheken ließen sie ihre Eltern nicht, dafür traf sich Hatice mit ihren Freundinnen nach der Schule, um durch die Straßen von Kreuzberg zu ziehen.

Ahmet dagegen hatte die Türkei noch nie verlassen. Von Deutschland wusste er wenig, dafür umso mehr darüber, wie man Weizen anbaute oder Auberginen und Paprika zum Trocknen auf dem Lehmdach auslegte. Arbeiten, die er als Kind von seiner Großmutter gelernt hatte. Trotz der vielen Unterschiede waren die Eltern überzeugt: Gemeinsamkeiten wie Glaube, Tradition und Herkunft überwiegen. Die beiden entfernten Cousins waren dazu bestimmt, ihre Zukunft miteinander zu verbringen.

Hatice und Ahmet musterten sich verstohlen. Sie hatten sich lange nicht gesehen und an die erste und zweite Klasse Grundschule, in der sie gemeinsam saßen, konnten sie sich kaum mehr erinnern. Hatice sah einen Mann mit sanftem Blick und vollen Lippen. Einen schüchternen Freund aus Kindertagen, der so gar nichts mit ihren Kollegen und ehemaligen Schulkameraden gemein hatte. Ahmet sah eine energische junge Frau, die so etwas wie Weltläufigkeit ausstrahlte. Er hatte nie daran gedacht, Hatice zu heiraten. Aber ihm gefielen ihre rundliche Figur und ihr Lächeln. Er sah ihr dabei zu, wie sie aufstand und in Richtung Küche ging. Sie wollte dort den türkischen Mokka zubereiten, so wie es Tradition war. Währenddessen sprachen die Väter über die Zukunft ihrer Kinder. Die beiden Männer kannten sich gut, als Cousins hatten auch sie ihre Kindheit gemeinsam verbracht. Die beiden Vertrauten unterhielten sich darüber, dass Ahmet inzwischen einen Job als Anwaltsgehilfe gefunden hatte und Hatice in Berlin in einer Bäckerei arbeitete. Der eine Vater erzählte von seiner braven Tochter, die strenggläubig sei und auch in Berlin ihr Kopftuch trage. Der andere Vater erzählte vom Sohn, der niemals Ärger machte, nicht trank, nicht rauchte. Sie sahen sich an, nickten sich zu. Der eine fragte, wann die Hochzeit sein könnte. Der andere schlug einen Termin im Sommer nächsten Jahres vor. Dann brachte Hatice den Kaffee. Als sie die Tassen verteilte, bemerkte Ahmet, dass ihre Hände leicht zitterten. Auch ihm war mulmig zumute. Die Entscheidung, die da im Familienkreis getroffen wurde, sollte sein zukünftiges Leben bestimmen. Möglicherweise sollte es ein Leben mit Hatice in Deutschland sein. Die heiße Flüssigkeit, die Ahmet in kleinen Schlückchen trank, beruhigte ihn. Auf die Tradition, Salz in den Kaffee hineinzustreuen, hatte Hatice glücklicherweise verzichtet. Durch das Salz stellt die Braut den Zukünftigen auf die Probe: Trinkt er den versalzenen Kaffee bis zum letzten Tropfen, demonstriert er, dass sie ihm etwas wert ist, dass er selbst Gift aus ihrer Hand essen würde. Ahmet trank den letzten Tropfen des Mokkas. Die Hochzeit war besiegelt.

In den zwei Wochen, die Hatice mit ihren Eltern in Kırşehir verbrachte, sahen sich die frisch Verlobten immer wieder, allerdings stets in Begleitung. Es gehörte sich nicht für ein junges Paar, allein in einem Zimmer zu sein. Ein türkisches Sprichwort sagt: »Feuer und Schießpulver können nicht nebeneinander sein.« Dass Mann und Frau, allein gelassen, ein hochexplosives Experiment seien, davon waren Ahmets und Hatices Eltern überzeugt. Sie wollten verhindern, dass das Paar schon vor der eigentlichen Hochzeit miteinander schlief.

Waren Ahmet und Hatice gemeinsam im Wohnzimmer, setzte sich eine von Ahmets Schwestern dazu. Gingen sie spazieren, begleitete sie eine der Schwiegermütter. Nur manchmal schloss das Paar, das in Kürze heiraten sollte, die Türe hinter sich. Das Gefühl, jemand könnte sie durchs Schlüsselloch beobachten oder lauschen, blieb. Kein Raum für Zärtlichkeit.

Zehn Tage nach der Verlobung im Familienkreis unterschrieben Hatice und Ahmet im Standesamt die Hochzeitsurkunde. Zuvor aber ließen sie sich von einem Imam verheiraten. Die Trauung vor Gott war dem Paar wichtiger als die vor dem Staat, obwohl sie auch in der Türkei keinerlei rechtliche Bindung hat. Dennoch wird sie als Tradition gepflegt. Die Islamwissenschaftlerin Rita Breuer spricht von etwa 15 bis 20 Prozent aller Paare, die sich auf die islamische Ehe beschränken und damit offiziell als unverheiratet gelten.

Ahmets Ehe mit Hatice schweißte die Familien eng aneinander. Außerdem eröffnete sie dem 23-Jährigen den Weg nach Deutschland. Er erhielt eine einmalige Chance; Hatice einen treuen und gläubigen Ehemann. Eine arrangierte Ehe, so wie – laut einer Befragung des Zentrums für Türkeistudien – bei etwa einem Viertel aller Heiraten von Türkischstämmigen in Deutschland.

Ahmet genoss die Zeit, die er nach der Verlobung gemeinsam mit Hatice verbringen konnte, bevor diese wieder nach Deutschland abreiste. Er war ein Familienmensch. Für ihn war die Welt in Ordnung, wenn die Verwandten stundenlang zusammensaßen, um zu reden und zu essen. Sie teilten sich Reis und Fleisch aus einer flachen Pfanne, dem *tepsi*. Sie saßen im Kreis auf dem Fußboden und zogen eine gemeinsame Decke über ihre Beine.

Als Ahmet klein war, saß die Familie häufig so zusammen. Das Haus von Ahmets Eltern stand jedermann offen. Wenn Gäste überraschend weiteren Besuch mitbrachten, wurde die Suppe mit Wasser verdünnt und die Mutter verteilte noch mehr Fladenbrote. Oft saßen sie so eng beieinander, dass die Decke unter dem *tepsi* straff gespannt war. Im Sommer kamen alle, die Ahmets Familie bei der Bestellung ihrer Felder halfen, von der Arbeit zurück und langten mit kräftigem Appetit zu. Augenblicke, in denen sich Ahmet vollkommen geborgen fühlte. Sein Platz war neben der Großmutter, die ihm die besten Fleischstücke zuschob. Tags begleitete er sie auf die Felder. Er spielte barfuß im Weizen, lief über den sandigen Boden und spürte die Steine unter den Füßen. Manchmal versteckte er sich, damit er gesucht werden musste. Er genoss die Aufmerksamkeit, die er als einziger Sohn seiner Eltern bekam.

Seit der Vater kurz vor Ahmets Geburt die Türkei verlassen hatte, war Ahmet das einzig männliche Mitglied der Familie: etwas Besonderes. Seine Mutter, die Großmutter und die ältere Schwester umsorgten ihn, die zwei jüngeren Schwestern bewunderten ihn. Doch auch der Vater prägte Ahmets Erziehung. Obwohl er ihn nur im Urlaub sah, war er für Ahmet eine Respektsperson, die bei finanziellen Problemen angeschrieben wurde und zuverlässig Geld ins heimische Dorf schickte. Von ihm hatte Ahmet schon als Kind gelernt, dass ein Mann besondere Rechte und besondere Pflichten hat. Doch sowohl mit der Rolle des Familienoberhaupts als auch mit der des finanziellen Versorgers sollte Ahmet später Schwierigkeiten haben.

Wie für viele Kinder in der Türkei, die von ihren Eltern früh verlassen wurden, weil diese in Deutschland Arbeit suchten, spielte auch für Ahmet die Großmutter eine besondere Rolle. Sie ersetzte den fernen Vater. Und weil Ahmets Mutter nach der Trennung mehr mit dem Gedanken beschäftigt war, ihrem Mann zu folgen, als damit, ihren Sohn zu erziehen, übernahm die Großmutter auch ihre Rolle. Sie schuftete tagsüber wie ein Mann, grub den Acker um und schob im Spätsommer das Gras zu Haufen zusammen, die sie selbst um einiges überragten. Abends war sie ganz für ihren Enkel da: Sie spielte mit ihm, erzählte ihm Geschichten. Im Winter, wenn Ahmet den ganzen Tag über im Schnee gespielt hatte und abends klitschnass nach Hause kam, schimpfte sie erst und hüllte ihn dann in weiche Handtücher. Sie schenkte ihm die uneingeschränkte Beachtung, die er sich später auch von seiner Frau wünschten sollte.

Noch als Kind begann Ahmet, seine Rolle als Familienoberhaupt zu erfüllen. Er arbeitete in den Schulferien mit seiner Großmutter auf den Feldern, verteilte das Saatgut und erntete später im Jahr Weizen und Bohnen. Die Arbeit und das Lob der Großmutter verliehen ihm Selbstbewusstsein, er fühlte sich gebraucht.

Ahmets Ausbildung verlief dagegen nicht wie geplant. Die Aufnahmeprüfung für die Universität schaffte er nicht. Statt Lehrer zu werden, begann er in einer Anwaltskanzlei im Heimatdorf als Sekretär zu arbeiten. Er lernte dort mit zehn Fingern zu tippen und erledigte kleinere Schreibarbeiten. Er sortierte Akten für den Anwalt und notierte Termine. Keine Arbeit, die den Erwartungen, die als einzigem Sohn auf ihm lasteten, gerecht wurde.

Der Gedanke, Hatice nach Deutschland zu folgen, verlockte Ahmet. Aber er machte ihm auch Angst: Er wusste kaum etwas von dem fremden Land, sprach kein Deutsch und Geld hatte er auch nicht. Er wusste, dass er sich in Deutschland ganz auf seine Frau verlassen musste. Doch längst liefen die Vorbereitungen für die groß angelegte Hochzeitsfeier im nächsten Jahr. Ahmets ältere Schwestern begleiteten Hatice in ein Juweliergeschäft. Dort kauften sie Gold ein, für Hatices Aussteuer – Ringe, Armreifen und Ketten, die sie am Tag ihrer Hochzeit tragen wollte.

Brautgeschenke wie Schmuck, Kleidung und manchmal auch Vieh haben in der Türkei Tradition. Sie sollen der jungen Ehefrau finanzielle Freiheit geben. Vor allem, wenn Ehen nur durch einen Imam und nicht vor dem Standesamt besiegelt werden, dienen diese Geschenke auch als Absicherung. Ein Teil der zugesicherten Gaben soll die Braut vor der Eheschließung erhalten. Einen weiteren Teil im Falle einer Scheidung, damit sie im Notfall ein neues Leben beginnen kann. Außerdem soll die dadurch drohende finanzielle Belastung den Mann auch vor unüberlegten Taten zurückhalten. Auch Ahmet erklärt: »Man verschenkt Gold, damit eine Frau in Besitz von etwas ist.«

Problematisch ist es, wenn der »Brautpreis« für die Eheschließung bestimmend ist. Vor allem in ärmeren Regionen der Türkei kann es sein, dass die Geschenke einen Vater dazu verleiten, seine Tochter zu versprechen. Andersherum können die Forderungen der Braut-eltern auch eine Eheschließung verhindern, wenn die Familie des Bräutigams sie sich nicht leisten können. Hochzeiten innerhalb der Familie vermeiden finanzielle Probleme. Die Ansprüche fallen dadurch meist geringer aus.

Acht Monate nach Hatices Besuch in der Türkei reiste die Cousine wieder mit ihrer Familie an – diesmal, um die Hochzeit zu feiern. 1000 Gäste waren geladen – entsprechend dem Anlass eine große Familienfeier, denn Ahmet war der einzige Sohn. Und Ahmets Vater wollte auch beweisen, dass er es in den Jahren in Deutschland zu etwas gebracht hatte. Kurz vor der Hochzeit war er wieder in die Türkei zurückgekehrt, um sich um die älter werdende Großmutter zu kümmern.

Bevor das eigentliche Fest begann, hatte der Bräutigam eine Aufgabe zu erfüllen. Er musste die Braut aus dem Haus ihrer Familie holen. Er ließ sich zu Hatice fahren, gefolgt von einer Kolonne aus 20 Wagen. Von den Hochzeitsgästen wurde er beobachtet, wie er aus dem Auto stieg, um seine Frau endgültig vor allen Augen zu erobern. Musikanten begleiteten das Spektakel auf Flöte und Trommel. Ein Bruder verwehrte dem Bräutigam den Zutritt, das war Bestandteil des Brauchs. Ahmet musste dann all seine Überredungskünste anwenden und die Familie der Braut noch einmal durch Geldgeschenke überzeugen. Erst dann durfte er seine Frau aus den Händen des Vaters entgegennehmen. Schon während der Feierlichkeiten war die Rollenverteilung der Ehepartner festgelegt: Die Frau ließ sich erobern. Der Mann bewies seine finanzielle Potenz.

Zwei Tage lang feierte die Hochzeitsgesellschaft – es wurde frisch geschlachtetes Lammfleisch serviert, Reis und Salat. Dazu reichte das Brautpaar *Ayran* und Erfrischungsgetränke, aber keinen Alkohol, das Paar war schließlich strenggläubig. Ahmet war an diesen zwei Tagen glücklich. Endlich war seine Familie wieder vereint, der aus Deutschland zurückgekehrte Vater, Mutter und Großmutter, die drei Schwestern und er. Außerdem die Großfamilie – Tanten und Onkel, Cousins und Schwager. Sie alle freuten sich mit ihm über seine Ehe.

Vier Monate später jedoch war für Ahmet der Augenblick des Abschieds gekommen. Diesmal war er es, der seine Eltern in Kırşehir zurückließ. Nun winkten sie Ahmet und Hatice zu, die sich nach Berlin verabschiedeten. Auch die älteste Tochter reiste mit ihnen ab. Wie ihr Bruder hatte sie einen Partner in Deutschland gefunden, in München. Für Ahmet sollte sie später in den schwierigen Tagen seiner Ehe der einzige Rückhalt sein.

In Berlin fand sich Ahmet in einer Welt wieder, die ihm fremd war. Heute sagt er: »Hätte ich damals gewusst, was auf mich zukommt – ich würde nicht noch einmal nach Deutschland reisen.« In

Berlin waren seine Zeugnisse plötzlich nichts mehr wert. Genauso wenig wie das, was er in den Jahren in der Kanzlei gelernt hatte. Ahmet verstand nicht, was die Menschen um ihn herum redeten. Er sprach ja kein Wort Deutsch. Plötzlich musste er sich hinter seiner Frau verstecken, er, der doch immer der Hoffnungsträger seiner Familie war, der geliebte Enkel und einzige Sohn. Hatice dagegen gelang alles spielend: Sie war ja schließlich in Berlin groß geworden, besaß hier Freunde und Familie. Mit ihrem Job in der Bäckerei sicherte sie ihm das Überleben. Ahmet dagegen putzte die Wohnung oder ging einkaufen. Seine Frau gab ihm Geld für die Besorgungen. Jedes Mal, wenn sie ihren Geldbeutel hervorkramte, fühlte er sich in seiner Ehre verletzt und als Versager. Er glaubte, dass sie sich für ihn schämte. Auch seinen Eltern gegenüber schämte sich Ahmet: Er war schließlich weit davon entfernt, ihnen Geld schicken zu können, so wie es früher der Vater tat.

Die Probleme junger Frauen, die per Heiratsmigration nach Deutschland kommen, sind seit Jahrzehnten bekannt. Die Schwierigkeiten der Männer jedoch, die als »Importbräutigame« nach Deutschland kommen, werden kaum erwähnt. Dabei fällt es diesen Männern in gewisser Hinsicht sogar schwerer als Frauen, sich in dem fremden Land zurechtzufinden. Denn während Frauen enger in das Netzwerk Familie eingebunden sind, müssen sich die Männer in ihrer Rolle als Ernährer behaupten. »Importbräute« leben meist innerhalb eines geschützten Umfelds. Importierte Männer kämpfen auf dem Arbeitsmarkt mit Sprachproblemen und Orientierungslosigkeit.

Der eingeheiratete Zuwanderer Ahmet versuchte, sich freizustrampeln. Er, der gewohnt war, sein Geld vom Schreibtisch aus zu verdienen, ließ allen Stolz fallen und begann auf einer Baustelle zu arbeiten. Dort schleppte er Betonplatten und räumte den Schutt zusammen. Er hatte ein Ziel vor Augen: so viel Geld zu verdienen, dass seine Frau nicht mehr arbeiten gehen musste. Auf diese Weise wollte er sich ihren Respekt verdienen. Außerdem hatte er von seinen Eltern gelernt, dass eine gläubige Frau nicht mit anderen Männern zusammenarbeiten sollte, selbst wenn in der Bäckerei, in der Hatice beschäftigt war, fast nur Frauen angestellt waren. Doch sein Lohn auf der Baustelle war zu gering, als dass das Paar auf das zweite Einkommen verzichten hätte können. Jeden Morgen quälte sich Ahmet also in eine Arbeit, von der er wusste, dass sie ihm nicht die Anerkennung einbringen würde, die er sich wünschte. Er sah die jungen Architekturstudenten, die die Baustelle nur während eines Praktikums betraten, und spürte den sozialen Unterschied zwischen ihnen und ihm, dem nun einfachen Bauarbeiter. Das schmerzte ihn. Er lief durch Berlin, sah die vielen Arbeitslosen in den türkischen Cafés und den Spielcasinos sitzen und dachte sich, dass er so nicht enden wollte. Ihn überkam die schmerzhafte Erinnerung an die Heimat. An den erdigen Geruch der Felder, die Weite Ostanatoliens. Er sehnte sich nach seiner Familie, den geselligen Abenden, bei denen sie gemeinsam aßen. Eine unwiderruflich verlorene Zeit. Über seine Sorgen konnte er mit niemandem reden. Vor allem nicht mit seiner Ehefrau, die sich zurückzog, weil Ahmet ihr zu unmännlich geworden war.

Es kostete ihn viel Kraft, sich nach der Arbeit auf dem Bau in die Volkshochschule zu setzen. Doch er wollte unbedingt Deutsch lernen, weil er wusste, dass ihm ohne diese Sprache der Aufstieg nicht gelingen würde. Sobald er einen Grundstock an Vokabeln kannte, meldete er sich an beim Unterricht für Taxifahrer. Nachts blätterte er im Wörterbuch, lernte Straßennamen auswendig und den schnellsten Weg von der Habelschwerdter Allee zur Bötzowstraße. Er lernte so lange, bis ihm die Augen zufielen, jeden Abend. Er schaffte die Prüfung. Als er bei einem Taxi-Unternehmen ein Auto zugeteilt bekam, kannte er fast jeden Berliner Straßennamen. Nur die Tageszeitung zu lesen, das fiel ihm immer noch schwer. Fürs Deutschlernen genügte Ahmet als Taxifahrer die Zeit nicht mehr. Er war nun Alleinverdiener, nachdem Hatice ihre Arbeit aufgegeben hatte. Vier Jahre nach seiner Hochzeit erwartete das Paar sein erstes Baby, einen Sohn. Ein Jahr später brachte Hatice noch eine Tochter zur Welt. Die Beziehung schien sich mit Ahmets beruflichem Aufstieg stabilisiert zu haben. Doch von da an dauerte es nur wenige Jahre, bis die vielleicht von vornherein zum Scheitern verurteilte Ehe in die Brüche ging.

Während es in mittelanatolischen Städten wie Kırşehir kaum zu Scheidungen kommt, ist die Zahl der Ehetrennungen türkischer Migranten in Deutschland weitaus höher. Verlässliche Zahlen existieren dabei jedoch nicht. Die Gründe für die Scheidungen sind vielfältig und weitgehend unerforscht. Sicher spielt die besondere Belastung, in einem fremden Land Fuß zu fassen, eine Rolle. Oder die Gratwanderung, auf der einen Seite Traditionen zu wahren und auf der anderen Seite einen westlichen Lebensstil zu führen. Bei Ehen wie zwischen Hatice und Ahmet lastet insbesondere auf dem eingereisten Partner hoher Druck: Er muss die Abhängigkeit ausgleichen, die automatisch entsteht, wenn sich einer in seinem vertrauten Umfeld bewegt, der andere aber weder die Sprache beherrscht, noch finanzielle Mittel hat. Meist sind in dieser Situation Frauen, die aus der Türkei nach Deutschland gekommen sind. Bei Ahmet aber war es umgekehrt.

Immer wenn es zwischen Ahmet und seiner Frau zum Streit kam, holte sich Hatice Unterstützung bei ihrer Familie. »Plötzlich füllte sich unsere Wohnung mit Menschen«, erinnert sich Ahmet. Er fühlte sich in die Ecke gedrängt: »Mir hat niemand beigestanden, meine Familie war weit weg.« Das einzige Familienmitglied, zu dem Ahmet Kontakt hatte, war die Schwester in München. Wenn er genug Geld hatte, kaufte er sich ein Zugticket und besuchte sie. Meist reiste er allein zu ihr. Er sagt, seine Frau hätte keine große Lust gehabt, ihn zu begleiten. Wenn seine Schwester ihn dann nach ihrer Schwägerin fragte, erfand Ahmet jedes Mal eine andere Ausrede. Für die Wahrheit schämte er sich. Denn der Zusammenhalt war in seiner Familie überaus wichtig.

Dann erzählte ihm die Schwester am Telefon von der Diagnose des Arztes: Gehirntumor im Endstadium. Ahmet kaufte sofort ein Ticket. Er hatte Angst, zu spät zu kommen. Hatice wollte ihn nicht begleiten, wieder einmal. Ahmet reiste allein ab, wütend und enttäuscht zugleich. Noch während seines Besuchs in München starb die Schwester. Ahmet fühlte sich verlassen und einsam. Zumindest ein Begräbnis in der Türkei wollte er der Schwester ermöglichen – doch das war aufwendig und löste neue Streitigkeiten mit Hatice aus.

Wie man Konflikte mit Frauen austrägt, das hatte Ahmet in seiner Erziehung nie gelernt. Er wollte, dass Hatice ihm gehorchte, notfalls mit Zwang. Der Streit eskalierte. Das Paar kämpfte zuerst erbittert um Geld, dann beschuldigte Hatice Ahmet der Gewalt. Letztendlich ging es darum, wer von beiden die Oberhand behalten durfte – der importierte und entmachtete Bräutigam oder die Türkin mit deutschem Pass. Seine Frau wehrte sich, forderte die Scheidung und schaltete das Jugendamt ein.

Ahmet war selbst erschrocken von den Aggressionen, die er gegenüber seiner Frau empfand. Deswegen und aufgrund seiner Traurigkeit wendete sich an den Psychosozialen Dienst Neukölln. Dort traf er auf den Psychologen Kazım Erdoğan, der ihn in seiner Landessprache und in vielen Gesprächen beruhigen konnte. Eine Hilfe, die vielleicht in letzter Minute kam. Ahmet sagt, er wisse nicht, was er sonst getan hätte.

In den zwei Jahren seit der Trennung von Hatice hat Ahmet viel gelernt – sich zu gedulden etwa, seine Gefühle unter Kontrolle zu haben. Und wie man selbstständig einen Haushalt führt: In seiner hellen Zweizimmerwohnung, die er sich nach der Trennung gesucht hat, liegt nichts herum – keine Kleidungsstücke, keine gelesene Zeitung oder benutzte Teller. Er, dem früher Männlichkeit über alles ging, hat seine Wohnung gemütlich dekoriert: Zarte Farben beherrschen den Raum, Rosa- und Lilatöne. Seidenblumen stehen in einer hohen Vase zwischen den beiden Sofas. Neben dem Fernseher hat Ahmet Lilien in rosa und weiße Töpfe gepflanzt. Über dem niedrigen Tisch liegt eine Chiffondecke, glatt gestrichen. Auf dem Küchentisch steht frisches Obst. Seine Kinder sollen sich wohlfühlen, wenn sie ihn besuchen.

Ahmet hat in den Jahren verstanden, dass er als Mann mehr als nur Geldgeber und Ernährer sein kann. Das Sorgerecht für die Kinder, die inzwischen elf und zwölf Jahre alt sind, teilt er sich mit Hatice. Und auch wenn er mit seiner Frau nicht mehr reden will, sagt er: »Eltern müssen zusammenhalten – auch der Kinder zuliebe.« Inzwischen genießt er es, mit ihnen ins Schwimmbad zu gehen, zum Bowling oder zum Pizzaessen. Nur manchmal ärgert er sich noch über seine Frau, weil sie, wenn die Kinder etwas brauchen, immer sagt: »Geht mal zum Papa.« Er versucht dann noch mehr Taxischichten zu schieben. Er will die Kinder nicht enttäuschen und versucht ihnen alle Wünsche zu erfüllen: neue Kleidung oder einen Laptop, wie neulich zum Geburtstag.

Vor Kurzem leistete Ahmet sich einen Urlaub. Mit Freunden besuchte er Istanbul, sie haben sich die asiatische Seite angesehen, haben in einem kleinen Restaurant am Hafen gesessen und von dort aus die Boote beobachtet. Und irgendwann musste Ahmet an die Straßen von Berlin denken. Er hat Heimweh bekommen.

KORAYS KLEINE LÜGEN

Korays Mutter war beunruhigt: Mit Anfang 30 war ihr Sohn immer noch nicht zur Vernunft gekommen, er kiffte, schlug sich mit Gelegenheitsjobs durch und verheiratet war er auch nicht. Da nahm sie sein Schicksal in die Hand und stellte ihm in der Türkei ein Mädchen vor. Jetzt hat Koray vor allem einen Wunsch: Er will so schnell wie möglich einen neuen Job finden, schließlich kommt seine junge Frau bald nach Deutschland, ein Land, von dem sie paradiesische Vorstellungen hat. Koray will ihre Träume nicht allzu schnell zerstören.

Koray lächelt. Das tut er häufig. Er ist ein kräftiger Mann, 32, mit schütterem Haar. Sein Hemd spannt über dem kleinen Bauch, er wirkt stämmig. Er lehnt über dem Tresen, von hier aus bedient er seine Kunden. Männer, die im Spielcasino nahe dem Neuköllner Hermannplatz auf ihr großes Glück hoffen. Darauf, heute Abend endlich den Jackpot zu knacken. Im Spielautomaten fünf gleiche Zeichen vor sich zu sehen, fünf Zitronen oder fünf Wassermelonen. Die Männer hier haben einen starren Blick, immer geradeaus, nicht nach rechts und nicht nach links. Manchmal steht einer auf, kommt zum Tresen und will sein Geld umtauschen, mehr Münzen haben, um mehr Glück zu haben. Koray lächelt, er wechselt das Geld, Worte fallen dabei meist nicht zwischen den Männern.

Kunden kommen viele. Männer und Frauen, die sich der trügerischen Hoffnung hingeben, hier schnelles Geld zu verdienen. Sie haben gelernt, mit Misserfolg zu leben. Koray bedient viele Landsleute. Viele, die sich in der Türkei verwurzelt fühlen, obwohl sie schon seit Jahren in Deutschland wohnen – so wie er. Er kann verstehen, warum sie kommen: »Die älteren fühlen sich ohne Job und Einkommen als Versager«, sagt er. »Hier fliehen sie vor dem Alltag.« Und die Jüngeren? »Die haben sich das abgeschaut.«

Koray selbst hat auch schon mal gezockt. »Ich war noch in der Ausbildung zum Gleisbauer. Mein ganzes Geld war weg, seitdem spiele ich nicht mehr.« Dafür besaß Koray bis vor Kurzem andere Laster: Er kiffte, hatte viele Freundinnen, tat alles, was Allah nicht gutheißen konnte. Er jobbte hier und da und als er endlich eine Anstellung in einem Supermarkt bekam, verprügelte er den Vorgesetzten. Für den Kieferbruch, den sich der Mann zuzog, musste Koray fünf Monate ins Gefängnis. Eine Zeit, in der er viel nachgedacht hat. Darüber, was schiefläuft in seinem Leben. Auf kleinen Zetteln hat er Ideen und Gedanken notiert. Etwa, dass er erst immer nur die c-Klassen in der Grundschule besucht hatte und ihn seine Eltern dann in die 4a schickten: »Die c-Klassen waren für die Ausländerkinder. Wir haben da noch mit Bauklötzen gespielt, als die anderen schon beim Alphabet waren. Als ich in die Vierte kam, war ich der totale Außenseiter.« Er hat auch aufgeschrieben, dass seine Eltern nie Deutsch gelernt hatten. In der Schule konnten sie ihn nicht unterstützen. Sie sind immer nur der Arbeit hinterhergelaufen, ohne es zu einem Vermögen zu bringen, so wie sie das eigentlich vorhatten. Inzwischen pendeln die Eltern zwischen Deutschland und der Türkei hin und her. »Das macht sie auch nicht glücklich, ihnen fehlen die Enkel.« Koray hat auch notiert, was er selbst besser machen könnte. Er hat sich vorgenommen, sich wieder auf seine Religion zu konzentrieren. Seitdem geht er regelmäßig in die Moschee und kifft nicht mehr.

Ein Kunde ist gekommen, Koray sieht kurz auf, nickt ihm zu. Manchmal sind die Stunden lang. Dann denkt er wieder nach. Diesmal aber ist es die Zukunft, die ihn beschäftigt. Er denkt nach über sein Leben, das sich bald schlagartig ändern soll, dank der jungen Frau, der er seit ein paar Monaten versprochen ist.

»Heirate, sonst kann ich nicht in Ruhe sterben«, hatte ihm seine Mutter am Telefon gesagt, in einem Ton, der keinen Widerspruch duldete. Nach dem Knast hatte Koray hier und da gejobbt. Er war verliebt in eine Deutsche, aber das war hoffnungslos. »Ich hing ihr drei Jahre lang nach, aber sie wollte mich nicht. Eigentlich ist es mir leichtgefallen, sie zu vergessen.« Koray zögert. »Mit einer Frau aus der Türkei verbindet mich doch mehr als mit einer Deutschen.« Er sagt das voller Überzeugung, obwohl er schon seit seinem dritten Lebensjahr in Deutschland wohnt. »Aber schließlich haben eine Frau aus der Türkei und ich als gebürtiger Türke doch die gleiche Kultur, oder nicht?«

Koray folgte der Einladung seiner Mutter und reiste in die Türkei. Sechs Monate blieb er. »Ich hab für meine Eltern den Chauffeur gespielt; mit ihnen ging es von Haus zu Haus – Brautschaubesuche.« Eines Nachmittags saß er mit seinen Eltern im Wohnzimmer einer ihm unbekannten Familie; die Tante hatte das eingefädelt. Ein junges Mädchen brachte Tee. »Ich habe sie nur ganz kurz gesehen, schließlich schaut man da nicht so hin«, erzählt Koray. Aber ihm fiel auf, wie attraktiv sie war, groß und hübsch. »Weil sie ein Kopftuch trug, konnte ich das nicht gleich so gut erkennen.« Erst daheim fragte ihn die Mutter: »Und?« Koray sagte: »Sie gefällt mir.« Ab da ging alles ganz schnell: Die Familie des Mädchens lud ein zum offiziellen Mokkatrinken. Im Nachhinein staunt Koray darüber. »Der Altersunterschied ist schon groß – ich bin 32, sie ist 17.«

Korays Erzählung wird nur ab und zu unterbrochen, wenn die Automaten klappern und klingeln. Aber romantisch wäre seine Erzählung auch ohne diese Geräuschkulisse nicht – das weiß er selbst. Doch er versucht, seiner Mutter zu vertrauen, wenn sie ihm von den Traditionen und Werten einer Ehe erzählt.

Beim zweiten Treffen der beiden Familien durfte Koray seine Zukünftige länger betrachten. Sie erschien mit einem Tablett voll Mokkatässchen, die sie an die Gäste verteilte. »Dann kam der Imam und hat Bittgebete gesprochen.« Koray war überrascht. »Eigentlich dachte ich, wir würden erst ein bisschen miteinander reden.« Aber jetzt gab es kein Zurück mehr. Die Familie redete über nötige Anschaffungen für die Ehe. Koray sollte seiner Frau die Aussteuer kaufen – Kleidung und Goldschmuck. »Wir haben ein Halsketten-Set für 2000 Euro gekauft, außerdem acht Armreifen, das Stück 700 Euro. Nur das Beste.« Mit seiner zukünftigen Frau konnte sich Koray immer noch nicht unterhalten. Während der Besorgungsfahrten saß sie auf der Rückbank des Autos. »Der Vater saß vorne, zum Aufpassen.« Korays bisherige Frauenbekanntschaften liefen anders. Aber er glaubt, dass sich die Zurückhaltung jetzt lohnt: »Ich konnte sie im Rückspiegel ja sehen. Sie gefällt mir wirklich, sie ist wunderschön mit ihren großen, braunen Augen.«

Zwei Tage später feierte Koray Verlobung. Nur zwei Minuten war er mit seiner Zukünftigen allein, sagt er. »Ich hab sie gefragt, wie es ihr geht. Und dann kam schon wieder ein Bruder, der uns störte.«

Manchmal muss Koray selbst den Kopf schütteln, wenn er über sein Schicksal nachdenkt. »Verrückt eigentlich, ich hatte schon so viele Frauen, und jetzt heirate ich eine, deren Haarfarbe ich nicht einmal kenne.« Von Bekannten hat er gehört, dass seine Frau volles, welliges Haar hat. Er hätte es gerne gesehen, aber: »Wenn ich ihre Eltern gefragt hätte, ob ich mal das Kopftuch anheben darf, hätten die mich glatt rausgeschmissen.«

Geküsst hat Koray seine Braut trotzdem schon. »Ich hab geschaut, dass uns niemand verfolgt, dann hab ich sie umarmt.« Er bemerkte, wie nervös das Mädchen war. »Man muss behutsam sein – sie ist wie eine Blüte, die sich langsam öffnet.« Die junge Frau fragte Koray über Deutschland aus. Er erzählte ihr, dass Berlin eine sehr große Stadt sei, mit vielen Einwohnern. Dass es nicht so leicht sei, eine gute Arbeit zu finden, und dass er deshalb in einer Fleischerei arbeite. »Die Wahrheit«, sagt Koray, »dass ich in einem Spielcasino arbeite, konnte ich ihr doch nicht sagen.« Spielautomaten, Drogen, vorehelicher Sex – das sei alles entgegen der Religion. »Sie würde ja tot umfallen, wenn sie das hier alles sähe«, sagt Koray. Und: »Kleine Lügen sind erlaubt.«

Korays Frau hat schon konkrete Vorstellungen von ihrer Hochzeitsfeier und der Zeit danach. »Bei unserer Hochzeit will sie die Haare offen tragen. Sie hat gesagt, dass sie an diesem Tag einmal schön aussehen will. Aber ich finde das nicht gut.« Koray sagt, er sei viel religiöser als seine Frau. »Sie möchte einen Job in Berlin annehmen, aber das ist nicht gut. Ich will nicht, dass sie arbeitet.« Koray will, dass seine Frau daheimbleibt und sich um die Kinder kümmert.

»Außerdem brauchen meine Eltern Unterstützung. Sie sind jetzt alt. Meine Frau ist jung und hilft gerne.«

Das hat Koray schon in der Türkei beobachtet. Seine Zukünftige kümmerte sich dort um den Haushalt und um die drei Brüder. »Sie kann nicht ruhig sitzen«, sagt er. Weil sie von der vielen Arbeit abends so erschöpft sei, gehe sie schon früh schlafen. »Sie ist viel erwachsener als die Türkinnen in Deutschland.«

Koray lernt jetzt seine Frau nach und nach kennen. »Meistens hört sie mir am Telefon zu. Manchmal aber kommandiert sie mich auch ganz schön rum. Sie will auch nicht, dass ich abends ausgehe.« Er beobachtet, dass sie sich verändert. »Sie ist ja auch noch in der Lernphase. Manchmal hab ich das Gefühl, ich muss sie noch erziehen.« Koray erzählt seiner Braut am Telefon, was er mit ihr im Bett vorhat. »Sie kichert dann. Ich glaub, sie ist nervös.«

Auch Koray sieht beunruhigt aus. Wie einer, der sich nicht so sicher ist, die richtige Entscheidung getroffen zu haben. Wie einer, der Angst hat, der neuen Verantwortung nicht gerecht werden zu können. Ein bisschen Zeit bleibt ihm noch, bevor seine Frau nach Berlin kommt. Sie muss erst die Voraussetzungen für den Familiennachzug erfüllen: etwas Deutsch sprechen und volljährig sein. Auch Koray braucht noch einen besseren Job. Sein Nettoeinkommen ist zu gering, sagt er. »Die Regierung legt uns Steine in den Weg.«

Koray hat Angst, seine Frau zu verletzen. »Ich wünschte manchmal, ich könnte die Zeit zurückdrehen. Ich hab schon so viel erlebt.« Für seine Frau wird er der erste Mann sein. Er ist sich sicher, dass sie ihn sehr liebt, schließlich hat sie geweint, als er die Türkei verließ. »Ob ich sie wohl jemals so lieben kann? Ich werde es zumindest versuchen«, sagt Koray und seufzt.

BEI DER EHRE ADEMS

In der Ehe mit seiner Cousine İpek galt ein ungeschriebenes Gesetz: Adem musste die Großfamilie versorgen, inklusive Onkel und Cousins. Als er aufhörte zu zahlen, trennte sich İpek von ihm. In den Augen seiner Frau hatte Adem seine Pflicht als Ehemann verletzt. Ein erbitterter Streit begann, bei dem İpek Adem dort traf, wo es ihn am meisten schmerzte: bei seiner Ehre als Mann.

Wann ist man wirklich frei? Wenn man sich von den Vorstellungen, die andere auf einen projizieren, gelöst hat? Wenn man so handelt, wie man es selbst für richtig erachtet? Wenn man seinen Stolz überwunden hat? Adem hat einen Befreiungskampf hinter sich, dessen Dramatik kaum mehr zu erahnen ist, wenn man ihn zu Hause besucht. In einer ruhigen Seitenstraße gelegen wohnt er mit seinen beiden Kindern: Halit, 18 Jahre, und Meryem, sieben.

Adems Tage sind vollgepackt: Frühmorgens weckt er seine beiden Kinder, er hilft Meryem beim Kämmen und treibt Halit zur Eile an. Dann begleitet er seine Tochter zur Grundschule, wo ihn die Lehrerinnen immer freundlich begrüßen, weil er einer der wenigen Väter ist, die ihr Kind zuverlässig bringen und mittags wieder abholen. Daheim schrubbt Adem den Badezimmerboden und wischt das Klo aus. Er schneidet Gemüse und kocht die Suppe fürs Mittagessen.

Das alles musste sich Adem erst nach und nach beibringen: Seine Geschichte ist die eines Mannes, der früher mit Hausarbeit nichts zu tun haben wollte und der nun alleinerziehender Vater ist. Weil Adem so gar nicht dem Klischee des türkischen Paschas entspricht, hatte er bei sich daheim sogar schon ein Fernsehteam zu Gast. Aber Adem hat noch weitaus mehr geschafft, als die Erziehung seiner Kinder und den Haushalt in die Hand zu nehmen. In seiner Geschichte geht es auch um gekränkten Stolz, verletzte Ehre und um den Sieg des Verstands über Gewalt. Was bei der Familienidylle bei Adem daheim fehlt, ist die älteste Tochter – entführt von der Mutter in die Türkei.

Jetzt sitzt der 42-Jährige mit der kleinen Meryem auf dem geblümten Stoffsofa im Wohnzimmer. Er hilft ihr bei den Hausaufgaben. Sie ist zwar gerade einmal in der ersten Klasse, aber die Lehrerin zieht kräftig an mit dem Stoff, findet Adem. Schon fast das ganze Alphabet kennt Meryem nun, sie kann Tiere den Buchstaben zuordnen und Rechenaufgaben mit Plus und Minus lösen. »Schreib mal auf – Te«, sagt der Vater und seine Aufmerksamkeit ist ganz bei seiner Tochter. Dann entdeckt er eine Seite, die sich aus dem Schulbuch seiner Siebenjährigen gelöst hat. »So was darfst du nicht machen«, tadelt er, aber seine Stimme klingt sanft. Meryem lächelt ihren Vater entschuldigend an. Dann lenkt sie schnell vom Thema ab und sagt: »Ich brauche noch eine Mädchenschere.« Der Vater kramt in dem pinkfarbenen Etui mit Stiften und zieht eine gelbe Schere hervor: »Da ist doch eine?« – »Ne, Jungsschere«, antwortet ihm seine Tochter bestimmt.

Als Adem in Meryems Alter war, schickten ihn die Eltern fort, in die Türkei. Dabei war ihr Sohn in Deutschland geboren worden. Die Eltern waren Mitte der 60er-Jahre aus einem Dorf nahe der Stadt Ardahan ausgewandert, ganz im Nordosten der Türkei. Arbeit war knapp in ihrem Dorf an der Grenze zu Georgien. Die klassischen »Gastarbeiter«-Träume: Geld verdienen und dann zurück in die Heimat. Und wie die meisten Migranten sind auch sie immer noch hier. Damals aber waren Adems Eltern überzeugt, ihr sechsjähriger Sohn solle sich sein Rüstzeug fürs Leben in der Türkei beschaffen. Sie schickten ihn zum Onkel nach Ardahan, wo er ordentlich Türkisch lernen und eine religiöse Erziehung erhalten sollte, mit traditionellen Werten.

Vier Jahre blieb Adem. Er tauschte die Berliner Stadt mit der bergigen Landschaft der Schwarzmeerregion aus. Er fühlte sich verlassen von den Eltern, manchmal hatte er Heimweh. Doch schon von Kindesbeinen auf hatte er gelernt, Tränen und Kummer zu unterdrücken.

Kaum hatte sich Adem in Ardahan eingelebt, riefen ihn die Eltern zurück. Sie hatten gemerkt, dass der Aufenthalt in Deutschland doch noch etwas länger dauern würde. Doch Adems Weichen für sein Leben waren da bereits gestellt: Vom Onkel erhielt Adem nicht nur eine strenge Erziehung, sondern viele Jahre später auch die Hand seiner Tochter İpek.

Der Neustart in Berlin – keine einfache Sache für den Elfjährigen, der die deutsche Sprache nun verlernt hatte und irgendwie gar nicht mehr wusste, wohin er eigentlich gehörte. Zum Onkel nach Ardahan? Zu den Cousins und seiner Cousine İpek? Mit ihnen war er nun viel vertrauter als mit seinen drei Geschwistern in Berlin. Adem fühlte sich innerlich zerrissen, ein Kind ohne Gefühl für Heimat. In der Schule war er ein Außenseiter, der sich kaum verständigen konnte. Vieles, was die Lehrerin sagte, verstand er nicht. Er begann den Unterricht zu schwänzen. Er zog mit Freunden durch die Straßen, anstatt zu lernen. Nach der zehnten Klasse Hauptschule war die Ausbildung dann vorbei. Zeit zu heiraten, fanden die Eltern.

Denn um ihren Sohn machten sie sich Sorgen, den Ernst des Lebens schien er einfach nicht zu begreifen: Er trieb sich rum, zockte und trank. Ein 17-jähriger Schwerenöter, der nur ans Feiern und Flirten zu denken schien, nicht daran, eine Arbeit zu finden. Eine junge Frau aus der Heimat sollte ihn zur Vernunft bringen. Die geeignete Kandidatin stand schnell fest. Und so saß Adem bald darauf mit seiner Cousine İpek beim türkischen Mokka zusammen. Eine Tradition: Beim Mokkatrinken verhandeln die Familien die Hochzeit. Adem nippte am starken Kaffee, er lächelte der Cousine schüchtern zu und akzeptierte.

Es klingelt an der Haustüre – Adems Ältester Halit hat schon zum dritten Mal den Haustürschlüssel verloren, jetzt muss er sich mit seinem Vater absprechen, wann er heimkommt. Der 18-Jährige ist ein höflicher, junger Mann, der mit seinem Vater viel Ähnlichkeit hat. Halit lässt sich auf einen Stuhl neben dem Sofa fallen. Er hat einen langen Schultag hinter sich und will gleich wieder los, zum Fußballspielen. Doch zuvor lässt er seine kleine Schwester vorführen, was er ihr beigebracht hat. Sie kann schon ihren Namen in Schreibschrift schreiben. Seit die Mutter die Familie verlassen hat, ist es Halit, der seinem Vater bei der Erziehung von Meryem hilft. Er sagt: »Ich bin der Älteste. Da muss ich doch für sie sorgen, wenn mein Vater arbeiten ist.«

Halit streckt sich und gähnt. So jung heiraten wie sein Vater, kommt für ihn gar nicht infrage. Er sieht gut aus, hat die gleichen blauen Augen wie sein Vater und pflegt seinen gebräunten Teint. Mädchen stehen auf ihn, aber festlegen will er sich noch lange nicht. Ein ganz normaler 18-Jähriger in Deutschland. Er sagt: »Wenn ich Urlaub in der Türkei mache, will ich nach drei Wochen wieder heim.«

Halit besucht die zehnte Klasse Realschule, er wird seinen Abschluss schaffen und will dann Feuerwehrmann werden. Doch sein Vater bezweifelt, dass ihm hier in Berlin tatsächlich alle Möglichkeiten offenstehen. Er ärgert sich, wenn Halit von der Realschule erzählt, auf die er gewechselt ist, als seine alte Schule wegen Asbest-Verdacht geschlossen wurde. »Sag doch mal, wie viele Deutsche sind in deiner Schule?«, fordert er Halit auf. Der sagt: »So fünf vielleicht?« – »Und in deiner Klasse?« – »Keiner.« In dem sonst so müden Gesicht des Vaters spiegelt sich Ärger: »Wie soll denn da Integration funktionieren?« Halit gähnt wieder. Er sagt, dass er keine Probleme in der Klasse habe, dass er ein guter Fußballspieler sei und sich damit schnell Respekt verschafft habe. »Die Deutschen, das sind so Einzelgänger. Die stehen in der Pause immer nur in der Ecke, haben so 90er-Jahre-Klamotten an und beim Fußball machen sie auch nicht mit. Wenn die nur mal zwei, drei Tore schießen würden und ein bisschen reden, dann würden wir die doch schnell aufnehmen.« Und er meint: »Aber die versuchen gar nicht erst, sich zu integrieren.«

Fußball, Klamotten, Hip-Hop – Adems Universum sah in Halits Alter ganz anders aus: Mit 19 Jahren stand er vor dem Standesamt neben İpek, für die er ab sofort sorgen sollte. Als die Ehe geschlossen war, applaudierten die Familien. Die Ehe zwischen Cousin und Cousine war von Beginn an eine Familienangelegenheit: Für İpeks Eltern in der Türkei schien sie eine zuverlässige Einnahmequelle. Denn von nun an erwarteten sie von ihrem Schwiegersohn, dass er ihnen regelmäßig Geld schickte. Adems Eltern waren ebenfalls zufrieden: Sie hatten für ihren Sohn eine traditionell erzogene Schwiegertochter gefunden.

Die Ehepartner erfüllten ihre Pflichten: İpek schenkte ihrem Mann drei Kinder: Ein knappes Jahr nach der Hochzeit kam 1988 die erste Tochter Leyla zur Welt, vier Jahre später der Sohn Halit, gefolgt von Meryem. Als Mutter von drei Kindern hatte İpek viel zu tun, sie kochte, putzte, erzog die Kinder. Die Freizeit verbrachte sie bei ihren Schwiegereltern oder vor dem Fernseher.

Adems Leben damals spielte sich vor allem in der Arbeit ab. Er fand einen Job bei einer Kabelfirma, wo er als Maschinenführer arbeitete und knapp 3500 DM im Monat nach Hause brachte. Geld, das für die fünfköpfige Familie nur knapp reichte. Trotzdem vergaß Adem nie seine Verpflichtungen: Jeden Monat schickte er zwischen 500 und 800 DM an den Onkel in der Türkei. Er beglich dessen Schulden oder kaufte Möbel für die Familie. Hohe Ausgaben für Adem, die seinen Dispokredit wachsen ließen – genau wie seine Probleme.

Und dann traf Adem eine Entscheidung, die sein Leben auf den Kopf stellen sollte. Plötzlich überkam ihn eine Wut auf die Bequemlichkeit der türkischen Verwandtschaft. Auf die Cousins, denen das faule Leben zu gefallen schien. Seinen eigenen Kindern konnte er nicht einmal ein Fahrrad schenken, sogar Bücher für die Schule sprengten das Budget. Die Entscheidung fiel ihm plötzlich leicht: Anstatt sich weiterhin um das finanzielle Wohl der Großfamilie zu kümmern, begann er, Geld für seine Kinder zu sparen. Er träumte davon, ihnen eine gute Ausbildung, vielleicht irgendwann einmal sogar ein Studium zu ermöglichen. Er hörte auf damit, Geld in die Türkei zu schicken, und brach damit ein ungeschriebenes Gesetz. Für İpek hatte die Ehe nun ihre Grundlage verloren.

Adem wusste, dass es Probleme geben würde. Den Sturm sah er kommen, nicht aber den Untergang seiner Ehe. Hatte er etwa vergessen, dass seine Ehe doch längst nicht nur ihn und İpek betraf? Dass er sich durch sie auch gegenüber seinem Onkel in der Türkei verpflichtet hatte?

Bei einem Familienurlaub in Ardahan bekam Adem eine erste Ahnung davon, wie groß die Probleme tatsächlich waren, die er sich eingehandelt hatte. Die Schwiegereltern begrüßten ihn wie einen Fremden. Die Brüder seiner Frau warfen ihm verächtliche Blicke zu. Niemand sprach in diesem Urlaub mit ihm, bei Tisch saß er abseits, die anderen rückten von ihm ab. Plötzlich verstand er, dass sie ihn für einen Verräter hielten, weil er den Geldhahn zugedreht hatte. Er packte seine Koffer und reiste mit İpek wieder ab.

Adem schöpfte keinen Verdacht, als ihm seine Frau erzählte, sie müsse sofort wieder zurück zur Familie, weil ihre Mutter krank geworden sei. Er ahnte nichts, als sie zwei Koffer prall mit Kleidung füllte und sich mit der dreijährigen Meryem von ihm verabschiedete. Dass İpek sich anders verhielt als sonst, dass sie nervös und der Abschied kühl war, war ihm entgangen. Er konnte sich zu diesem Zeitpunkt noch nicht vorstellen, dass İpek ihn für immer verlassen sollte.

Drei Wochen später stand Adem am Flughafen Berlin-Tegel. Die Passagiere traten aus der Sicherheitstüre, einer nach dem anderen. Adem blieb noch stehen, als sich die Schiebetüre nicht mehr öffnete. Er war verwirrt, suchte den Zettel in der Hosentasche, auf dem er sich den Tag und die Zeit der Ankunft von İpek und Meryem notiert hatte. Durch einen Anruf am Flughafen von Istanbul erfuhr er, dass seine Frau niemals eingestiegen war. Ratlos kehrte Adem nach Hause zurück. Als ihm seine Frau am Telefon erzählte, sie habe nur den Flug verpasst, wollte er ihr das glauben.

Er kaufte zwei neue Rückflugtickets für İpek und Meryem und stellte sich zwei Wochen später wieder in die Wartehalle des Flughafens. Diesmal sah er seine Tochter sofort. Neben ihr aber stand nicht die Mutter, sondern deren Schwester, die große Ähnlichkeit mit İpek hatte, eingereist mit deren Pass. Sie sagte, sie werde sich nun um die Kinder kümmern. İpek wolle in der Türkei bleiben.« Adem verstand die Welt nicht mehr.

Er rief seine Frau an und forderte eine Erklärung. Jetzt erst, am Telefon und viele hundert Kilometer entfernt, brachte İpek endlich den Mut auf, zu sagen, was sie wirklich dachte: Dass er ihren Respekt verloren habe, dass er ein Versager sei, der nicht einmal genug Geld verdienen könne. Und sie sagte ihm, dass sie nun in der Türkei Karriere machen wolle, als Tänzerin. Die Frau, die bis zu diesem Zeitpunkt 16 Jahre in Deutschland verbracht hatte, wollte nun – dank des Rückhalts ihrer Familie – einen Neustart wagen.

Adem bemühte sich um Fassung. Noch hatte er die vage Hoffnung, dass seine Frau doch wieder zu ihm und den Kindern zurückkommen werde. Dass sich die Kunde vom verlassenen Ehemann noch nicht herumgesprochen hatte und seine Ehre noch nicht verletzt war.

Doch da täuschte er sich. In der Türkei verbreitete sich die Nachricht wie ein Lauffeuer. Schließlich war İpek längst mit einem neuen Mann zusammen. Den Partnerwechsel konnte sie der Verwandtschaft nur mit einem triftigen Grund erklären. Einem Ehebruch zum Beispiel. Die Schwester in Berlin wusste, was zu tun war: Sie sollte Adem verführen. Als Belohnung winkte ihr der Aufenthalt in Berlin, falls sich Adem auf sie einließ.

Sie agierte wie ferngesteuert. Adem entdeckte sie in seinem Bett, vollkommen nackt. Sie lag da unter der Decke und lächelte ihn an. Adem aber konnte seinen Augen kaum trauen. Doch er reagierte nicht so, wie es die Schwester oder İpek in der Türkei erwartet hatten. Ganz leise sagte er: »Raus, sofort.« Am nächsten Tag setzte Adem die Schwester vor die Tür. Seine Geduld war am Ende, ihm war egal, was aus seiner Schwägerin wurde, ohne Papiere und ohne Geld. Er schickte seiner Frau den Pass zurück. Er gab ihr noch eine Chance und forderte sie am Telefon auf, zurückzukommen.

İpek legte einfach auf. Dafür meldeten sich nun Verwandte und Bekannte bei ihm. Am Telefon fragten sie ihn, ob das wirklich stimme? Ob er seine Frau und die Kinder geschlagen habe? Ob er das ganze Geld verzocke? İpek und ihre Familie hatten Gerüchte verbreitet. Adem stammelte am Telefon. Die Vorwürfe stimmten einfach nicht. Doch für die Anrufer war er nun ein Mann ohne Ehre.

Es ist ein dunkles Kapitel seiner Geschichte, das Adem da beschreibt. Doch seine Gefühle zu erklären, fällt ihm schwer – er kann das nicht so in Worte packen. Er sagt Sätze wie: »Sie hat mir Kummer gemacht.« Oder: »Das hat mich verletzt.« Wie er sich wirklich gefühlt haben muss, als ihm İpeks Brüder am Telefon drohten, ihn umzubringen, kann er nicht beschreiben. Er vermutet, dass Druck auf İpeks Brüdern lastete, die angeblichen Taten des ehrlosen Ehemanns in Deutschland zu sühnen. Adem bekam Angst. Er wendete sich an die wenigen Freunde, die noch auf seiner Seite standen. Die rieten ihm: »Handle du zuerst.« Oder empfahlen: »Du musst deine Ehre retten – bring du sie um.« Auch seine Eltern warnten ihn vor dem Gesichtsverlust, den er und auch sie durch die Beschuldigungen erleiden würden.

Adem aber sann zu jenem Zeitpunkt noch nicht auf Rache. Er sah vor allem das Wohl seiner Kinder in Gefahr, die plötzlich ohne Mutter waren. Er war nun alleinerziehender Vater mit viel Verantwortung. Tags, wenn er zur Arbeit ging, kümmerten sich seine Schwester und die Mutter um die Kinder. Doch den Haushalt musste nun er erledigen. Wenn er mit seinen Kindern zusammensaß und sie die Suppe löffelten, die er ihnen gekocht hatte, war er beinahe zufrieden. İpek war bald kein Thema mehr. Wenn eines der Kinder von der Mutter sprach, blockte Adem einfach ab. Er dachte, das sei für alle besser so.

Bis İpek plötzlich wieder auftauchte. Adem sagt: »Sie kam und machte Kummer.« Ihm fehlen die Worte, für das, was im Sommer 2005 geschah.

Leyla kam nach der Schule nach Hause und Adem bemerkte sofort, dass irgendetwas nicht stimmte. Die Art, wie sie schweigend am Esstisch saß, wie sie mit den Tränen kämpfte, beunruhigte ihn. Doch die Tochter wollte ihm nicht erzählen, was vorgefallen war. Bis die Kleinste, Meryem, sich ein paar Tage später verplapperte. Sie saß bei ihrem Vater und erzählte, dass ihr die Mutter neulich einen Ausflug in den Tiergarten versprochen habe. Da verstand Adem, dass İpek zurückgekehrt war.

Er erfuhr, dass die Mutter sie vor Schulbeginn abgefangen hatte, dass sie die Kinder zum Eisessen eingeladen und Spaziergänge mit ihnen gemacht hatte. Leyla sah ihren Vater wütend an. Denn die Version der Mutter war eine andere: Adem habe sie aus seinem Leben verbannt und ihr verboten, ihre Kinder zu sehen. Adem, der in seiner Sprachlosigkeit gefangen war, gelang es nicht, seine Tochter vom Gegenteil zu überzeugen. Leyla zog sich zurück. Adem wollte seine Frau zur Rede zu stellen. Er wollte ihr endlich sagen, was er von ihr dachte. Er wollte ihr vielleicht auch drohen, damit sie aus seinem Leben verschwand und die Kinder in Ruhe ließ. Doch bevor es dazu kam, war Leyla verschwunden. Die Mutter war mit ihr in die Türkei zurückgeflogen.

Eine Entführung – der vorläufige Höhepunkt in einem Ehedrama. Doch für Adem war der Albtraum längst noch nicht vorbei. Am Telefon hörte er Leyla weinen. Doch zu ihm sagte sie, sie würde ihn niemals mehr wiedersehen wollen. Er legte einfach auf. Die Blöße, dass ihn die Tochter weinen hörte, wollte er sich nicht geben.

Die Monate vergingen. Adem hängte die Fotos von Leyla ab, ihre Kleidung und die Schulsachen trug er in den Keller. Er wollte nicht mehr an sie erinnert werden. Er wollte ein für alle Mal abschließen und reichte erst die Scheidung ein, dann den Antrag auf das alleinige Sorgerecht für die beiden Kinder, die noch bei ihm wohnten. Doch auch İpek hatte den Kampf längst noch nicht aufgegeben.

Adem konnte nicht glauben, was er soeben gelesen hatte. Seine Hände zitterten, als er das Blatt mit den ungeheuerlichen Vorwürfen faltete. Er fühlte den Impuls, den Brief einfach wegzuwerfen und dann schnell wieder zu vergessen. Doch das ging nicht. Der Brief war die Kopie eines Schreibens, das seine Frau an das Jugendamt geschickt hatte. Adem las, er habe seine Tochter sexuell missbraucht. Er habe sie geschlagen und vergewaltigt. Warum sollte ihm das Jugendamt jetzt noch Glauben schenken? Er hatte keine Zeugen und wenn seine Tochter gegen ihn aussagte, war er machtlos. Adem fühlte seine Ehre in den Dreck gezogen. Er glaubte nun von niemandem mehr unterstützt zu werden. Er erinnerte sich an den Rat, den ihm damals

Freunde gegeben hatten – »Bring deine Frau um.« Und dann erschrak er selbst über sich. Er wusste, wenn er das nächste Mal seiner Frau gegenüberstehen würde, konnte er für nichts garantieren.

Die Vorstellung, verletzte Ehre durch einen Mord retten zu können, hat nichts mit türkischer Tradition zu tun. Sie geht zurück auf eine archaische Weltanschauung, rational ist diese Form von Gewalt kaum zu verstehen. Ein paar Monate bevor Adem von seiner Frau İpek verlasen wurde, beschäftigte der Fall von Hatun Sürücü die deutsche Öffentlichkeit. Die junge Türkin hatte angeblich die Familienehre beschmutzt. In den Augen der Familie Grund genug, sie umzubringen. Sie starb im Februar 2005, gerichtet durch drei Kopfschüsse.

Adem suchte sich Hilfe und fand sie beim Psychosozialen Dienst in Neukölln. Aufgelöst traf er dort auf den türkischen Psychologen Kazım Erdoğan. Die Ruhe, die der Psychologe ausstrahlte, beruhigte auch Adem. Zu ihm fasste er Vertrauen, er hatte nicht das Gefühl, vorverurteilt zu werden. Er sagte ihm: »Ich habe Angst, dass ich meine Frau umbringe.«

Erdoğan kannte die Fälle, in denen es tatsächlich zu einem Ehrenmord gekommen war. Er wusste, wie schnell die Lage eskalieren konnte, wenn verletzter Stolz und verletzte Ehre im Spiel waren. Und er warnte Adem vor einer Situation, die dann genauso eintreffen sollte.

İpek kam wieder nach Berlin. Siegessicher. Sie war überzeugt, beim Scheidungsgericht das Sorgerecht zugesprochen zu bekommen. Als Adem ihr kurz vor Prozessbeginn begegnete, baute sich İpek vor ihm auf. Laut schrie sie, er sei ein Verbrecher, ein schlechter Vater, der sich an den Kindern vergehe. Die Blicke der Passanten versuchte Adem zu ignorieren. Er dachte an die Worte des Psychologen. Daran, dass dieser ihn gewarnt hatte, sich von İpek provozieren zu lassen. »Sie wird versuchen dich vor allen bloßzustellen«, hatte der Psychologe ihm gesagt. Und: »Du darfst auf keinen Fall reagieren, selbst wenn sie dich schlagen sollte.« Und dann spürte Adem den ersten Tritt. İpek hatte ihm mit ihrem spitzen Schuh ans Bein getreten. Er reagierte nicht. İpek holte aus. Mit der flachen Hand wollte sie ihm ins Gesicht schlagen. Doch Adem duckte sich weg. Seine Hände drückte er nun ganz fest ineinander. Nur nicht die Beherrschung verlieren. Dann ging er weiter.

Was danach passierte, war wie ein Triumph für Adem. Das Sorgerecht für Halit und Meryem sprach der Richter ihm zu. Es hieß, eine Mutter, die ihre Kinder erst ein Jahr lang im Stich gelassen habe, um zu ihrem Geliebten zu gehen, und die die Geschwister dann gewaltsam auseinanderriss, sei kaum als Sorgeberechtigte geeignet. Die Kinder seien beim Vater besser aufgehoben. İpek verlor die Beherrschung, erzählt Adem. »Sie hat im Gerichtssaal rumgeschrien und dem Richter vorgeworfen, dass ich ihn bestochen hätte.«

Auf der Straße eskalierte der Streit zwischen dem geschiedenen Paar. İpek brüllte, dass ihre Brüder sich jetzt an Adem rächen würden. Dass er ein Verräter sei, ein Mann ohne Ehre. Die vierjährige Meryem versteckte sich hinter ihrem Vater, sie erkannte die Mutter kaum wieder. Der Verfahrenspfleger aber, der bei dem Streit zwischen dem einstigen Paar stand, beobachtete, wie ruhig Adem blieb. Erst, als İpek wieder auf ihren Mann einschlagen wollte, schritt er ein. In der Folge wurde sein Bericht der Mutter zum Verhängnis. İpek erhielt eine Einstweilige Verfügung, seitdem darf sie sich ihren Kindern nicht mehr nähern. Kein Anruf ist ihr erlaubt, keine SMS, sonst droht ihr eine Geldstrafe über 25.000 Euro. Ein Befreiungsschlag für Adem.

Draußen hat es begonnen zu schneien. Meryem, die bislang damit beschäftigt war, bunte Figuren auf Papier zu malen, die sie dann mit ihrer gelben Jungsschere ausschnitt, läuft nun aufgeregt zum Fenster. Ihr Vater sieht ihr nach. Er sagt: »Wir sind jetzt wieder eine richtige Familie.« Aber ganz ausgestanden ist es für Adem und seine Kinder noch nicht. Die Wunden der Vergangenheit sind noch nicht verheilt, obwohl der Termin vor Gericht nun bereits fast drei Jahre her ist.

Halit, der Älteste, redet lieber erst gar nicht über die Vergangenheit. Da ist zu viel passiert, was er noch nicht verarbeitet hat. Manches hat er seinem Vater erst ein Jahr nach der Scheidung erzählt. Etwa, wie die Mutter auf ihn zukam. Wie sie ihn um die Schultern fasste und aufforderte, ein tapferer Mann zu sein. Dass er Rache üben solle an seinem Vater und schon wisse, wie das gehe. Es ist ein Thema, mit dem er nichts mehr zu tun haben möchte. Er hat damit abgeschlossen. Punkt. »Seine Mutter würde er auf der Straße nicht mehr grüßen«, sagt Adem. Ob sie ihm fehlt, fragt er Halit lieber nicht. Meryem aber wünscht sich nichts sehnlicher, als wieder eine Mama zu haben. Auch Adem glaubt, dass die Kinder endlich wieder eine Mutter brauchen. Deshalb hatte er sich umgesehen, ein alleinerziehender Vater will er nicht für immer bleiben. In der Türkei hat er eine neue Frau gefunden, die er nun zu sich nach Berlin holen möchte – eine Freundin seiner älteren Schwester. Er hat sie zum Essen eingeladen, sie haben sich ausgetauscht. Nazife hat ihm gefallen, mit 39 Jahren eine reife Frau, die eigentlich nie heiraten wollte, erzählt er. Adem aber sagt, er musste sie nicht lange überreden. Eine Woche nach dem ersten Treffen machte er ihr einen Heiratsantrag, nicht ohne zuvor mit seinen Kindern gesprochen zu haben. Er sagt: »Die Kinder spielen bei mir die Hauptrolle, wenn sie Nein gesagt hätten, hätte ich nicht geheiratet.«

Adem steht auf, um die Hochzeitsbilder zu holen. Meryem sieht auf. Sie springt zu ihrem Vater und blättert mit ihm die Fotos durch. Sie zeigt auf die Frau, die auf den Bildern neben ihrem Vater steht. Diese trägt ein weißes Kopftuch, passend zum Hochzeitskleid. Adem sagt, sie sei sehr gläubig, mehr als er. Der Fotograf hat Bildmontagen erstellt, das frisch vermählte Paar steht mal vor einer Berglandschaft, mal vor traditionellen Häusern mit Holzverkleidung. Meryem gefallen die Bilder. Sie sagt, dass sie sich schon auf die neue Mutter freue. Adem lächelt. Er hofft, dass jetzt alles wieder gut wird.

METIN UND DER BESUCH BEI
DER ALTEN DAME

Die Richter kennen Metin gut: Schon als Kind ist er kriminell geworden, neben Dieb-
stahl und unerlaubtem Waffenbesitz wurde er wegen Drogenhandel angeklagt. Nun
soll er abgeschoben werden. Wohin aber, wenn Deutschland seine Heimat ist? Wie,
wenn Metin in der Türkei wegen einer Blutfehde um sein Leben fürchten muss? Jour-
nalisten sehen in ihm einen Mann, der seinen eigenen Bruder verraten hat. Richter
verurteilen ihn als Gewalttäter und Drogenhändler. Metin aber sagt, er sei nicht der,
von dem in seinen Akten die Rede ist. Wer er wirklich ist, erzählt er seiner Vertrauten,
einer alten Dame. Sie ist die Einzige, die sich noch über seine Besuche freut.

Die Dame hat alles vorbereitet für
den Besuch von der Straße: Auf dem Tisch liegt ein spitzenbesetztes
Tuch. Sie hat die Kuchenstücke um Dominosteine aus dem Supermarkt dekoriert. In der Küche läuft Kaffee durch die Maschine. Zur
Feier des Tages hat sie das gute Porzellan, ein Erbstück, aus dem
Schrank geholt. Im Wohnzimmer ertönt Volksmusik aus dem Radio.
Die Hausherrin hat ihr Haar zu Locken eingedreht. Nun lässt sie sich
schwer auf das Sofa unter dem Hirschgeweih fallen und wartet. Die
Tage werden lang, seit erst der Sohn, dann der Ehemann gestorben
sind. Von ihrer Rente kann sie gut leben, zumal die Wohnung in Neukölln nicht teuer ist. Als sie damals nach dem Krieg mit ihren Eltern
hier einzog, war die Gegend ruhig. Heute fühlt sich die 84-Jährige
nicht mehr sicher auf den Straßen. Manchmal glaubt sie, neidische
Blicke zu spüren, wenn sie ihre Einkäufe nach Hause trägt. So vollge-
packte Tüten können sich manche Familien in Neukölln nicht leisten.
Manchmal ist die Dame deshalb froh, wenn sie einfach die Türe hinter sich schließen kann. Die Wohnung ist ihre Bastion in einem Viertel, das ihr fremd geworden ist.

Unterdessen stapft ihr Besuch den vereisten Bürgersteig entlang. Läuft zielstrebig durch Berlin, die Hände in den Hosentaschen, die Schiebermütze tief ins Gesicht gezogen. Ab und zu blickt er auf, nickt Passanten zu. Alte Bekannte. Metin lebt seit 36 Jahren in Berlin, es ist sein Kiez, dessen dunkle Seiten er vielleicht besser kennt als die meisten hier. Erst seit ein paar Wochen ist er wieder zurück, nach 18 Monaten. So lange saß er in der Justizvollzugsanstalt Charlottenburg wegen unerlaubten Waffenbesitzes ein. Metin drückt den Klingelknopf. Wenige Augenblicke später sitzt er mit seiner Gastgeberin an der Festtafel.

»Du, Metin, nimm doch mal die Mütze ab, das macht man in Deutschland so bei Tisch.« Der Gast zieht schuldbewusst die Kopfbedeckung ab. Der 42-Jährige blickt drein wie ein kleiner Junge. Die Dame hat ihre Prinzipien, da macht sie auch bei ihren Gästen keine Ausnahme. Doch ein paar Augenblicke später legt sie besänftigend ihre Hand auf seine: »Liebchen, ach, hol doch mal den Kaffee.«

Metin steht folgsam auf und geht in die Küche. Er ist nicht das erste Mal zu Besuch. Die beiden treffen sich regelmäßig. Metin hilft der Dame öfters im Haushalt, geht für sie einkaufen oder repariert kleinere Schäden in der Wohnung. Sie revanchiert sich, indem sie ihn zum Kaffeetrinken einlädt, so wie heute. Die Dame erzählt dann gerne von früher, von ihren Großeltern, die noch für Kaiser Wilhelm II. gearbeitet haben und später von Hindenburg Land bekamen. Von ihrem Vater, der im zweiten Weltkrieg in Russland in Gefangenschaft geriet und später Sozialdemokrat wurde. Oder wie sie 1944 noch vor Kriegsende ihr Pflichtjahr antrat. Wie sie am ersten Arbeitstag vor der Gärtnerei *Tomatenkönig* stand, ein »verwöhntes Ding« mit Köfferchen und Lackschuhen.

Metins Familiengeschichte könnte unterschiedlicher nicht sein.

Als Metin drei Jahre alt war, verließ die Mutter ihr Heimatdorf in der Nähe von Zile in der Schwarzmeerregion. Sie war eine der ersten Migrantinnen des Dorfes, als sie 1971 die Türcei in Richtung Deutschland verließ, um vor der Arbeitslosigkeit zu fliehen. Sie sollte nicht die einzige Migrantin bleiben. Während damals im Dorf noch rund 200 Familien lebten, stehen heute die meisten Häuser leer.

Der Vater blieb allein mit dem kleinen Sohn zurück. Wegen einer Lähmung am Arm bekam er kein Gesundheitszeugnis, das entscheidend war, um als Gastarbeiter nach Deutschland zu reisen. Er war an das Heimatdorf gefesselt und fühlte sich gedemütigt, weil er vom Geld seiner fernen Frau lebte. Sie hatte die Rolle der Ernährerin übernommen. Ihm blieb nichts anderes übrig, als zu warten, dass seine Frau ihn zu sich rief. Diese genoss unterdessen in München ihre neu gewonnene Unabhängigkeit. Wochen, Monate vergingen und der Mann, der sich zum Hausmann degradiert fühlte, verlor die Geduld. Eines Tages zerrte er seinen dreijährigen Sohn auf die Straße und rief die ganze Dorfbevölkerung zusammen. Vor den Augen der anderen hielt er ihm ein Messer an die Kehle – Metins erste Kindheitserinnerung.

Der Plan des Vater ging auf: Die Dorfbewohner schrieben der Mutter, sie müsse ihren Mann sofort nach Deutschland holen, sonst würde der den kleinen Sohn umbringen. Die Frau beeilte sich, den Familiennachzug zu beantragen. Der Vater packte sofort seine Koffer. Der kleine Metin blieb vorerst in der Türkei zurück.

Für die nächsten vier Jahre war es die Großmutter Yasemin, die sich um den Jungen kümmerte. Sie nahm ihn mit auf die Felder, kochte für ihn und setzte ihn in die Waschschüssel zum Baden. Sie sorgte liebevoll für ihn, bis sie sich bei einem Unfall beide Hände brach. Noch heute erinnert sich Metin genau: Wie er neben ihr spielte, während sie auf einem Schemel saß und Schafe molk. Wie plötzlich der riesige Hirtenhund, ein Kangal, gut 70 Kilogramm schwer, auf ihn zustürmte. Metin brüllte vor Angst. Die Großmutter sprang auf, um ihn vor dem Hund wegzuziehen, stolperte über den Schemel und stürzte. Für Metin war diese Rettung wie ein Liebesbeweis. Doch fortan konnte die Großmutter nicht mehr für ihn sorgen. Metin musste den Eltern nach Deutschland folgen.

Die alte Dame in Berlin, bei der Metin nun beim Kaffee sitzt, erinnert ihn an seine Großmutter. Vor drei Jahren haben sie sich ken-

nengelernt. Die Dame lief oft an dem Türken vorbei, der vor einem
Laden saß und auf irgendetwas zu warten schien. Irgendwann hielt
sie es nicht mehr aus. Sie fragte ihn: »Was sitzen Sie denn da immer
so? Machen Sie doch mal was Vernünftiges.« Da stand Metin auf und
trug ihr die Einkaufstüten nach oben. Irgendwann bot ihm die Dame
das »Du« an. Sie sagte: »Also gut, ich bin die Omi.« Da sah Metin
sie verdutzt an: »Nein, Sie sind doch erst eine Ömi.« Seine eigene
Großmutter kam ihm viel älter vor. Die Frau lachte und sagte: »Na,
dann bin ich eben die Ömi.«

Metin kommt aus der Küche zurück, eine gläserne Kanne in der
Hand. Er schenkt Kaffee in die feinen Porzellantassen. Dann setzt er
sich wieder neben seine Gastgeberin. Die seufzt: »Ach, weißt du, es
geht abwärts.« Metin sieht sie an. »Wieso denn, Ömi?« Sie seufzt:
»Du weißt ja, ich hab niemanden mehr.« Dann lächelt sie Metin zu.
Seine Besuche heitern sie auf, sie hat ihn ins Herz geschlossen, als
gehöre er zur Familie. »Mein eigener Enkel will nichts mehr von mir
wissen, weil ich gegen seine Beziehung zu einer Brasilianerin gewet-
tert habe. Dabei habe ich ihn doch nur gewarnt, dass diese Auslände-
rin ihn ausnutzen und betrügen würde.« Solche Sätze stoßen Metin
manchmal vor den Kopf. Doch dass er selbst Ausländer ist, scheint
die Dame zu vergessen.

So wie Metins Mutter konnte auch der Vater in München in einer
Autofabrik arbeiten. Die Mutter arbeitete im Akkord am Fließband.
Der Vater konnte wegen seiner Lähmung nur Transporter fahren und
verdiente weniger als seine Frau. Das Geld der Familie war knapp, als
Metin mit sechs Jahren zu ihr stieß – zumal die Mutter kurz vor seiner
Ankunft einen zweiten Sohn zur Welt gebracht hatte, Umut. Die in-
zwischen vierköpfige Familie musste sich eine Zweizimmerwohnung
teilen. Metin war immer froh, wenn er das Haus verlassen konnte.

Im Schulkindergarten fielen einer Erzieherin endlich die vielen
blauen Flecken auf. Sie rief sofort das Jugendamt an. Metin kam in ein
katholisches Heim für misshandelte Frauen und Kinder. Für ihn war
es das erste Mal, dass er die Fürsorge des Staates kennenlernte. Er
fühlte sich im Heim geschützt. Er hatte Spielzeug und hörte freund-

liche Worte, die Frauen streichelten ihm über den Kopf und wenn er weinte, wurde er in den Arm genommen. Doch schon nach drei Wochen gab man den Eltern eine neue Chance, denn diese versprachen, dass es keine weitere Misshandlung geben werde. Nach einem Monat gingen die Prügel für Metin wieder los. Die Erzieherin, die ihn in Sicherheit gebracht hatte, sah der Junge nicht mehr. Er war in der Zwischenzeit in die Grundschule gekommen.

Die Schule war für ihn ein Zufluchtsort, dort war Metin ein beliebter Schüler, obwohl seine Noten schlecht waren und er kaum Deutsch sprach. Aber er hatte ein geduldiges Gemüt. In den Schulpausen mischte er sich in Streitigkeiten ein. Um die Kleineren zu schützen, steckte er oft Prügel ein.

Doch die richtig harten Schläge bekam Metin zu Hause: Wenn er zu spät von der Schule heimkam oder im Wohnzimmer etwas liegen ließ. Wenn seine Hose beim Fußballspielen dreckig wurde. Wenn sein kleiner Bruder, auf den er aufpassen sollte, mal wieder in die Hose gemacht hatte. Manche Narbe sieht man noch, etwa die auf der Wange. Er zog sie sich zu, als er mit seinen Freunden in einem Park gespielt hatte und darüber die Zeit vergaß. Als der Vater ihn dort fand, zog er ihn am Ohr weg von den Spielkameraden, dann schlug er ihm mit der flachen Hand ins Gesicht. Die anderen Kinder liefen erschrocken weg. Keines der Kinder traute sich später, den Eltern etwas davon zu erzählen. Und so blieb unbemerkt, was sich daheim bei Metin abspielte.

Mit acht Jahren begann der Junge, sich herumzutreiben. Weil er Angst hatte, nach Hause zu kommen, suchte er sich Verstecke in der Stadt. Abends bei seiner Rückkehr wurde er jedes Mal bestraft – der Vater schlug ihn mit dem Gürtel oder einem Besenstiel. Mit zehn Jahren brach Metin in Keller ein. Er rollte sich dort auf Umzugskisten zusammen und wartete, bis die Nacht vorbei war. Wenn er wieder heimkam, waren die Strafen noch schlimmer. Der Vater verbrannte ihm mit einem heißen Eisen die empfindliche Haut an den Füßen und in der Ellenbeuge – an diesen Stellen waren die Verletzungen nicht so auffällig. Die Mutter kettete ihn an der Heizung fest, damit er nicht mehr fortlief. Manchmal für ein paar Stunden, manchmal auch den ganzen Tag.

Einen Zufluchtsort fand er beim Nachbarn im vierten Stock, der ihm ab und zu Nachhilfe gab. Ein älterer Herr, der ihm geduldig die Mathe-Aufgaben erklärte und ihn an schönen Tagen mit sich in den Schrebergarten nahm, um ihm beizubringen, wie man Erde umgräbt, wie man Radieschen und Salat sät und Karotten behutsam aus der Erde zieht. Die Frau des Nachbarn nahm Metin zu sich in die Küche, sie zeigte ihm, wie man aus Erdbeeren und Aprikosen Marmelade und Kompott macht. Ab und zu steckten sie ihm Geld zu oder versteckten ihn, wenn Metin mal wieder Angst davor hatte, nach Hause zu gehen. Das war schon viel, aber nicht genug, um Metin vor den Eltern zu schützen. Oder seinen Bruder vor ihm. Was es heißt, richtig auf ihn aufzupassen, hatte Metin nie gelernt. Er schlug Umut, wenn er ins Bett machte oder er nicht aufaß, was er ihm hinstellte.

Metin legte sich eine harte Schale zu. Von seinen Eltern wollte er sich nichts mehr gefallen lassen. Und tatsächlich wurden die Schläge weniger. Metin wuchs zu einem kräftigen Jugendlichen heran. Er hatte gelernt, sich zu nehmen, was er brauchte, und dass der Schwächere der Dumme ist. Mit 14 begann er Autoradios zu klauen und zu verkaufen, von den Eltern bekam er schließlich kein Geld. Bald war er am Amtsgericht München als Wiederholungstäter bekannt. Mit 16 kam er wegen der Autoradios noch mit einer richterlichen Weisung davon. Ein Jahr später jedoch musste er bereits für zwei Wochen in den Jugendarrest. Die Eltern schämten sich für ihren Sohn. Die Mutter entschied, die Familie müsse umziehen. Sie wollte in eine größere Stadt, in der niemand über die familiären Probleme Bescheid wusste. Sie wollte einen Neustart in Berlin. Aber das, glaubt Metin, war die falsche Entscheidung.

Metin legt erst seiner Gastgeberin ein Stück Butterkuchen auf den Teller und dann sich selbst. Er sagt: »Draußen sind die Bürgersteige voller Schnee und vereist und niemand kümmert sich darum. So alte Leute wie Sie können ganz leicht stürzen.« Mit der Gabel bricht er ein Stückchen vom Kuchen ab. »Die jungen Leute, die da auf der

Straße rumlungern, sollten arbeiten gehen. Die sollten die Bürgersteige und Straßen frei räumen und nicht einfach nur so Arbeitslosengeld bekommen. Die sollten etwas tun für ihr Geld.« Die alte Frau nickt ihm zu. Es sind Ansichten wie diese, die die beiden gemeinsam haben. Sie sagt: »Die Ausländer sind es doch vor allem, die nicht arbeiten. Die hängen den ganzen Tag in den Cafés rum und trinken sich einen Rausch an.« Es ist eine eigenartige Unterhaltung eines ungleichen Paars. Ein Türke und eine Deutsche, die gemeinsam über Ausländer schimpfen. Ihre Vorurteile schweißen sie zusammen. Metin schiebt ein paar Kuchenkrümel zusammen, die auf die Tischdecke gefallen sind, dann sagt er: »Und dann vernachlässigen sie ihre Kinder. Aber Eltern haben doch Verpflichtungen! Eltern, die sich nicht um ihre Kinder kümmern, muss man sie wegnehmen.«

Zunächst blieb für Metins Familie alles wie gehabt. Die Eltern konnten weiter für die Autofabrik arbeiten. Der Bruder ging in die Schule, Metin begann zu arbeiten. Jetzt mit 17 Jahren wollte er sich sein Geld erstmals ehrlich verdienen. Er stand bei *McDonald's* am Schalter, fuhr für eine Reinigungsfirma Transporter. Am längsten blieb er in einem Imbiss, drei Jahre lang verdiente er dort sein Geld, indem er Fleisch und Würste über dem Grillrost wendete, Brötchen mit Senf und Ketchup bestrich. Die Arbeit gefiel ihm.

Seinen Vater aber verlockten die vielen Möglichkeiten, sich zu zerstreuen, erzählt Metin. Frustriert von der eintönigen Arbeit und dem geringen Verdienst, hatte er begonnen, das Familienvermögen zu vertrinken und zu verspielen. Metin war 17, als er eines Tages nach Hause kam und etwas sah, das ihm seitdem nicht mehr aus dem Kopf geht. Am Küchenboden sah er seine Mutter ohnmächtig liegen, niedergeschlagen durch einen Hieb des Vaters.

Der Vater hatte an jenem Abend viel verspielt. Er war heimgekommen, um das Familiensparbuch als Pfandgabe zu holen – 10.000 DM Spielschulden musste er begleichen. Als die Mutter sich weigerte, schlug der Vater zu, wie schon viele Male zuvor. Diesmal traf er so hart, dass sie auf den Steinboden stürzte. Metin sah seinen Vater wütend an und sagte: »Diesmal ist es genug. Ich bring' dich um.« Der

Vater drängte an Metin vorbei, wollte die Wohnung verlassen. Metin sah rot. Was seine Hände nun taten, konnte er nicht mehr kontrollieren. Hass, Wut, aufgestauter Frust – er schlug auf seinen Vater ein. Der wehrte sich nicht. Metin brach ihm den Arm, trat auf ihn ein. Dann ging er. Die Polizei wollte ihn am nächsten Morgen verhören, der Vater hatte ihn angezeigt: Er musste Schmerzensgeld zahlen, 800 DM.

Nach der Eskalation des Streits zwischen Vater und Sohn kämpfte die Mutter für ihren Traum von einer heilen Familie mit Enkeln. Dafür bediente sie sich jener Rezepte, die sie als junge Frau gelernt hatte. Sie suchte eine Ehefrau für Metin, die ihn wieder auf den richtigen Weg führen sollte. Metin aber hatte andere Pläne: Er wollte einen eigenen Imbiss aufmachen. »Statt mir dabei zu helfen, bestand meine Mutter auf der Hochzeit. Die Feier mit 1000 Gästen war letztendlich teurer als der Laden, den ich wollte.«

Metin hatte der Ömi bei einem seiner Besuche gesagt: »Ich bin nicht der, von dem in meinen Akten die Rede ist.« Seine Offenheit berührt die alte Dame. Deshalb schenkt sie ihm Vertrauen.

Metins Abstieg begann, als er zum Drogenkurier wurde. Einem Bekannten hatte er 1500 DM geliehen. Doch darauf, dass er es zurückbekam, wartete Metin vergeblich. Dabei musste er einige Rechnungen begleichen, er hatte selbst Schulden. Der Bekannte machte ihm einen Vorschlag: Er könne bei einer Übergabe mithelfen. Er würde sein Geld sofort bekommen, mit Zinsen. Metin war knapp 20 Jahre alt und wollte sich beweisen. Er wusste, dass er Heroin transportierte. Was das für Konsequenzen haben kann, wusste er nicht, sagt er. Zu Hause hatte er nur gelernt, wie wichtig Geld ist, nicht, wo die Grenzen sind, wenn man es beschafft. Er dachte an die 1500 DM und klemmte sich die Tüte unter den Arm, lief los. Als er im Café ankam, wo der Handel stattfinden sollte, war der Laden voller Polizisten.

Statt den 1500 DM bekam Metin zweieinhalb Jahre Haft vom Richter am Landgericht Berlin. Seine frisch angetraute Ehefrau verließ ihn. Schlimmer aber war, dass Metin nach 15 Jahren in Deutschland seine Aufenthaltsgenehmigung verlor. Er war von nun an nur noch ein Gast auf Zeit – gleich nach seiner Haft sollte er abgeschoben werden. Dabei konnte er sich an das Leben in der Türkei kaum mehr erinnern. Seine Heimat war inzwischen Berlin geworden. Hier hatte er seine Freunde und sich das Leben einigermaßen eingerichtet.

Die kleine Standuhr auf dem Stelltischchen im Wohnzimmer schlägt viermal. Metin atmet tief ein. Auch wenn das alles hier nicht seine Welt ist – die Wohnung voller Antiquitäten, das feine Porzellan und die weiße Spitzentischdecke, fühlt sich Metin doch wohl bei der alten Dame. Die Stunden, die er mit ihr beim Kaffeeklatsch verbringen darf, genießt er wie ein Privileg. Die Ömi schenkt Metin Kaffee nach. Sie hat ihn gerne zu Besuch bei sich. In Deutschland aber ist er zum ungewollten Gast geworden.

Während der Haft wollte sich Metin beweisen, zeigen, dass er nach Deutschland gehörte, dass er doch zu etwas nützlich war. Er galt als Vorzeigehäftling: Wenn irgendwo Schmutz war, kehrte er ihn weg. Wenn bei der Essensausgabe Hilfe benötigt wurde, meldete er sich freiwillig. Er wusch sogar die Autos der Wärter. Die Haft wurde verkürzt, aber die Abschiebung drohte weiter. Und deshalb tauchte Metin unter, sobald er aus der Haft entlassen war. So wie als Kind, als er sich vor seinen Eltern verkrochen hatte, versteckte er sich nun vor dem Staat. Er wollte auf keinen Fall zurück in die Heimat, die ihm fremd geworden war. Vier Mal war die Polizei kurz davor ihn aufzuspüren, vier Mal entkam er ihr. Er begann ein Leben in der Illegalität zu führen: ein Job mit Lohnsteuerkarte – unerreichbar. Eine Wohnung mieten ohne Ausweis – schwierig, genauso, wie ein Bankkonto zu eröffnen. Metin suchte sich einen Job dort, wo niemand nach seiner Aufenthaltsgenehmigung fragte. In einem Bordell war es seitdem seine Aufgabe, Schutzgelderpressung abzuwehren. 200 DM bekam er täglich dafür, Geld für das er bereit sein musste, auch sein Leben zu riskieren.

Am 17. Juli 1992 war es so weit. Ein Mann trat in den Laden, von dem Metin sofort wusste, dass er Ärger machen würde. Der Gast sagte zu ihm, er würde fortan den Betrieb »schützen«. Metin erwiderte: »Du siehst doch, dass ich hier bin.« Doch der andere lachte nur.

Beim nächsten Mal kam er in Begleitung und mit neuen Forderungen. Metin dachte, dass er in der Lage sein müsste, sich zu wehren. Er besorgte sich eine Vorderschaftrepetierflinte, 100 Zentimeter, für 1000 DM.

Er stellte die Flinte, in einer Gitarrenhülle versteckt, bereit. Dann setzte er sich an die Bar und wartete. Mit *Bacardi* trank er sich Mut an, dann bestellte er vier Hefeweizen nacheinander, die er in türkische Teegläschen füllte und in kleinen Schlucken trank. Das beruhigte ihn. Als der Mann durch den Vordereingang kam, lief Metin in sein Versteck im Hinterraum. Er wollte erst einmal abwarten. Wieder forderte der Mann Geld und verlangte, den Inhaber des Bordells zu sehen. Das war der Moment für Metin, um aus seinem Versteck zu treten. Der Alkohol zeigte seine Wirkung. Plötzlich war er aufbrausend und wütend. Erschrocken rief die Bardame die Polizei. Da bekam auch Metin Angst.

Der Schutzgelderpresser flüchtete. Metin griff zu seiner Flinte und lief ihm hinterher. Auf der Straße lud er die Waffe durch. Doch der andere ließ sich nicht einschüchtern. Metin drückte ab, die Waffe hielt er dabei nach unten. Der Einschlag traf knapp an seinem Gegenüber vorbei. Der Mann fluchte, machte einen Schritt auf Metin zu. Der dachte nicht mehr nach. Er drückte ein zweites Mal ab. Der Mann ging vor ihm in die Knie. Dann hörte Metin Polizeisirenen.

Ein paar Tage später fand man ihn bei einem Freund. Metin wurde verurteilt, wieder zu zweieinhalb Jahren Haft wegen unerlaubtem Waffenbesitz und gefährlicher Körperverletzung. In der Anklageschrift las Metin von 60 bis 80 Hautläsionen an Kopf und Körper, außerdem von einem Schrotkorn, das den Mann ins rechte Auge traf.

Metin saß die Haft ab. Dann packte er freiwillig die Koffer, um in die Türkei zu reisen. Das war die Idee seiner Mutter. In der Türkei sollte er zunächst den Militärdienst absolvieren, von dem sie überzeugt war, dieser würde ihn auf andere Gedanken bringen, weil er strenger und härter war als das deutsche Gefängnis. Währenddessen

wollte sie sich wieder nach einer geeigneten Heiratskandidatin um-
sehen, diesmal in der Türkei.

Seit 25 Jahren hatte Metin türkischen Boden nicht mehr betreten,
aus Angst vor dem fremden Land, und aus Angst, danach nie mehr
zurück nach Deutschland kehren zu können. Aber er fügte sich
dem Willen seiner Mutter. Ohne Aufenthaltserlaubnis konnte er in
Deutschland niemals legal arbeiten. Außerdem war er 31 Jahre alt.
Der Gedanke, wieder zu heiraten, gefiel ihm. Er beschloss, seiner
Mutter zu vertrauen. Im Sommer 1999 reiste er mit dem Pass seines
Bruders in die Türkei ein.

Die 18 Monate Militär vergingen für Metin wie im Flug. Er genoss
den harten Drill, die vielen Regeln. Das war eine Ordnung, an die er
sich halten konnte. Ganz anders als die Willkür, die er bei der Erziehung seiner Eltern gespürt hatte.

Kurz nach dem Ende seiner Militärzeit tauchte seine Mutter auf.
Sie hatte eine Frau für ihren Sohn gefunden: ein 18 Jahre altes Mäd-
chen, das von ihrem ersten Ehemann verlassen worden war. Nach den
Gründen hatte Metin nicht gefragt. Er wusste aber, dass es für so ein
Mädchen schwierig war, wieder einen Mann zu finden. Weil verlassen
zu werden, immer eine Ehrverletzung ist.

Zeit, seine Frau Hatun kennenzulernen, blieb Metin nicht. Vor
der Verlobung unterhielten sich die beiden kurz und stellten wenige
Gemeinsamkeiten fest – er, der 33 Jahre alte Heimatlose mit kri-
minellem Lebenslauf, und die gläubige Hatun, eine 18-Jährige, die den
Koran auf Arabisch las, auch wenn sie kein Wort verstehen konnte.
Die junge Frau überraschte Metin, der fast sein ganzes Leben in
Deutschland verbracht hatte, mit ihren konservativen Vorstellungen:
Sie suchte einen Mann, der ihr Befehle gab. Aber das wollte Metin
nicht. Ihm gefielen selbstständige Frauen und so erlaubte er ihr, wei-
terhin in einer Bäckerei zu arbeiten. Sie sollte das Paar ernähren, bis
Metin einen Job fand.

Metin und Hatun traten in Zile vor den Imam, ein paar Tage,
nachdem sie sich kennengelernt hatten. Dort wurde die Verbindung
vor Allah geschlossen, rechtliche Bedeutung hatte die Ehe nicht.

Doch die Mutter hatte schon weitergedacht. Vor den Standesbeamten sollte nämlich nicht Metin, sondern sein Bruder Umut treten und die Ehe schließen. Denn er besaß einen deutschen Pass, mit dem er Hatun nach Deutschland holen konnte. Sobald sie in Berlin angekommen war, sollte Umut sich von ihr scheiden lassen. Und Hatun sollte schließlich Metin heiraten, um ihn nach Deutschland zu holen. Eine Scheinehe, um Metin abzusichern.

Zunächst verlief alles nach Plan. Umut ließ sich mit der Verlobten seines Bruders trauen, dann ging er zurück nach Berlin. Metin und Hatun blieben zurück in Zile. Ein Jahr verging, Umut beantragte den Familiennachzug. Doch der Antrag wurde abgelehnt. Denn Umut machte Fehler: Beim Termin war er nervös und erinnerte sich nicht einmal mehr an den Namen der Schwiegermutter. Verdacht auf Scheinehe.

Als sich die Brüder wiedersahen, kam es zum Streit. Ein Abend, an dem Umut viel Rakı trank, der ihm letzlich die Zunge löste. Er erzählte Metin ein fürchterliches Geheimnis, das ihn seit Jahren belastete: Er hatte einen Mann gerichtet, mit zwei Kopfschüssen. Alles wegen des Mädchens, das er heiraten sollte. Ein Mord im Namen der Ehre.

Als Metin 1993 nach der Schießerei im Bordell in Haft geraten war, richtete die Mutter ihre Hoffnungen auf den damals knapp 19-jährigen Umut. Den Traum einer heilen Familie hatte sie noch nicht aufgegeben und suchte auch für den Zweitgeborenen nach einer passenden Frau. Ihre Wahl fiel auf die Tochter ihres Bruders, ein 15-jähriges Mädchen, das in der anatolischen Heimat lebte. Nur eine anständige Frau an Umuts Seite könnte noch verhindern, dass er, so wie Metin, auf die schiefe Bahn kommen werde, glaubte die Mutter. Ihren Plan hatte sie perfekt vorbereitet: Das junge Mädchen sollte zunächst bei ihr und ihrem Mann wohnen, später sollten Umut und sie heiraten und in eine gemeinsame Wohnung ziehen.

Bei seinem Antrittsbesuch in Zile verliebte sich Umut in die schöne Cousine. Sie war eine bessere Braut, als er sich erträumt hatte. Sein Onkel nahm ihn mit offenen Armen auf. Umut wurde als Schwiegersohn hofiert und in die Familiengeheimnisse eingeweiht: es war die Geschichte einer unerbittlichen Feindschaft. An langen Abenden erfuhr Umut, wie es vor zwei Generationen zum Streit kam.

In den 50er-Jahren hatte die eine Familie in der Türkei Haselnusssträucher gepflanzt. Die Kinder der anderen Familie jedoch passten nicht auf ihre Schafherde auf und die jungen Bäume wurden zerstört. Eine Banalität, die die Feindschaft zwischen den Familien begründete. Es kam zu einem erbitterten Streit und mehreren Morden. Auf die Rache der einen Familie folgte die Vergeltungstat der anderen. Als Mitglieder beider Familien nach Berlin auswanderten, verlagerte sich der Streit dorthin. Ende der 80er kam es zum Schusswechsel von Auto zu Auto. Ein Mord, den Umut nun sühnen sollte.

Er war damals 19 Jahre alt und verliebt. Jeden Abend hörte Umut das Wehklagen der Familie, die Familienehre müsse gerettet werden. Umut hörte, dass er doch nun der von Allah ausgewählte Schwiegersohn sei, dass er Verpflichtungen habe. Auch als Umut wieder in Berlin war, ließen die Schwiegereltern nicht locker. Sie warnten ihn vor dem verfeindeten Familienclan. Es hieß, er dürfe sich auf keinen Fall drohen lassen. Insbesondere warnten sie ihn vor zwei Brüdern. Sie rieten Umut: »Wenn einer von ihnen dir droht, dann zögere nicht lange und handle du zuerst.«

Umut richtete sein Opfer. Er feuerte vier Kugeln und traf den Mann in den Hinterkopf. Vielleicht ließ sich Umut zu der Tat hinreißen, weil er seiner jungen Braut gefallen wollte. Vielleicht hatte er wirklich Angst vor dem verfeindeten Familienclan. Für die Berliner Kriminalpolizei jedenfalls blieb der Mord über Jahre ungeklärt. Dass das Motiv eine jahrzehntelange Blutfehde zwischen zwei türkischen Großfamilien war, die ihren Ursprung in zertrampelten Sträuchern hatte – darauf war niemand gekommen.

Würde der Täter bekannt, käme nicht nur Umut ins Gefängnis. Auch das Morden ginge weiter. Metin versprach seinem Bruder, niemandem ein Wort zu sagen. Ein Versprechen, an das er sich nicht halten sollte.

Sechs Jahre vergingen. Metin richtete sich darauf ein, im Heimat-dorf seiner Eltern eine Familie zu gründen. Er wollte die Probleme in Berlin vergessen und einen Neuanfang wagen. Leicht fiel ihm diese Entscheidung nicht. In Zile fühlte er sich isoliert, ohne Arbeit und Freunde. Zudem spürte er eine Kluft zwischen sich und den Einwoh-nern. Für sie war er ein Ausländer und Ungläubiger. Ein Provokateur, weil er sagte: »Muhammed ist ein Betrüger« und auf die vielen Re-geln im Islam schimpfte, die er für entmündigend hielt. Für Metin war Religion etwas, das vorgeschoben wurde, um Gewalt zu rechtfer-tigen – schließlich wurde sein Bruder im Namen Allahs missbraucht, jemanden umzubringen.

Doch die Familie drängte ihn, trotz seiner Außenseiterrolle in der Türkei zu bleiben, und sicherte ihm Unterstützung zu. Die Mutter versprach, jeden Monat 500 DM zu schicken. Doch schon nach ein paar Monaten kam kein Geld mehr. Fortan schlug sich Metin mit Gelegenheitsjobs durch – um nach Geld bei seinen Eltern zu betteln, war er sich zu stolz. Hatun wurde schwanger. Als Metin das Ultra-schallbild mit den zwei Föten sah, schlug sein Herz höher. Zwillinge. Er streichelte seiner Frau zärtlich über den Bauch und hoffte, dass endlich alles gut werden würde.

Aber es kam zu Komplikationen, so wie bislang immer in Metins Leben. Die Ärzte in Zile sprachen von einem »Zwillings-Syndrom« und boten dem Paar eine Behandlung an, die 4000 DM kosten und das Leben der ungeborenen Babys retten sollte. In seiner Not rief Metin seine Familie in Berlin an. Die Mutter erwiderte ihrem Sohn, sie habe kein Geld. Dabei wusste Metin von dem Ersparten, das sie auf ihrem Konto hatte. Wütend legte er auf.

Ohne Geld keine Behandlung. Und so starb eines der Zwillings-kinder im Bauch von Hatun, das andere überlebte. Metin gab ihm den Namen seiner Großmutter Yasemin, dessen Schreibweise er leicht in Jasmin wandelte, damit das Kind in Deutschland nicht gehänselt würde. Denn Metin war fest entschlossen, wieder nach Berlin zurück-zukehren. Ein Leben in Zile, wo er nicht einmal eine dringend not-wendige medizinische Behandlung bezahlen konnte, wollte er nicht führen. Für seine Tochter wollte er sich ein neues Leben aufbauen, ohne Kriminalität. Er wollte eine ehrliche Arbeit finden und ihr ein guter Vater sein. Er verließ Frau und Kind mit dem Versprechen, sie bald nachzuholen. Wie er das schaffen wollte, ohne Geld und Aufenthaltserlaubnis, wusste er selbst nicht.

Die Ömi legt einen Bilderrahmen mit den Fotos ihres verstorbenen Mannes neben ihren Kuchenteller. Sie streicht mit der Hand über das Glas, das das Foto schützt, dann sagt sie: »Die Ärzte konnten nichts mehr tun. Er ist einfach umgekippt.« Sie sieht ihren Gast von der Seite an, dann fragt sie: »Bist du inzwischen versichert?« Metin schüttelt den Kopf. Sie sagt: »Aber in die Krankenkasse musst du, Liebchen.« Wenn das so einfach wäre für Metin. Denn ohne gültige Aufenthaltsgenehmigung kann er weder Ärzte aufsuchen noch legal arbeiten. Untätig ist er trotzdem nie: Metin sucht sich Aufgaben in seinem Viertel, auch ohne dafür bezahlt zu werden. Er entfernt Hundekot von der Straße, streut Kieselsteine gegen die Glätte oder renoviert Hauswände, an denen der Putz bröckelt.

2004, von Zile zurück in Berlin, entwickelte Metin eine Geschäftsidee. Er plante, ein Telecafé zu eröffnen, in dem er Computer mit Internet und Telefone für Auslandsgespräche anbieten wollte. Er fand sowohl einen Laden als auch einen Geschäftspartner. Den brauchte er, weil er ohne Papiere den Mietvertrag nicht unterschreiben konnte. Er fand einen Mann, der ihm vertrauenswürdig erschien, einen Hobbybastler und gelernten Mechaniker. Dass dieser trank, wusste Metin. Gemeinsam bauten sie den Laden um. Die Investitionen waren beträchtlich: Die Kasse, die Theke, eine Markise für draußen – schnell hatten sie mehrere tausend Euro ausgegeben. Acht Monate renovierten die beiden, jeder Monat kostete sie zusätzlich 350 Euro Miete. Metin lieh sich Geld, er blieb optimistisch.

Doch dann wollte sein Partner aus dem Geschäft aussteigen. Der Alkoholiker brauchte dringend Geld. Er drängte Metin dazu, ihm seinen Teil auszuzahlen. Diesem blieb nichts anderes übrig, wenn er das Café behalten wollte. Er wandte sich wieder an seine Mutter. Diesmal half sie ihm, der Mietvertrag lief daraufhin auf ihren Namen.

Nun war es wieder die Mutter, die das Kommando übernahm. Sie bestimmte, dass Metin seinen Bruder Umut mit ins Boot nehmen müsse. Keinen Geschäftspartner, wie Metin ihn sich gewünscht hätte.

Als er sein Café eröffnete, war er trotzdem zufrieden: Er hatte viele Kunden, das Konzept schien aufzugehen. Er versuchte, den Bruder zu führen: Metin war wieder in seiner Rolle als ältester Bruder – eine Rolle, die Umut nicht gefiel. Immer wieder kam es zu Streitigkeiten. Ständig stimmte die Kasse nicht. Umut verrechnete sich, er war nervös und unkonzentriert. Immer wieder besuchten ihn die Angehörigen des Mannes, den er ermordet hatte. Plötzlich tauchten sie im Laden auf, sahen Umut vielsagend an, dann verschwanden sie wieder. Umut war getrieben von der Angst, dass der Mord, den er begangen hatte, aufgedeckt werden könnte. Als Geschäftspartner fiel er damit aus.

Begraben war die Idee, mit dem Café wirklich Geld einzunehmen aber erst, als der Bruder zur Mutter ging und sie beeinflusste, indem er warnte: »Wenn Metin beim Arbeiten ohne Aufenthalt erwischt wird, dann bist du als Inhaberin dran und musst zahlen.« Die Mutter kündigte den Mietvertrag.

Metins Traum von einer Karriere in Deutschland war erst einmal vorbei: Er saß auf einem Berg von Schulden. Er hatte keine Aufenthaltsgenehmigung, immer noch musste er sein Leben in Illegalität führen. Zudem machte ihm seine Frau Hatun von der Türkei aus Vorwürfe: Die gemeinsame Tochter Jasmin war schließlich schon drei Jahre alt, doch Metin hatte sie seit der Geburt nicht mehr gesehen.

Auch auf Umut wuchs der Druck. Dreizehn Jahre nach dem Mord hatten die Angehörigen der verfeindeten Familie diesen nicht vergessen. Einmal zerrten sie Umut in ein Auto, fuhren nachts mit ihm in eine Seitenstraße. Dort drohten sie ihm, dass sie ihn umbringen würden, wenn sie herausfänden, dass er ihnen Lügen erzähle.

Metin sah keine Perspektive mehr, weder für sich noch für seinen Bruder. Im Oktober 2006 griff er zum Hörer. Er wählte die Nummer der Mordkommission und sagte: »Ich habe eine Aussage zu machen.«

Metin sagt, er wollte ein Leben ohne Angst für seinen Bruder. Damals dachte er, sobald er Umut als Mörder angezeigt hatte, würde der in Haft kommen und in Sicherheit sein. Er würde seine Strafe absitzen und dann wäre der Mord vergolten. Doch er versprach sich noch mehr durch seine Aussage: Er wollte die Zusage, in Deutschland bleiben zu können. Er forderte zudem ein Startkapital und das Recht, Frau und Kind nach Deutschland zu holen. Er war überzeugt, die deutsche Justiz müsse erkennen, dass er nach dem Geständnis nie mehr in die Türkei zurückkehren konnte. Denn durch seine Aussage zeigte er doch auch den Onkel an, der Umut zu dem Mord angestiftet hatte.

Der Prozess ging 2007 durch die Presse. Journalisten stellten den Fall als skurril dar. Sie schrieben von »Blutrache«, von »archaischen Traditionen« und einem »Bruderverrat«. Sie beschrieben, wie Metin dem verfeindeten Familienclan die Hand schüttelte und wie finster sein Bruder dreinblickte. Er wurde zu siebeneinhalb Jahren Jugendhaft verurteilt, da er zur Tatzeit erst 19 Jahre alt war.

Metin aber fühlte sich nach dem Prozess in ernsthafter Gefahr. Er glaubte, in Berlin nun selbst Opfer eines Racheakts werden zu können und auch in der Türkei keine Überlebenschance zu haben. Die Richter und die Ausländerbehörde glaubten ihm nicht. Er erhielt eine befristete Aufenthaltserlaubnis und das Angebot eines Zeugenschutzprogramms. Metin fühlte sich vom Staat im Stich gelassen. Den Zeugenschutz, sagt er, musste er ablehnen. Für diesen hätte er die Stadt verlassen müssen. Dann wäre er in seinem Familienclan als Feigling dagestanden. Außerdem wäre er auch mit Geld vom Staat unterstützt worden. Und Metin war sich sicher: Als Sozialhilfeempfänger würde er niemals eine unbefristete Aufenthaltsgenehmigung bekommen. Er beschloss, sich selbst zu schützen, so wie er das von klein auf gelernt hatte. Das war ein Fehler.

Er besorgte sich eine Waffe, die er immer bei sich trug. Bis er in eine Routinekontrolle geriet. Die Polizei fand die Pistole im Hosenbund, eine *Browning*, Kaliber 9 mm mit sechs Patronen. Metin landete wieder hinter Gittern. Eineinhalb Jahre geschlossener Vollzug,

JVA Charlottenburg. Im Urteil des Landgerichts hieß es, der Angeklagte neige weiterhin dazu, »mögliche Auseinandersetzungen selbst auszutragen«. Im Bericht an die Staatsanwaltschaft meldeten die Beamten der Justizvollzugsanstalt eine »chronifizierte Delinquenz mit verfestigten Faktoren«. In den Schreiben der Ausländerbehörde war die Rede von einem vom »Regelfall abweichenden atypischen Ausnahmefall«. Es hieß, Metin versuche »mit großer Hartnäckigkeit, irgendwie, auch illegal, im Bundesgebiet Fuß zu fassen«, dass er sein »kriminelles Verhalten aus der Vergangenheit unverändert« fortsetze und sich »bislang keine Ausweisung, keine Verurteilung, keine Strafvollstreckung zur Warnung« dienen ließ. Übersetzt bedeutet das: Kaum mehr Chance auf Aufenthalt.

Der Nachmittag bei der alten Frau hat Metin aufgewühlt. Unvermittelt sagt er: »Man muss der Welt helfen, man kann die Menschen doch nicht im Stich lassen – die Kinder in Kalkutta, denen man für 50 Euro ein Jahr lang das Überleben sichern könnte. Oder die Straßenkinder aus Togo, die sich über Fußballschuhe freuen würden. Hier werden gefälschte Produkte aus Asien weggeworfen, aber drüben in Afrika werden sie gebraucht. Die Menschheit muss zusammenhalten. Wir müssten mit Kühlmaschinen das Eis in der Arktis wieder zum Gefrieren bringen, die ganze Welt sollte sich beteiligen.«

Ihm stehen vor Wut und Zorn Tränen in den Augen. Die Ömi legt ihre faltige Hand auf die rauen Finger ihres Gastes. Sie versteht ihn. Ihre Schutzburg mitten in Neukölln hat sie für ihn geöffnet. Sie hat ihn ins Herz geschlossen. Trotzdem ist ihr vieles an Metin ein Rätsel. Sie versteht nicht, weshalb ihr liebenswürdiger und tüchtiger Besuch keine Arbeit findet. Sie versteht nicht, warum er seine Frau nicht endlich nach Deutschland holen kann und seine Tochter noch nie gesehen hat. Metin hat versucht, ihr das so unkompliziert wie möglich zu erklären. Er hat gesagt, er habe einen Mord aufgeklärt und sei nun in Deutschland und in der Türkei in Gefahr. Die Ömi seufzt: »Metin, wann holst du denn deine Familie endlich nach Deutschland?«

Eine Frage, die den kräftigen Mann erschüttert. Er kann sie nicht beantworten. Erst vor ein paar Monaten wurde er aus der Haft entlassen. Die Ausländerbehörde hat wieder geschrieben. Metin las: »Zur Aufrechterhaltung öffentlicher Sicherheit und Ordnung, Verhinderung weiterer Straftaten und Abschreckung anderer Ausländer vor vergleichbaren Straftaten kommt eine andere Entscheidung als die Ablehnung der Befristung aufgrund der Annahme des Vorliegens eines atypischen Falles nicht in Betracht.« Metin versteht nur, dass er endgültig in die Heimat abgeschoben wird. Seine Tochter wird er dann zum ersten Mal kennenlernen. Metin hat Angst davor, sie zu enttäuschen.

Im Gefängnis hat er sich ein Ringbuch angelegt und Geschäftsideen aufgeschrieben. Metin würde gerne eine deutsche Bäckereikette in der Türkei eröffnen. Für seine Frau will er einen Dessous-Laden eröffnen, mit Korsetts und Spitzenunterwäsche von *Aubade* oder *Schiesser*. Er ist überzeugt, dass die Dessous Abnehmer finden könnten.

Die Dame wiederholt ihre Frage: »Wann kommt deine Frau?« Er sagt: »Bald, Ömi. Und dann ziehen wir in die Nachbarwohnung. Meine Frau wird sich um dich kümmern.« Er hat Tränen in den Augen. Die Dame legt wieder ihre Hand auf die ihres Gastes. Sie sagt: »Und ich gebe deiner Tochter dann Nachhilfe.« Sie weiß so gut wie er, dass es dazu nicht kommen wird. Denn irgendwann muss sich der Gast von ihr verabschieden, ein für alle Mal.

ISMETS IRRTUM

Ismets Ehe war ein Versehen, ein Missverständnis. Man könnte es auch anders nennen: eine Zwangsheirat. Sein Vater hatte an die Ehre seines Sohnes appelliert, um die Hochzeit einzufädeln. Er manipulierte Ismet. Der gehorchte seinem Vater, weil er Respekt vor ihm hatte und von ihm abhängig war. Als der Vater die Hochzeit plötzlich wieder absagte, war es zu spät. Denn längst war Ismet zum Opfer tradierter Vorstellungen von Ehre und Moral geworden.

Wenn Ismet morgens die Mietshauswohnung in der Berliner Sonnenallee verlässt, schließt er erleichtert die Türe hinter sich. Seine Frau hat ihm das Frühstück serviert, sie hat ihm Tee eingeschenkt und Brötchen aufgebacken. Während er frühstückte, schmierte sie den Kindern die Pausenbrote. Sobald auch die beiden Töchter auf dem Weg zur Schule sind, wird sie die Wohnung sauber machen. Sie wird das Abendessen zubereiten und dann auf ihn warten. Ismet aber ist froh, wenn er unterwegs ist, denn für ihn ist jeder Tag seiner Ehe eine Belastung. Wie vielleicht viele Ehemänner in eingerosteten Beziehungen träumt er davon, seine Frau irgendwann einmal zu verlassen. Anders aber als andere Ehemänner, kann er das nicht, ohne die Ehre seiner Frau zu verletzen. Und anders als die meisten, hat er nicht aus Liebe geheiratet, sondern um die Ehre der Familie seiner Frau zu retten.

»Es begann ganz harmlos zwischen uns«, sagt Ismet. »Ich half nach der Schule in dem Café meines Vaters aus. Ich servierte Tee in kleinen Tulpengläschen.« Oft kamen Mädchen zu Besuch, die er von der Schule kannte. Sie setzten sich, bestellten und warfen ihm verführerische Blicke zu. Dem 17-Jährigen gefiel das. Er war zwar schüchtern, aber er fühlte sich geschmeichelt. Dass er plötzlich eine dieser Besucherinnen heiraten sollte, konnte er sich damals nicht vorstellen.

»Sie kam auf mich zu und bat um Feuer. Das habe ich ihr natürlich nicht ausgeschlagen, sie war ja ein Gast unseres Cafés. Sie setzte sich oft zu mir an die Bar, wir flirteten miteinander, aber es war nichts Ernstes. Ich hatte zu der Zeit ja eine Freundin, Susanne.«

Ismets Vater sah die junge Frau, die sich um seinen Sohn bemühte, und er wusste auch von Susanne. Ismet gab er viele Freiheiten: Der Junge durfte Freundinnen haben und mit ihnen bis spät abends ausgehen. Der Vater machte es nicht anders: »Er hatte meine Mutter verlassen, als ich noch ein kleiner Junge war«, erzählt Ismet. »Er ließ sie in unserem türkischen Dorf zurück, als er nach Deutschland ging, um dort Arbeit zu suchen.« Der Vater versprach seiner Frau jedes Jahr aufs Neue, sie bald nachzuholen. Doch er fand immer andere Ausreden. Mal war die Wohnung zu klein oder das Geld zu knapp. Mit zwölf Jahren war Ismet der Erste aus der Familie gewesen, der dem Vater nach Berlin folgen durfte. Dort angekommen verstand er, warum der Vater die Mutter in der Türkei ließ. Der Vater zog von Wohnung zu Wohnung, von einer Geliebten zur Nächsten: »Mein Vater hat dann immer Kleidung in blaue Plastiksäcke gestopft, dann wohnten wir wieder ein paar Nächte bei einer neuen Frau.« Seinen Vater zu kritisieren, wäre Ismet damals nicht eingefallen. Er war ja das Oberhaupt der Familie. Ismet war auf ihn angewiesen, als er sich bei seiner Ankunft in Deutschland in einer völlig fremden Umgebung wiederfand. Auch wenn er in der Schule das Sprachdefizit aufholen konnte – die Verunsicherung blieb. Auch mit siebzehn Jahren noch gegenüber den jungen Frauen im Café seines Vaters.

»Irgendwann wurde mir das Mädchen lästig«, sagt Ismet über den Gast im Café. »Sie wollte ständig meine Aufmerksamkeit, ich sollte sie hierhin und dorthin begleiten. Mit ihrem Verhalten damals hat sie uns das alles eingebrockt. Unsere Hochzeit war ein einziges Missverständnis.«

Eines Tages nahm der Vater seinen Sohn beiseite. Er sagte ihm, dass dieses Verhältnis so nicht weitergehen könne. Das Mädchen sei die Tochter seines Freundes. Und der habe sehr traditionelle Ansichten. »Mein Vater befahl mir, das Mädchen zu heiraten, weil ich sonst ihre Ehre verletzen würde.«

Ismet war verwirrt, denn dass das Mädchen, das sich eifrig um ihn bemühte, so traditionell erzogen sein sollte, konnte er sich nicht vorstellen. Schließlich rauchte sie und ging nachmittags in Cafés. Wegen eines so harmlosen Flirts spürte Ismet keinerlei Verpflichtung. Überhaupt war Ismet erst siebzehn Jahre alt und fühlte sich noch zu jung, um zu heiraten. Er war in der Abschlussklasse der Otto-Hahn-Gesamtschule und wollte Abitur machen. Er lehnte den Vorschlag des Vaters ab. Doch der duldete keine Widerrede und drohte Ismet, ihn von zu Hause rauszuwerfen, sollte er sich nicht fügen. Ismet bekam Angst. Er wollte nicht mit siebzehn Jahren und ohne Schulabschluss auf der Straße landen. Er stimmte der Verlobung zu – eingeschüchtert und verletzt. »Es tat mir weh, Susanne sitzen lassen zu müssen«, sagt Ismet.

»Wir haben eine kleine Verlobungsfeier vor der eigentlichen Hochzeit organisiert, im Café meines Vaters. Er reichte uns die Ringe. Danach haben wir Musik gehört und getanzt.« Zum Feiern jedoch war Ismet nicht zumute. Er spürte die Last der Verantwortung, nun ein guter Ehemann sein zu müssen, für eine Frau, die er nicht liebte.

Wochen später sagte der Vater die Hochzeit plötzlich wieder ab. Dabei liefen bereits die Vorbereitungen für das Fest. Ismet, der eigentlich erleichtert hätte sein können, war sprachlos. »Ich konnte das erst gar nicht glauben, als mir mein Vater sagte, dass ich dieses Mädchen jetzt nun doch nicht heiraten dürfte«, sagt er. Er hatte das Gefühl, dass ihm der Vater sein Leben scheinbar willkürlich diktieren wollte. Und dann wurde Ismet wütend auf seinen Vater. Zum ersten Mal begehrte er gegen ihn auf: »Er dachte, er könne mit mir machen, was er will. So wie mit meiner Mutter, die er ebenfalls für dumm verkauft hatte.« Ismet verkündete, dass er zu seiner Verlobten stehe. »Vielleicht aus Trotz, und weil ich fand, dass man mit einem Menschen nicht so umspringen darf.« Ismet war überzeugt: Wenn er seine Verlobte nun einfach so verließ, würde er ihre Ehre tatsächlich beschmutzen. Das wollte er weder ihr noch seinen künftigen Schwiegereltern antun. Er war nun selbst gefangen in seiner Vorstellung von Ehre und Moral. Er hielt an der Hochzeit fest.

Der Vater tobte, als Ismet ihm seine Entscheidung mitteilte. »Er drohte mir erneut damit, mich aus seinem Leben zu verbannen. Als ich nicht nachgab, hat er den Kontakt zu mir abgebrochen.« Ismet stand auf der Straße.

Die Gründe für den plötzlichen Meinungsumschwung des Vaters sollte Ismet erst später erfahren. »Vor unserer Verlobung dachte mein Vater, die Familie meiner Frau sei wohlhabend. Durch unsere Hochzeit wollte er davon profitieren. Doch dann fand er heraus, dass die Eltern meiner Frau gar kein Geld hatten. Sie besaßen nicht einmal eine Eigentumswohnung. Mein Vater fühlte sich getäuscht.« Ismet aber fühlte sich wie ein Tier, verschachert für ein bisschen Geld.

An den Tag, als ihn sein Vater vor die Tür setzte, erinnert er sich genau, es war schließlich sein 18. Geburtstag. Sein Vater öffnete die Türe nicht einmal mehr ganz, sondern reichte ihm vollgestopfte *Aldi*-Tüten mit seinen Sachen durch den Türspalt. »Ich bin heulend abgezogen«, sagt Ismet. Bei einem Freund kam er zunächst unter. Bis drei Wochen später die Schwiegereltern Erbarmen hatten und ihn zu sich holten. Noch war er nur der Verlobte. Und vor der Hochzeit durfte sich ein versprochenes Paar nicht körperlich nah sein. Also verbannten sie Ismet ins Wohnzimmer, er sollte auf der schmalen Gästecouch schlafen. In der Zeit bis zur Hochzeitsfeier stürzte er sich in Arbeit. Er musste nun Geld verdienen, um eine Familie zu ernähren. Die Schule verließ er mit dem erweiterten Hauptschulabschluss. Dann färbte er in einer Firma Strumpfhosen. Maschinenarbeit für zwölf DM die Stunde.

Langsam gewöhnte sich Ismet an die Idee, eine eigene Familie zu gründen. Er fühlte sich verantwortlich. Die Verlobte wurde zu einer Freundin, der sich Ismet anvertraute. »Ich hatte sonst ja auch niemand mehr, nur meine Mutter in der Türkei, mit der ich ab und zu telefonierte.«

In der Hochzeitsnacht jedoch musste Ismet die Freundin zur Gattin machen. »Ich fühlte mich nicht hingezogen zu ihr. Aber ich habe

124

mir gesagt: Stell dich nicht so an, sei ein Mann und mach es einfach. Das war ein grauenhaftes Gefühl.«

Seitdem sind 20 Jahre vergangen. Zwei Jahrzehnte, um die sich Ismet heute betrogen fühlt. Inzwischen hat er sich mit einem Computer-Service selbstständig gemacht. Er ist viel unterwegs, das lenkt ihn ab. Wenn er abends nach Hause kommt, ist es meist schon spät. Dann schiebt er sich sein Essen in die Mikrowelle. Seine Frau ist oft misstrauisch. Aber Ismet ist ihr treu. Er ist ein Ehrenmann.

Wenn er auf der Couch neben seiner Frau sitzt, hängt Ismet in Gedanken oft seinen Träumen nach. Manchmal denkt er an Susanne. Er stellt sich vor, wie das Leben mit ihr aussehen würde. Er träumt auch davon, als Musiker Karriere zu machen. Ein Traum, der ihn aufrecht hält. Durch ihn kann er eine andere Hoffnung verdrängen: Aus der Enge seiner Familie auszubrechen, eine Frau zu finden, die er wirklich liebt. Doch Ismet traut sich nicht, seiner Frau die Wahrheit zu sagen. Noch nicht.

BABACAN, DER GUTE VATER

1993 kam Babacan als kurdischer Flüchtling nach Deutschland. Doch sein Antrag auf Asyl wurde abgelehnt. Die Behörden glaubten ihm nicht, dass er vor der Folter in der Türkei floh. Von der Angst verfolgt, wieder in die Heimat zurückzumüssen, versuchte Babacan mit allen Mitteln, in Deutschland zu bleiben. Sein Anwalt kämpfte mit Paragrafen für ihn und erstritt ein Gutachten, das Babacan ein schweres Trauma bescheinigte. Babacan selbst kämpfte auf andere Weise. Er wurde Vater eines deutschen Kindes. Ein beinahe alltäglicher Fall deutscher Asylpolitik.

Babacan drückt die Schultern breit, den Blick hält er immer geradeaus. Seinen Vliesmantel trägt er wie eine Rüstung. So als müsse sich der 49-Jährige verteidigen, immer noch. Siebzehn Jahre Kampf gegen Paragrafen und Behörden haben Spuren hinterlassen. Die Angst, doch noch einmal alles zu verlieren, ist Babacans ständiger Begleiter – auch heute, auf dem Weg zum Kinderhort, wo er seinen siebenjährigen Sohn Jakob abholen will. Es regnet in Strömen und der Bus fährt in Schrittgeschwindigkeit. Babacan steht ungeduldig bei der Türe, sprungbereit. Er will seinen Sohn nicht warten lassen. Auf diesen Weg macht er sich einmal in der Woche. Auch, wenn er Jakob gerne öfter von der Schule abholen würde – Babacan hat gelernt, Gerichtsbeschlüsse zu akzeptieren. Sein Name steht für den guten Vater, Baba heißt auf Deutsch Vater, Can ist die Seele, das Herz.

Babacan läuft nun eilig den Flur der Grundschule entlang, das Echo seiner Schritte hallt nach. Er biegt ab, öffnet die Tür, da schallt ihm der Lärm von gut zwanzig Kindern entgegen. Babacan muss etwas suchen, bis er Jakob entdeckt. Dann läuft er zur Garderobe, zieht Schuhe und Jacke heraus, hilft seinem Sohn in die Sachen. Auf dem Weg zum Bus greift Jakob nach der Hand seines Vaters. Er sagt:

»Der Himmel weint, weil heute jemand in der Schule unanständig war.« – »Wieso, Jakob?« – »Der Junge hat Scheiß-Ausländer gesagt.« – »Jakob, ich bin auch Ausländer.« – »Nein, du doch nicht, Papa.« – »Doch.« Babacan schmerzt es, wenn sein Sohn so redet. Er ahnt, dass auch die Mutter solche Ausdrücke verwendet. Sie wirft Babacan vor, dass er sie nur geschwängert habe, um in Deutschland zu bleiben. Tatsächlich hat Babacan lange darum gekämpft, die Abschiebung zu verhindern. Dieser Kampf begann im April 1993.

Babacan reiste von Istanbul nach Berlin. Er hatte ein Visum für drei Wochen. Als es auslief, stellte er einen Asylantrag. Eine Frage der Formalitäten. Er reichte die Unterlagen ein, dann musste er Mitte Mai 1993 beim Bundesamt für Migration und Flüchtlinge vorsprechen. Babacan erzählte von dem Telefonanruf eines Parteifreundes, der ihm sagte, die Polizei nehme wieder Mitglieder der Revolutionären Kommunistischen Partei der Türkei gefangen, der *TDKP*. Auch er stünde auf der Fahndungsliste. Schon als Gymnasiast hatte sich Babacan dieser marxistischen Gruppierung angeschlossen. Er verteilte für sie Flugblätter und eine Zeitschrift. Den Beamten in Berlin berichtete Babacan von seiner Verhaftung 1981, kurz nach dem Militärputsch. Er sagte, er habe im Anschluss drei Jahre im Gefängnis verbracht. Babacan erzählte von Folter durch Elektroschocks, davon, wie seine Fußsohlen mit Stöcken geschlagen wurden. Er wies auf seine Behinderung am linken Bein hin und auf seine Schwierigkeiten beim Atmen, wegen Gasbomben, mit denen die Wärter einen Gefängnisaufstand niedergeworfen hatten. Babacan erzählte auch von seiner zweiten Haft im Jahr 1986, die elf Monate dauerte.

Er bekam ein Aktenzeichen und einen Platz in einem Heim beim Alexanderplatz. Dann wartete er. Die Antwort kam nach ein paar Monaten: Antrag abgelehnt. Das Bundesamt hegte einen Verdacht. Weshalb hatte Babacan erst fünf Jahre nach der letzten angeblichen Folterung Asyl in Deutschland gesucht? Ein rechtskräftiges Urteil in dieser Sache sollte erst Jahre später ergehen. Was das für Folgen hatte, wusste Babacan nicht.

1993 bewarben sich in Deutschland 322.599 Menschen um Asyl. Nur 16.396 von ihnen durften bleiben. Eine Quote, die seit Mitte der 70er-Jahre kontinuierlich gesunken war, als Folge einer zunehmend restriktiven Asylpolitik. Kurz vor Babacans Einreise hatte der damalige Bundeskanzler Helmut Kohl vom »Staatsnotstand« gesprochen, Medien vermittelten das Bild einer Flut von Asylanten, die das Land überschwemmten. Eine Panikrhetorik. Im Juli 1993 einigte sich die schwarz-gelbe Regierung auf den »Asylkompromiss«. Sie änderte das Grundgesetz – das Recht auf Asyl war nun deutlich erschwert.

Babacan zog von einer Asylbewerberunterkunft in die nächste. Ein halbes Jahr blieb er am Alexanderplatz. Dann zog er um nach Alt-Buckow. Weiter nach Steglitz, nach Alt-Tegel, dann Kreuzberg, zum Zoo, nach Köpenick, zuletzt wohnte er in Spandau.

Viel Gepäck hatte er nicht. Viel Platz, seine Sachen zu verstauen, auch nicht. Eine eigene Wohnung durfte er sich als Asylbewerber nicht suchen. Genauso wenig wie eine Arbeit. Er durfte auch keinen Deutschkurs machen. Er war zum Warten verdammt, bekam Gutscheine für Essen und Kleidung gestellt. Mit den anderen Asylbewerbern teilte er sich Waschräume, Toiletten und Duschen. Im Zimmer schliefen bis zu sieben oder acht Personen – Männer mit Kriegstrauma aus Jugoslawien, Flüchtlinge aus Nigeria und Ghana, Folteropfer aus Afghanistan. Babacan sagt, er fühlte sich wohl. »Sicher.« Er bekam eine warme Mahlzeit am Tag und freundliche Worte.

Nur wenn die Polizei zur Kontrolle kam, war Babacan jedes Mal schweißgebadet vor Angst. Um fünf Uhr morgens klopften die Beamten an die Zimmertür, dann zog Babacan mit zitternden Händen seine Papiere hervor. Ein paar Minuten später hatte er es ausgestanden. Aber jedes Mal riefen die Kontrollen Bilder in seinem Kopf hervor, die er endlich vergessen wollte. Nachts verfolgten ihn stets dieselben Albträume. Er rannte, immer geradeaus. Hinter ihm liefen Polizisten, die näher kamen. Er schrie, er brauche Hilfe, aber da war niemand, der ihm beistand. Wenn er dann aufwachte, klebte sein

Hemd an seinem Körper. Mit der Zeit wurde Babacan krank. Er bekam schwer Luft und hatte Herzrasen.

Sein Arzt diagnostizierte eine chronische Bronchitis, außerdem eine Herzneurose und Angststörungen. Er empfahl ihm, das Behandlungszentrum für Folteropfer aufzusuchen. Babacan meldete sich dort, hörte, dass es keinen Platz gab, und ging wieder. Er versäumte es, sich auf die Warteliste setzen zu lassen. Aber er war ja in Behandlung bei seinem Arzt, der ihm Tabletten und Spritzen gab. Es ging schon.

Am 17. Juni 2001 entschied das Verwaltungsgericht über Babacans Schicksal. Im Urteil hieß es, er habe verfolgungslos im Jahre 1993 die Türkei verlassen. Ein kausaler Zusammenhang zwischen Folter und Ausreise sei nicht gegeben. Er sollte bald abgeschoben werden.

Babacan hatte nicht damit gerechnet, dass er wirklich gehen müsste. Sein Herz raste wieder, er hatte das Gefühl, ersticken zu müssen. Plötzlich bemerkte er auch die Blicke der Angestellten in der Asylbewerberunterkunft. Er fühlte sich beobachtet und ausgeliefert.

Er suchte sich einen Anwalt, einen Professor. Der redete von Paragrafen, Bestimmungen und Möglichkeiten. Babacan verstand nicht viel. Der Anwalt schüttelte den Kopf, seufzte, dann sagte er, das Einfachste wäre, wenn er eine Deutsche heiraten würde oder mit ihr ein Kind zeugen würde. Das verstand Babacan.

Der Anwalt nahm die Arbeit auf und ein zäher Rechtsstreit um die Frage begann, wann ein Folteropfer in Deutschland bleiben darf.

Claudia war die Bekannte eines Freundes und arbeitete als Verkäuferin im Supermarkt. Babacan lud sie auf einen Kaffee ein. Sie redeten miteinander. Claudia erzählte ihm von ihrem Mann, der sie schon vor Monaten einfach sitzen ließ und seitdem nicht mehr aufgetaucht war. Babacan erzählte ihr von seiner schwierigen Lage in Deutschland. Von seiner Angst, in die Türkei zurückzumüssen. Sie mochten sich. Babacan und Claudia wurden ein Paar.

Das Bundesamt forderte einen Beweis für das angebliche Trauma des Asylbewerbers als Folteropfer. Ein aussagekräftiges Attest. Babacan meldete sich wieder beim Behandlungszentrum für Folteropfer.

Im April 2002 schickte ihm die Ausländerbehörde die »Grenzüber-trittsbescheinigung« zu, er sollte sich melden. Er stand jetzt kurz vor der Abschiebung. Ein Wettlauf mit der Zeit.

Im Mai erhielt Babacan einen Therapieplatz im Behandlungszentrum. Der Anwalt kämpfte weiter mit Paragrafen und Richtlinien. Claudia wurde schwanger. Ein Unfall, sagt Babacan, das Kind war gar nicht geplant. Ein Unfall, der dem Anwalt jedoch Hoffnung machte. Ein deutsches Kind konnte wertvoller sein als jedes psychiatrische Gutachten. Doch noch war das Baby nicht geboren. Und Babacan dachte bereits an Trennung. Er sah, wie viel Geld Claudia in Spielautomaten steckte. Er beobachtete, wie viel sie trank, trotz der Schwangerschaft. Er merkte, dass er mit ihr nicht mehr zusammen sein wollte. Claudia kam ihm zuvor. Sie trennte sich von Babacan.

Im Juli stand die Diagnose des Behandlungszentrums für Folteropfer fest: posttraumatische Belastungsstörung, depressive und dissoziative Störung. Außerdem eine alte Nasenbeinfraktur und Zahnverluste durch Schläge beim Militärdienst und von der Polizei. Die Ärzte beschrieben Babacans Angst vor Uniformierten, seine Kopfschmerzen und Taubheitsgefühle. Die Folgen von bestimmten Folterpraktiken wie Elektroschocks, Druckwasserbehandlung oder der »palästinensischen Schaukel« – gefesseltes Aufhängen.

Das Attest war neues Beweismaterial. Der Anwalt stellte einen Asylfolgeantrag. Das Bundesamt lehnte ab. »Nur dann aber, wenn ein Suizid oder die nachhaltige Zerstörung der Persönlichkeit nach einer Rückkehr in den Heimatstaat zu erwarten wäre, könnte ein zielstaatsbezogenes Abschiebungshindernis in der Person des Klägers vorliegen.« Anders gesagt: Babacan musste nachweisen, dass er sich bei einer Rückkehr möglicherweise umbringen würde. Dass er sich deshalb nur in Deutschland therapieren lassen konnte. Babacan musste noch mehr Beweise bringen, dann sollte der Fall vom Verwaltungsgericht entschieden werden.

Der Anwalt fand ein Buch, in dem Babacan als Zeuge für die Folterungen an einem Mitgefangenen aufgeführt war. Er schickte Kopien ans Bundesamt.

Im Februar 2003 bekam Claudia ihr Kind. Als Babacan seinen Sohn das erste Mal sah, spürte er eine tiefe Zufriedenheit. Einmal schon wäre er beinahe Vater geworden. Damals in der Türkei hatte er eine Ehefrau. Doch sie starb an einer Fehlgeburt. Daran dachte Babacan zurück, als er bei Claudia an Jakobs Bettchen stand. Doch den Gedanken versuchte er schnell wieder zu verdrängen. Er nahm Jakob auf seinen Arm, fühlte den Atem des Babys, und war glücklich.

Er war nun Vater eines deutschen Kindes, rein praktisch gesehen. Rechtlich war er es nicht. Denn Claudia war ja noch verheiratet und als Vater galt der Ehemann, der aber seit Monaten verschollen war. Babacan musste eine Vaterschaftsanfechtungsklage einreichen, um als Vater anerkannt zu werden. Der nächste Rechtsstreit.

Das Bundesamt forderte weiterhin die Ausweisung. Es schrieb, bei einer Abschiebung sei keine konkrete Gefahr für Babacan ersichtlich. Menschenrechtswidrige Übergriffe in der Türkei seien nach der Abschiebung zwar generell möglich, aber das seien Einzelfälle. Das Amt schrieb, Babacan könne sich ja auch in der Türkei behandeln lassen.

Auch das Verwaltungsgericht lehnte den Folgeantrag auf Asyl ab. In seinem Urteil vom März 2003 hieß es, Babacan habe bei den Mitarbeitern im Behandlungszentrum für Folteropfer abweichende Aussagen gemacht. 1993 habe er gesagt, er habe auf der Straße mit Freunden geredet, als er zum zweiten Mal festgenommen wurde. Neun Jahre später habe Babacan den Ärzten erzählt, er sei im Restaurant verhaftet worden. Auch von Übergriffen auf seine Familie habe er damals nichts erzählt, auch nicht von der angeblichen Ermordung eines Mithäftlings. Im Urteil heißt es verkürzt: »Welcher Beweiswert den Stellungnahmen zukommt, bedarf keiner Vertiefung.«

Es ging nun nur noch um Paragrafen, nicht mehr um Babacan und die Frage, was er in der Türkei erlebte und wie es ihm damit ging. Babacan war verwirrt. Es fiel ihm schwer, das alles einzuordnen. Auch mit Claudia war es nicht leicht. Er durfte sie nicht immer besuchen, wenn er wollte. Manchmal war sie wütend auf ihn. Manchmal verlangte sie Geld. Als Asylbewerber bekam Babacan 49,90 Euro. Bei

Freunden verdiente er sich ein bisschen was dazu. Claudia gab er so viel er konnte. Jakob entschädigte ihn für alles. Wenn er bei ihm neben dem Bettchen saß, fühlte er sich überglücklich. Er hatte das Gefühl, sein Leben mache nun wieder Sinn.

Der Anwalt kämpfte weiter. Er zitierte eine Stellungnahme des Auswärtigen Amts, in der es heißt, für Menschen mit Angsttrauma existierten in der Türkei nach Misshandlungen kaum adäquate Behandlungsmöglichkeiten. Der Anwalt wies auf Vergleichsfälle hin. Das Verwaltungsgericht Frankfurt am Main hatte entschieden, einer Kurdin Abschiebeschutz zu gewähren, weil die Gefahr bestand, dass sich ihre Krankheit in der Türkei verschlimmere. Die Behandlungsmöglichkeiten seien dort unzureichend. In einem Urteil des Oberverwaltungsgerichts Rheinland-Pfalz hieß es, eine späte Aufnahme der Behandlung – so wie bei Babacan – sei kein grobes Verschulden. Und das Verwaltungsgericht Sigmaringen schließlich entschied, dass bei traumatisierten Menschen allein die Rückkehr in die Türkei und die Konfrontation mit den türkischen Sicherheitskräften eine Gefährdung der Gesundheit bedeuten konnte, unabhängig von der tatsächlichen Situation. Der Anwalt legte außerdem ein neues Attest des Behandlungszentrums für Folteropfer bei. Darin hieß es, bei Babacan sei die PTBS – die posttraumatische Belastungsstörung – »schwer und lang anhaltend«. Eine erzwungene Rückkehr könne mit dem Risiko der Retraumatisierung verbunden sein. Suizid nicht ausgeschlossen.

Babacan fühlte in dieser Zeit wieder diese Unsicherheit. Er glaubte ständig, beobachtet zu werden. Wenn er in der Asylbewerberunterkunft über die Gänge lief, sah er sich ängstlich um. Immer noch konnte er sich an die Polizeikontrollen nicht gewöhnen. Er war sich jedes Mal sicher, die Beamten seien nur wegen ihm gekommen. Einmal flüsterte ihm ein Kumpel zu: »Die suchen dich.« Babacan hörte auf zu denken und lief einfach davon. Raus aus dem Wohnheim, auf die Straße, zur Tankstelle. Dort versteckte er sich. Später suchten ihn die anderen Männer. Mühsam beruhigten sie ihn. Der Kumpel, der ihm Angst eingejagt hatte, entschuldigte sich. Es sei nur ein dummer

Spaß gewesen. Babacan hätte sich gerne mehr beherrscht, Stärke gezeigt, aber damals gelang ihm das nicht.

Er bat Claudia um Hilfe. Sie sollte durch eine eidesstattliche Erklärung versichern, dass er der Vater ihres Sohnes war. Sie einigten sich. Babacan kaufte ein: Windeln, Babynahrung, Zigaretten für Claudia. Der Kühlschrank war wieder voll. Claudia war eine gute Mutter damals, sagt Babacan.

Im Juni 2003 reichte der Anwalt Claudias eidesstattliche Erklärung beim Verwaltungsgericht ein. Er schrieb: »Der Kläger liebt sein Kind.« Und berief sich auf den sechsten Artikel des Grundgesetzes – Ehe und Familie stehen unter dem besonderem Schutze der staatlichen Ordnung. Doch als Vater galt rechtlich gesehen immer noch Claudias Mann.

Babacan hatte keine Zweifel. Er sah, wie sehr Jakob ihm ähnelte. Die dunklen Augenbrauen und der schmale Mund, das gleiche Lächeln. Doch Babacan musste einen Vaterschaftstest machen, um sich irgendwann als rechtmäßiger Vater eintragen zu lassen. Nur so konnte er eine Aufenthaltserlaubnis erreichen. Er trieb Geld für das teure Verfahren auf, bat Freunde und Bekannte, ihm zu helfen. Die Zeit lief.

Im Oktober 2003, acht Monate nach der Geburt, hielt Babacan das Ergebnis des DNA-Tests in der Hand: Vaterschaft zu 99,9999 Prozent bewiesen. Jakob war sein Sohn – Babacan war tatsächlich Vater eines deutschen Kindes. Aber immer noch kein rechtlicher. Das Verwaltungsgericht musste den Test erst noch anerkennen.

Babacan versuchte ein guter Vater zu sein. Seinen Sohn zu sehen, wann immer es ging. Der Mutter gab er Geld, das er sich nebenbei schwarz verdiente oder von Freunden lieh. Im Takt der Zahlungen bestimmte Claudia, wann er seinen Sohn sehen durfte. Babacan ärgerte sich. »Sie hat das Geld, das ich ihr für unseren Sohn gegeben habe, sofort verspielt«, sagt er. »Ich gab ihr 50 Euro. Am nächsten Tag war der Kühlschrank immer noch leer.«

Im November 2003 ordnete das Verwaltungsgericht ein gerichtliches Sachverständigengutachten an. Ein Teilerfolg des Anwalts. Ein

Psychiater sollte herausfinden, ob Babacan tatsächlich unter einem Trauma mit Krankheitswert litt und welche Folgen eine Abschiebung mit sich brächte.

Die Nacht vor der Untersuchung lag Babacan wach. Er drehte sich von der einen Seite auf die andere. Er grübelte. Den Arzt kannte er nicht, er hatte Angst. Was, wenn er ihn als Lügner abstempelte?

Am nächsten Tag begrüßte ihn der Psychiater mit festem Händedruck. Er war direkt und sagte Babacan: »Die Ausländerbehörde glaubt Ihnen nicht, das wissen Sie, oder?« Es dauerte, bis sich Babacan etwas entspannte. Der Arzt notierte, dass der Patient etwas »Festes, Gepanzertes« ausstrahle. Und dass er bei der Untersuchung die Lippen fest aufeinanderpresste und die Augen öfter geschlossen hielt. Er notierte weiter, dass sein Gesicht unbeweglich gewesen sei. Babacan habe zunächst affektstarr und übersachlich berichtet, später sei sein Redefluss nicht mehr zu bremsen gewesen.

Zwei Mal erschien Babacan zum Explorationsgespräch. Jedes Mal blieb er viele Stunden. Das Ergebnis: ein 63 Seiten starkes Gutachten. Aus Babacans Erzählungen rekonstruierte der Arzt das Protokoll einer traumatischen Vergangenheit.

Es war im Frühjahr 1981 in Istanbul. Am Abend der Verhaftung lief der 21-jährige Babacan unruhig in der Wohnung seiner Familie umher. Dann klingelte es an der Türe und sechs oder sieben Polizeibeamte traten ein. Sie transportierten Babacan ab – seine damalige Ehefrau und die Eltern mussten zusehen. Auf der Fahrt zur Polizeistation zogen die Polizisten Babacan eine Jacke über den Kopf, auch später beim Verhör verbanden sie ihm die Augen. Sie wollten ein Geständnis von ihm: Er sollte zugeben, Revolutionär zu sein. Wenn er während des Verhörs einschlief, stachen ihn die Polizisten mit Nadeln oder schlugen ihm mit Eisenstangen auf die Füße. Dann änderten sich die Vorwürfe und es hieß, Babacan habe einen Mord begangen. Er war verzweifelt, brach zusammen und zitterte. Sie ließen ihn mit verbundenen Augen liegen.

Der Psychiater, dem Babacan 23 Jahre später gegenübersaß, protokollierte in seinem Gutachten die Einzelheiten der Folter: dass Babacan nackt auf eine Art Kreuz, den sogenannten »Palästinser-bügel« gespannt wurde. Dass er in dieser Position mit Wasser besprizt wurde und ihm dann ein Elektrokabel am Penis befestigt wurde, dessen anderes Ende am Finger. Auf diese Weise seien Strom-stöße durch seinen Körper gejagt worden. Der Penis sei danach schwarz und verkrustet gewesen. Im Bericht heißt es weiter, die Poli-zisten klemmten Babacans Füße zwischen zwei Bretter und schlugen ihm auf die Sohlen, so lange, bis sie bluteten. Dann sei ihm Salz in die offenen Wunden gestreut worden.

Babacan kam in ein Militärgefängnis. 1982 brach dort eine Ge-fängnisrevolte aus, die mit Gasbomben niedergeschlagen wurde. Die anderen Häftlinge trampelten in ihrer Panik über Babacan, der auf seiner Flucht stürzte. Das Gas atmete er lange ein. Drei Jahre blieb Babacan in Haft, bis ihn 1984 ein Richter bei einem Massenprozess freisprach. Der inzwischen 24-Jährige kehrte zurück in seine Familie und zu seiner Ehefrau. Panikattacken plagten ihn seitdem. Sein Schlaf war unruhig, er bekam Angst, wenn er Uniformierte auf der Straße sah. Seine Frau, eine Krankenschwester, umsorgte ihn. Babacan machte einen Lehrgang als Buchhalter. Mit der Zeit fand er zurück in den Alltag. 1986 erwartete seine Frau ein Kind.

Im Bericht schrieb der Psychiater, dass Babacan weinte, als er von seiner Frau erzählte. Sie habe während der Schwangerschaft Blut-hochdruck bekommen, zwei Tage lang habe sie das tote Kind im Bauch getragen. Nach der Fehlgeburt sei sie gestorben. Babacan sagte dem Psychiater, man habe sie wegen seiner politischen Überzeugun-gen nicht richtig behandelt.

Babacan litt wieder unter Panikattacken und Depressionen. Er stürzte sich in seine politischen Aktivitäten. Als er mit Parteifreunden in einem Restaurant saß, wurde er ein zweites Mal verhaftet. Sie hat-ten über fehlende Demokratie geredet. Einer am Nachbartisch hatte das Gespräch belauscht und die Polizei gerufen. Drei Tage lang fol-terte die Polizei Babacan. Diesmal war die anschließende Haft kürzer, elf Monate. Babacan sagte im Anamnesegespräch mit dem Berliner Arzt, diese Monate seien schlimmer gewesen als beim ersten Mal.

1987 war Babacan ein freier Mann – mit »schwerer, mehrfacher Traumatisierung«, wie der Psychiater in seinem Gutachten diagnostizierte. Er schrieb, schon nach den ersten Foltererlebnissen habe Babacan unter ausgeprägter Symptomatik gelitten, er sei jähzornig gewesen und habe Panikattacken gehabt. Der Psychiater beschrieb den Tod von Babacans Frau und seines Kindes als erste Retraumatisierung, die anschließende Folter als zweite.

Babacan hatte nach dieser Haft noch versucht, wieder ein normales Leben zu führen. Er arbeitete als Angestellter bei den Wasserwerken und las Zähler ab. Die Polizei verdächtigte ihn erneut, politisch aktiv zu sein, weil er Handzettel verteilte. Dabei waren das Rechnungen. Die Leitung der Wasserwerke stellte sich schützend vor Babacan. Doch er fühlte sich bedroht und beobachtet. In seiner eigenen Wohnung fand er keine Ruhe mehr. Er zog mehrmals um. Dann kaufte er das Flugticket nach Berlin.

Der Psychiater empfahl dringend eine stationäre Therapie. Er warnte davor, Babacan in die Türkei zurückzuschicken. Denn selbst wenn er dort einen Therapieplatz bekommen sollte, bestünde aufgrund seiner subjektiven Ängste vor Verhaftung und Folter die Gefahr einer erheblichen Verschlechterung seiner Krankheit.

Babacan hat das Protokoll selbst nie gelesen. Aber noch heute erinnert er sich daran, was der Arzt zu ihm sagte: »Sie sind richtig krank.« Für Babacan waren die 63 Seiten wie ein Befreiungsschlag. Endlich hatte ihm jemand zugehört.

Doch einen festen Aufenthalt sicherte ihm das Gutachten immer noch nicht. Babacan bekam eine Duldung für zwei Jahre. Er blieb in der Asylbewerberunterkunft. Sein mittlerweile dreijähriger Sohn war oft bei ihm. Jakob hing an seinen Vater. Im Heim in Spandau bekam Babacan ein Einzelzimmer, zwölf Quadratmeter. Im Zimmer standen zwei schmale Betten – Jakob durfte bei ihm übernachten, manchmal blieb sein Sohn drei Tage am Stück bei ihm, manchmal auch während der ganzen Ferien. Jakob bekam Extrabettwäsche und ein Handtuch.

An manchen Tagen war Babacan richtig glücklich. Er spielte mit seinem Sohn im Park. Sie entdeckten dort einen jungen Fuchs, dem Jakob Eier und Milch hinstellte. Die Frau aus dem Waschsalon steckte Babacan Brötchen und Käse zu, Jakob ab und zu einen Lutscher. Ein Pförtner im Heim kaufte dem Jungen eine Kinderkassette – »Ali Baba und die vierzig Räuber«. Nur anhören konnte Jakob sie nicht, im Heim hatten sie keinen Kassettenrekorder.

Einmal konnte Babacan seinen Sohn bei Claudia am Telefon nicht erreichen. Am Nachmittag sagte ihm die Mutter, sein Sohn sei jetzt gerade beim Spielen draußen, am Abend hieß es, Jakob schlafe schon. Babacan wälzte sich unruhig im Bett hin und her. Als er endlich Schlaf fand, träumte er von seinem Sohn. Er hörte Jakob weinen. Er schreckte auf und lief aufgeregt in den Hausflur, dann auf die Straße. Aber da war kein Jakob.

Er ging wieder zu seinem Anwalt: Er wollte seinen Sohn regelmäßig sehen dürfen. Der Anwalt forderte die gerichtliche Regelung des Umgangs, weil sonst die Mutter den Sohn für ihre Zwecke funktionalisiere. Er schrieb: »Der Antragsteller liebt seinen Sohn und möchte für ihn ein guter und verantwortlicher Vater sein.« Die Klage hatte Erfolg. Zunächst durfte Babacan seinen Sohn an zwei Tagen der Woche sehen.

Mit der Zeit erlaubte ihm Claudia, Jakob häufiger zu sich zu nehmen. Babacan sagt: »Sie wollte wieder ihren Freiraum.« Zuletzt verbrachte Jakob jedes Wochenende beim Vater. Babacan ging mit ihm zum Spielplatz oder Fußballspielen. Er war ein guter Vater, auch wenn er seinem Sohn wenig bieten konnte.

Kurz bevor seine Duldung auslief, bekam Babacan eine sogenannte Fiktionsbescheinigung. Eine fiktionale Bestätigung, so lange, bis das Gericht endgültig über seinen künftigen Aufenthalt entschieden hatte. Babacan durfte sich nun erstmals eine Wohnung suchen und Arbeit – nach fünfzehn Jahren in Deutschland. Es ging aufwärts, dachte er. Auch das Vaterschaftsanfechtungsverfahren war mittlerweile abgeschlossen und Babacan hatte die Vaterschaft freiwillig anerkannt. Er war nun endlich auch rechtlicher Vater von Jakob. Das Sorgerecht teilte er sich mit Claudia.

Dann begann der Streit. Babacan beschuldigte Claudia oft, sie würde sich nicht gut genug um Jakob kümmern. Sein Sohn bekäme nur Süßigkeiten zum Essen, sie putze ihm die Zähne nicht. Claudia schlug zurück und wandte sich an ihre Anwältin. Sie wollte Jakob nun wieder häufiger sehen. Sorgerechtsstreitigkeiten begannen. Sie waren schmutzig und hatten vor allem einen Verlierer: Jakob.

Plötzlich stand ein schwerer Vorwurf im Raum. Es hieß, Babacan habe den Sechsjährigen sexuell missbraucht. Das Jugendamt verbot ihm per Einstweiliger Verfügung, seinen Sohn zu sehen. Fortan sollte er mit Jakob nur noch telefonieren dürfen, täglich maximal eine Viertelstunde. Babacan verstand das nicht. Wie konnte man ihm das unterstellen? Warum glaubte der Mitarbeiter vom Jugendamt so etwas? Babacan hatte das Gefühl, als würde er wieder alles verlieren. Da kamen Bilder zurück, die er längst verdrängt hatte. Er sah seine Frau vor sich, kurz nachdem der Tod des Babys in ihrem Bauch festgestellt wurde. So wie damals würgte es ihn plötzlich, er spürte ein Brennen und Ziehen im Herzen, Tränen traten in seine Augen. Was, wenn er Jakob nun nie wieder sehen durfte? Babacan kam es vor, als sterbe sein Kind ein zweites Mal. Und wieder glaubte er, die Willkür des Staates zu spüren. Er ging häufig zum Jugendamt, weil er nicht fassen konnte, dass man ihm seinen Sohn einfach so wegnehmen durfte – ihm, Babacan, dem guten Vater. Er brüllte herum, er hatte das Gefühl, sich verteidigen zu müssen. Wenn ihm der Beamte die Rechtslage erklärte, hörte Babacan gar nicht zu. Er warf ihm vor, ein schlechter Mensch zu sein. Der Beamte drohte schließlich mit der Polizei.

Vier lange Monate durfte Babacan seinen Sohn nicht sehen. Im August 2009 sollte das Amtsgericht Tiergarten über die Sache entscheiden. Die Richterin wollte alle Beteiligten hören: den Beamten vom Jugendamt, Mutter und Vater, auch Jakob sollte eine Aussage machen. Vor Gericht erzählte der Sechsjährige, sein Vater habe ihm gezeigt, wie man die Vorhaut zurückziehen müsse. Aber selbst gemacht habe er das nicht bei ihm. Laut Protokoll sagte Jakob: »Sonst ist eigentlich alles gut und ich kann auch gerne wieder bei ihm schlafen.« Die Richterin brauchte nicht lange, um den Fall zu beschließen.

Babacan durfte seinen Sohn wieder zu sich holen. Er durfte ihn alle zwei Wochen donnerstags und jedes zweite Wochenende sehen.

Die Ausländerbehörde hat Babacan inzwischen die lang ersehnte Aufenthaltserlaubnis erteilt. Er hat sich als guter Vater bewiesen. Einen Vater, den sein Sohn braucht. Jedes Jahr muss Babacan nun die Erlaubnis verlängern lassen. Viel kann ihm nicht mehr passieren. Er darf in Deutschland bleiben. Dank Jakob.

Jedes Mal ist es zwischen dem Vater und seinem Sohn das gleiche Abschiedsprozedere. Jakob sitzt vor der großen Holzschrankwand, die Babacan bei einer Wohnungsauflösung bekommen hat. Er klatscht Silben, das braucht er für die Schule. Er liest: »Au-to« und »Ampel«. Er bemüht sich dabei, so laut wie möglich zu sein. Er will die ganze Aufmerksamkeit seines Vaters haben. Der sitzt auf der lachsfarbenen Couchgarnitur, sprungbereit. Gleich muss er seinem Sohn sagen, dass ihr gemeinsamer Tag nun vorüber ist, dass er ihn nun zur Mutter bringen wird. Das nächste Treffen zwischen dem Vater und seinem Sohn wird erst wieder in acht Tagen sein. Dann darf Jakob ein ganzes Wochenende lang bleiben. Wenn ihn sein Vater am Freitagmorgen vor der Schule bei der Mutter abholen kommt, wird sich der Junge erst noch sträuben, weil er bei der Mama bleiben will. Wenn er ihn am Sonntagabend zurück zur Mutter bringt, wird Jakob wieder weinen. Babacan ist glücklich, wenn er seinen Sohn bei sich hat. Aber genauso ist da immer auch dieses Misstrauen, das ihn verfolgt. Was, wenn sein Glück doch nur von kurzer Dauer ist? Wenn doch noch jemand kommt, der ihm seinen Sohn nehmen will?

Jakob schlägt jetzt vor, doch noch ein bisschen Fußball zu spielen. Der Vater sagt zu ihm: »Du musst jetzt wieder zurück.« Ein Satz, den Jakob nicht mehr hören will. Er fängt an zu schreien, tritt nach seinem Vater, ruft: »Du Dummkopf, ich will nicht gehen.« Babacan presst die Lippen aufeinander. Er wehrt den Tritt seines Sohnes nicht ab, sondern versucht zu lächeln. Er hat jetzt wieder seinen Panzer an. Er zieht den Mantel über und führt Jakob an der Hand nach draußen.

SERKANS EHEN IM NAMEN
DER EHRE

Serkan hatte sich seine Ehe selbst gewählt. Doch aus der Wunschhochzeit wurde eine aus Zwang. Seit zwanzig Jahren lebt Serkan nun in einer Scheinwelt – mit fatalen Konsequenzen für seine Umwelt. Denn einengen ließ sich Serkan nie. Als Muslim nahm er sich sogar die Freiheit, mehrere Frauen zu heiraten. Längst bestimmt er selbst die Regeln, an denen er sein Leben ausrichtet.

Serkan lässt zwei Stück Zucker in sein Teegläschen fallen und beobachtet, wie sich die Kristalle im heißen Wasser auflösen. Ein korpulenter Mann, Boxernase, sorgfältig gestutzter Vollbart, etwas dichter auf der Oberlippe. Der 39-Jährige trägt einen schwarzen Kapuzenpulli mit arabischen Schriftzeichen und helle Jeans – keine Kleidung, die auf sein Amt im Vorstand einer Berliner Moschee hindeuten würde. Er sitzt dort in einem karg eingerichteten Büro – Schreibtisch, Ledersessel, an der Wand ein Plakat der DİTİB – der Türkisch-Islamischen Union der Anstalt für Religion. »Sei mutig« ist auf dem Plakat zu lesen und das Schlagwort »Zwangsheirat«, unten ist eine Hotline für Betroffene angegeben.

Es ist Freitagmittag, die Gläubigen haben sich zum wichtigsten Gebet der Woche getroffen. Nun schlüpfen die Männer wieder in ihre Schuhe, manche ziehen die Gebetskappe ab, sie gehen zurück zur Arbeit. Viele bleiben noch, um sich in der Cafeteria einen heißen Tee oder einen Sesamkringel zu holen. Serkan folgt ihren Schritten und mit einer Mischung aus Verachtung und Enttäuschung presst er hervor: »Lügen, falsche Moral, was hier als türkische Tradition gelebt wird, hat nichts mit dem Islam zu tun. Gar nichts.«

Er ist einer, der es wissen muss: Als Vorstand verbringt Serkan seine Freizeit ehrenamtlich in der Moschee. Er spricht täglich mit den

Gläubigen, vermittelt bei Streitigkeiten. Er kennt die Probleme der Väter, deren Töchter zu freizügig leben und deren Söhne sich auf der Straße herumtreiben. Er weiß, dass viele Mütter und Väter ihre Kinder in Zwangsehen drängen, weil sie glauben, diese kämen damit zur Vernunft. »Die Eltern denken, sie würden im Namen Allahs handeln, aber da irren sie sich. Der Islam will, dass Menschen glücklich sind. Doch wenn man sie zwangsverheiratet, werden sie es niemals sein.«

Serkan spricht aus Erfahrung. »Ich lebe seit 20 Jahren in einer Zwangsehe.« Er spuckt das Wort aus, wie ein vergiftetes Getränk. In den 20 Jahren seiner Ehe hat er sich eine Scheinwelt aufgebaut. Im Namen der Ehre hat er sogar dreimal geheiratet.

Man muss bei seinem Vater und in den 50er-Jahren beginnen, um zu verstehen, wie Serkan wurde, wie er ist. Was sein Vater vorlebte, machte der Sohn ihm später nach. »Mein Vater war ein Händler – spezialisiert auf Schafe«, beginnt Serkan. Und beinahe beiläufig: »So konnte er zwei Frauen in unterschiedlichen Städten haben.« Er schiebt hinterher: »Damals waren das noch andere Sitten.«

Die erste Frau des Vaters wohnte im zentralanatolischen Tokat und war die Mutter der ersten drei Söhne. Serkan sagt, es sei keine glückliche Ehe gewesen. »Eigentlich auch eine Zwangsheirat.« Die zweite Frau fand der Vater in Gaziantep, in Südostanatolien. Das Modell mit den zwei Frauen ging gut, solange die Gattinnen wenig miteinander zu tun hatten. Das änderte sich, als der Vater seine Reisewege rationalisierte und den Wohnsitz der ersten Frau nach Gaziantep verlegte. »Damit ging der Krieg los«, sagt Serkan. Zumal der Vater wenig feinfühlig war und die Frauen in ein und dasselbe Haus einquartierte, wo er die Stockwerke wechselte wie es ihm beliebte. »Das ging nicht gut«, sagt Serkan. »Mein Vater trennte sich von der ersten Frau, nahm die gemeinsamen Söhne zu sich und lebte nur noch mit der zweiten Frau zusammen. Meiner Mutter.«

Vielehe ist auch in der Türkei seit 1926 verboten. Doch der Vater berief sich auf dem Islam und auf die Sure 4, Vers 3, in der es heißt: »… heiratet, was euch an Frauen beliebt, ein jeder zwei, drei oder vier.« Auch das Recht, die Söhne zu sich zu holen, begründete der

Vater mit seinem Glauben. Serkan lernte von ihm, dass ein Vater die Pflicht hat, die Kinder ab einem gewissen Alter zu sich zu nehmen. Schließlich muss sich der Mann um die religiöse Erziehung der Kinder kümmern. Serkan hat überhaupt vieles von seinem Vater gelernt: Auch er wurde später Geschäftsmann. Auch er war mit zwei Frauen gleichzeitig verheiratet und nahm seiner Zweitfrau die Tochter weg.

Kurz nach Serkans Geburt 1973 ließ sich der Vater in die Gastarbeiterliste eintragen. Seine fünfköpfige Familie zu ernähren fiel ihm schwer. Die Schafe fanden weniger Absatz. In Berlin erhoffte er sich, die mageren Geschäftsjahre zu überbrücken.

Die Ankunft Anfang der 70er muss für den konservativen Vater ein Schock gewesen sein. Es war die Zeit der Hausbesetzer, der Punks und der Frauenbewegung. Der Vater reagierte auf die freizügige Westberliner Atmosphäre mit einer strengen Erziehung seiner Kinder. »Mein Vater hat uns nie geschlagen oder angeschrien«, sagt Serkan, »aber er hat uns auch nie in den Arm genommen, geküsst oder über die Haare gestreichelt.« Verlängerter Arm der Erziehung war der Imam. Der Vater schickte Serkan ab dem sechsten Lebensjahr zu ihm. In der Koranschule lernte er die arabischen Zeichen und den Koran zu entziffern.

Die Strenge des Vaters glich die Mutter aus. Über sie sagt Serkan, sie sei eine »perfekte Mutter gewesen, liebevoll und fürsorglich«. Doch auch sie setzte ihrem Sohn Schranken. Noch mit 16 musste Serkan vor Anbruch der Dunkelheit wieder zu Hause sein. Bei Freunden übernachten? Tabu. Über Mädchen sprechen? Unmöglich. Eine Freundin haben? Ausgeschlossen. Genau wie über Sexualität zu sprechen. Zärtlichkeit zwischen seinen Eltern hat Serkan nie gesehen.

»Sie hätten uns vielleicht ein paar mehr Freiheiten geben können«, sagt Serkan. »Aber sie waren eben konservativ, ihre Fehler haben sie nicht absichtlich gemacht.«

Die Fehler, die die Eltern in der Erziehung machten, zeigten sich in der Schule. Dort fiel Serkan als Rebell auf, der sich von niemandem etwas sagen lassen wollte. Mit dem Biologielehrer legte er sich an, als der von Darwins Theorie erzählte. Serkan weigerte sich zu glauben, der Mensch stamme vom Affen ab. In der Koranschule hatte er doch gelernt, dass die Welt eine intelligente Schöpfung Allahs und der Mensch die Krone derselben sei. Auch von der Englischlehrerin fühlte sich Serkan provoziert. Als sie ihn aufforderte, einen Stuhl zu holen, weigerte er sich. Die Lehrerin drohte mit einem Verweis. Serkan »scheuerte ihr eine«, wie er sagt. Er flog von der Schule, ohne Abschluss. »Ich hatte sowieso keinen Bock damals.« Auf die Schule nicht und auf seine Ausbildung zum Tischler auch nicht. Die meiste Zeit fehlte er dort. Trotzdem schaffte er die Gesellenprüfung und bekam eine Anstellung bei einer Schreinerei. »Ich sollte dort den ganzen Tag lang wie ein Roboter die gleiche Arbeit machen.« Nichts für ihn. Nach zwei Stunden ging er ins Büro und kündigte.

Serkan setzte immer seinen Kopf durch. Das zeigte sich auch während eines Heimaturlaubs in Gaziantep. Bei einem der Besuche in der Verwandtschaft erfuhr der 17-Jährige von einem unverheirateten Mädchen in Istanbul. »Sie war die Schwester der Frau meines Cousins und genauso alt wie ich«, erzählt Serkan. Plötzlich hatte er die Idee, zu heiraten. Durch eine Ehe konnte er von den vielen Zwängen daheim flüchten. Der Gedanke verlockte ihn. Das Mädchen hatte er zwar noch nie gesehen, aber er kannte die Familie und mochte sie. Serkan sagte sich: »Wenn die Mutter gut ist, kann die Tochter auch nicht schlecht sein.«

Er beschwor seine Eltern, einen Besuch zu vereinbaren. Und so saß er wenige Tage später beim traditionellen Mokkatrinken im Haus seiner zukünftigen Braut. Serkan ahnte, dass eine Hochzeit sein Ticket in die Freiheit sein konnte. Als er mit seinem Mokkatässchen in der Hand im Wohnzimmer saß, lief das Mädchen einmal kurz an der Türe vorbei. »Ich habe sie gar nicht richtig gesehen.« Aber dieser kurze Eindruck genügte. Zurück in Berlin teilte Serkan seinen Eltern mit, dass er das Mädchen heiraten wolle. »Meine Mutter warnte mich noch. Sie sagte, ich sei zu jung.« Serkan aber schaltete auf stur. »Ich hab einen regelrechten Aufstand gemacht. Zu meinen Eltern habe ich gesagt, entweder sie oder keine.« Die Eltern griffen zum Telefon. Sie vereinbarten einen neuen Besuch zur Brautwerbung. Ein halbes Jahr später saß Serkan mit seinen Eltern wieder im Flugzeug Richtung Istanbul.

Diesmal hatte er kurz Gelegenheit, Nuran kennenzulernen. »Fünf Minuten haben wir uns unterhalten. Da gab es nicht viel zu besprechen.« Er wusste ja schon, was er wollte. Nuran war ein schüchternes Mädchen. Viele Männer waren schon zu ihr zum Mokkatrinken gekommen. Bislang hatte sie jeden abgelehnt. Serkan aber akzeptierte sie, weil er ihrer Schwester im Traum erschienen war. Vielleicht dachte Nuran, der junge Mann aus Deutschland sei ihr Schicksal und der Traum eine Garantie für eine glückliche Ehe. Sie stimmte dem Antrag zu. Eine Woche später stand das junge Paar vor dem Imam, ein paar Tage später folgte die Trauung im Standesamt. Serkan war von nun an ein freier Mann. So dachte er jedenfalls.

Zurück in Berlin lief zunächst alles nach Plan. Die Eltern unterstützten Serkans Unabhängigkeit. Sie suchten ihrem Sohn eine eigene Wohnung – die Bedingung für die Familienzusammenführung. Die Miete sollte sich Serkan als Hausmeister verdienen: Treppen wischen, die Hecke schneiden und den Müll wegräumen. Dass das nicht gut gehen konnte, hätte den Eltern klar sein müssen. Schließlich hatte sich ihr Sohn bis dahin noch nie etwas sagen lassen. Und tatsächlich behielt Serkan den Job keine zwei Monate: »Die Mieter haben mich herumkommandiert – da hab ich gekündigt.«

Serkan fand schnell eine Alternative, die ihm mehr zusagte. Er heuerte als Türsteher in Diskotheken an, sortierte die Gäste aus und ließ die schönsten Frauen passieren. Er lernte das Berliner Nachtleben kennen und holte all das nach, was ihm durch die strenge Erziehung verwehrt gewesen war: Er probierte erstmals Marihuana, trank Bier und Wodka. Jede Woche lernte er neue Frauen kennen, einige nahm er mit zu sich in die Wohnung. Dass er verheiratet war, schien er vergessen zu haben.

Die Erinnerung kam zurück, als die Eltern mit den Vorbereitungen für die Hochzeit begannen. Serkan wollte an seinem Leben nichts ändern. Er ging zu seinen Eltern und verkündete: »Ich liebe sie nicht, wir müssen die Hochzeit annullieren.« Aber zu diesem Zeitpunkt ging es längst nicht mehr um die Frage, wie Serkan zu seiner zukünftigen Frau stand. Die Ehe war ja bereits geschlossen. Die Eltern waren überzeugt, ihr Sohn würde durch eine Absage die Ehre des Mädchens verletzen. Die Verwandtschaft hätte denken können, dass Serkan seine junge Braut schon entjungfert hatte. Also musste er Nuran nun zu sich holen, ob er wollte oder nicht.

Serkan bekam Angst. Er war 19 Jahre alt und hatte gerade Gefallen an seiner Freiheit gefunden. Plötzlich wurden ihm die Kehrseiten seiner Heirat bewusst. Er musste von nun an treu sein, einen geregelten Job annehmen und genug Geld verdienen, um eine Familie zu ernähren. Eine Vorstellung, die ihm wie ein Gefängnis vorkam. Und das Mädchen wie ein Kerkermeister.

»Sagt ihr doch, dass ich auf Abwege gekommen bin, dass ich ein schlechter Ehemann wäre und sie bei mir unglücklich würde«, versuchte Serkan seinen Eltern einzureden. »Du hast keine andere Wahl«, sagte ihm der Vater. Die Mutter appellierte an seine Ehre. Und Serkan merkte, dass er die Hochzeit, die er anfangs selbst gewollt hatte, nicht mehr absagen konnte. Plötzlich war die einstige Wunschhochzeit eine Hochzeit aus Zwang.

Dass auch Männer Opfer von Zwangsverheiratung werden können, ist in Deutschland vor allem durch die Arbeit des Pädagogen Ahmet Toprak bekannt geworden. In seinem Buch »Das schwache Geschlecht – die türkischen Männer« untersuchte er das Eheleben türkischer Männer der zweiten und dritten Generation. Zwangsehen für Männer hält er für eine Disziplinierungsmaßnahme der Eltern. Bei Serkan war der Fall jedoch ein anderer. Nicht seine Eltern, er selbst hatte sich die Hochzeit gewünscht.

An jenem Tag im Oktober 1992, als Nuran in Berlin landete, warteten nur ihre Schwiegereltern am Flughafen. Serkan vertrieb sich die Zeit in der Stadt. Das Heimkommen zögerte er an diesem Tag so lange wie möglich hinaus. Erst abends tauchte er auf, als seine Ehefrau längst im Wohnzimmer der Eltern saß. Nuran mag eine andere Begrüßung erwartet haben. Ihr Bräutigam war wie verändert. Statt sie freudig zu begrüßen, forderte er sie auf, sofort wieder abzureisen. »Ich habe ihr gesagt, dass ich sie nicht liebe. Und dass ich bereit sei, alle Schuld auf mich zu nehmen.« Nuran verstand sofort und schüttelte den Kopf. Es ging um ihre Ehre. Serkan sah seine Braut wütend an. Eine attraktive Frau, die ihm eigentlich gefallen hätte müssen. Doch für ihn hatte sie jede Anziehungskraft verloren. »Wenn du bei mir bleibst«, zischte er ihr zu, »kannst du dein blaues Wunder erleben.« Die junge Frau blieb. »Sie hatte sich selbst aufgegeben«, sagt Serkan. »Sie hat sich für die Familienehre geopfert und mich mit dazu.«

Die nächsten zehn Tage schlief Serkan allein in seiner Wohnung in Spandau und Nuran bei seinen Eltern. Noch durften sich Braut und Bräutigam einander nicht nähern. Die Ehe vollziehen musste Serkan erst nach der offiziellen Hochzeitsfeier in der Moschee. Die Eltern setzten auf eine religiöse Zeremonie, so wie sie heute nur noch wenige Muslime in Deutschland pflegen. Die Erinnerung an diesen Tag ist bei Serkan mit einem Grauschleier überzogen. Auf den Hochzeitsbildern sieht man einen Mann im lilafarbenen Anzug neben der Braut im weißen Kleid mit roter Schärpe. Keiner von beiden lächelt. »Wie vor dem Gang zum Henker hab ich mich gefühlt«, sagt Serkan. Die klassischen Hochzeitswünsche kamen ihm wie Hohn vor. Ein Gast wünschte ihm, er möge mit seiner Braut auf gemeinsamen Kissen alt werden. Ein anderer sagte: »Mann und Frau sollen wie zwei Zwillingshälften sein.« Serkan wäre am liebsten weggelaufen. Aber es war zu spät. Vor der Umma, der muslimischen Gemeinde, war seine Ehe nun bekannt. Er musste von nun an für Nuran sorgen, so wie es der Koran vorschreibt. Und er musste ab sofort mit ihr schlafen, das war seine Pflicht als muslimischer Ehemann. Aber er hatte auch Rechte, die ihm das Leben leichter machen sollten. Laut Koran durfte er mehrere Frauen heiraten und auf die Gehorsamkeit und Treue von Nuran pochen.

Wie es die Tradition will, aßen beim Festmahl Frauen und Männer getrennt. Erst am Ende der Feier standen sich Braut und Bräutigam gegenüber. Nun musste Serkan mit seiner Frau in ein Auto steigen, das sie in seine Wohnung brachte. Die einzige Tradition, auf die Serkans Eltern verzichteten, war, das Laken des Brautpaars nach der ersten gemeinsamen Nacht sehen zu wollen. Ist es blutbefleckt, gilt das als Zeichen, dass die Frau unberührt in die Ehe gegangen ist.

Nach Serkans und Nurans erster gemeinsamer Nacht blieb das Laken weiß: Serkan hatte nicht mit Nuran geschlafen. Stattdessen beschloss er, sein Leben von nun an aufzuteilen in eines außer Haus und in eines, in dem er den verheirateten Mann spielte. Trotz allem wollte Serkan seine Freiheit in vollen Zügen genießen. Nuran treu zu bleiben, nahm er sich gar nicht erst vor. Schließlich konnte ihm niemand vorschreiben, wie er sein Leben zu führen hatte, solange er seinen Pflichten nachkam. Und das tat er. Regelmäßig lieferte Serkan Geld bei Nuran ab, das er weiterhin im Berliner Nachtleben als Türsteher verdiente.

Sein erstes Mal mit Nuran hat er verdrängt, sagt Serkan. Nachts drehte er sich im Ehebett um oder zog auf die Couch. Er spürte, wie sehr er damit seine Frau verletzte. Mitleid wollte er nicht zulassen. Das alles war doch ihre Schuld. Sie hätte nicht bei ihm bleiben müssen. Aber ihm war bewusst: »Wenn ein muslimischer Mann mit seiner Frau in bestimmten Abständen keinen Sex hat, ist deren Ehe ungültig.« Wenn er mit Nuran schlief, tat er dies widerwillig. »Aber ich musste ihr das ja geben. Woher soll sie sich denn sonst Befriedigung schaffen? Sie hat ja nur diese eine Chance auf einen Mann.«

Manchmal blieb Serkan tagelang außer Haus. »Ich war wie ein Straßenköter. Wenn man kein Zuhause hat, das einem gefällt, ist alles andere besser.« Die Eltern lösten die Wohnung ihres Sohnes wieder auf. Sie richteten dem jungen Paar ein Zimmer im Hinterhof ihres Wohnblocks ein. Knapp 15 Quadratmeter, ein Fenster, Raufasertapete. »Ein Loch, in das wir uns nachts verzogen«, sagt Serkan. »Tags waren wir bei meinen Eltern oben in der Wohnung.«

Die Hochzeit hatte Serkan geradewegs zurück in den Schoß seiner Familie geführt. Wenn er nicht daheim erschien, merkte die Mutter das sofort. »Das war psychischer Stress«, sagt Serkan. »Ich hörte immer nur Vorwürfe, dass ich kein guter Ehemann sei. Niemand interessierte, ob ich überhaupt einer sein wollte.« Er flüchtete sich in den Exzess.

Was er zu Hause nicht fand, suchte er im Berliner Nachtleben. Er ließ sich als Aufpasser engagieren, in Nachtcafés und Diskotheken. Er schnupfte Kokain und feierte mit den Frauen bis spät in den Morgen. »Ich war ein typischer Macho, ohne Ziele. Ich habe nur so in den Tag hineingelebt: Frauen, Drogen, Schlägereien – nur Kopfschmerzen. Nichts davon ist im Islam erlaubt.« Anders als Nuran, die daheim bei seinen Eltern saß, führte Serkan ein Leben, das ihm gefiel. »Sex war mein Hobby«, sagt er, »das war wie Sport, ohne Gefühle.« Ein Sport, der ihn nicht befriedigte. Er war besessen von Frauen, manchmal lagen zwei oder drei gleichzeitig bei ihm im Bett. Er schlief mit ihnen, dann rief er sie nie wieder an. Je größer sein Erfolg bei ihnen war, desto weniger Respekt hatte er. Er nannte die Frauen »Schlampe« oder »Nutte«. Zumindest bei diesen Frauen behielt er die Oberhand. Da konnte er zeigen, dass er sich nichts gefallen ließ. Bei ihnen konnte er die Aggression, die er gegenüber Nuran empfand, ausleben. »Ich habe die Frauen wie Dreck behandelt«, sagt Serkan. »Wie es ihnen ging, das war mir egal.« Er lässt sich tiefer in seinen Stuhl sinken. Er sagt: »Dabei hatten sie alle einen besseren Charakter als ich.«

Nuran hätte Serkan niemals »Schlampe« genannt oder sie beschimpft, auch wenn er sie insgeheim dafür hasste, sich in sein Leben geschlichen zu haben. In den Augen seiner Familie machte sie alles richtig: Sie war eine brave Ehefrau, kochte, putzte und sorgte für ihren Ehemann. Serkan aber konnte ihre Gegenwart kaum ertragen.

Nach außen musste die Ehe funktionieren. »Ich habe jahrelang allen etwas vorgespielt«, sagt Serkan. »Und alle spielten mit.« Bei Besuchen innerhalb der Großfamilie tauchte Serkan mit Nuran auf. Ihren Eltern in der Türkei schickten sie Familienfotos. Lächeln sieht man Serkan darauf nicht. »Niemand hat mich je gefragt, wie es mir eigentlich geht. Ich musste einfach funktionieren, Geld nach Hause bringen und alle versorgen.« Wenn Serkan mit Nuran schlief, versuchte er, an die anderen Frauen zu denken, denen gegenüber er keine Verpflichtungen hatte. Mit jeder halbwegs attraktiven Frau konnte er schlafen, aber mit seiner eigenen fiel es ihm schwer. »Wenn man muss und man will nicht – dieses Gefühl wünsche ich keinem. Nicht einmal meinem größten Feind.«

Anders als Frauen, die unter Zwang verheiratet werden und deren Leben sich fortab unter der Kontrolle der neuen Familie abspielt, hatte Serkan Freiheiten. Niemand kontrollierte, ob er seiner Frau treu war, ob er Drogen nahm und wie er sein Geld verdiente. Allerdings: Je mehr er sich gegen seine Zwangsehe wehrte, desto unerträglicher wurde die Situation für Nuran. Möglichkeit, sich zu wehren, hatte sie nicht. Ohne Ausbildung, genügend Deutschkenntnisse und ohne Rückhalt in ihrer Familie war sie auf Serkan angewiesen.

Serkan weiß, dass er nicht das einzige Opfer seiner Zwangsehe ist. »Meine Frau ist nicht nach Deutschland gekommen, weil sie mit meinen Eltern auf der Couch sitzen wollte.« Er sagt, er wollte sich ihr gegenüber nicht schlimmer verhalten, als nötig. Als Nuran sich ein Kind von ihm wünschte, gab er nach. Wie sein Sohn Laufen und Sprechen lernte, bekam er nicht mit. Er beschränkte sein Vatersein aufs Zahlen: »Es hat an nichts gefehlt, sie konnte dem Kind alles kaufen.« Serkan nahm einen Job auf dem Bau an. Der Chef der Baufirma engagierte ihn als Aufpasser, er sollte die anderen Arbeiter antreiben und aufpassen, dass niemand sich vor der Arbeit drückte. Er wurde für etwas bezahlt, das er gut konnte – Kontrolle üben.

Serkan stürzte sich in Arbeit und ins Nachtleben. In einer Edel-Disko in Charlottenburg lernte er Janka kennen. Eine hübsche 19-Jährige aus Ungarn mit langen braunen Haaren, die Serkan schüchtern zulächelte. Serkan sprang an, wie immer. Doch diese Frau wollte er nicht nur für eine Nacht. Es war ihm ernst. Nach einem halben Jahr nahm er Janka mit zum Imam und ließ sich religiös verheiraten. Er wollte in geregelten Verhältnissen leben. »Die Beziehung sollte rein sein«, sagt Serkan. Er war 23 Jahre alt und hatte von nun an zwei Frauen.

Die Biografie seines Vaters begann sich zu wiederholen. Janka richtete er eine Wohnung ein, im Stadtteil Tempelhof. »Dass sie meine zweite Frau war, hat sie nicht gestört.« Ganz anders war das für Nuran. »Sie hat geweint«, sagt Serkan. Nicht aus Eifersucht, sondern wegen ihrer ausweglosen Lage: »Sie wusste, dass sie bei einer Trennung unseren Sohn bei mir hätte lassen müssen.« Er gab ihr den Rat, sich mit der Doppelehe abzufinden. Schließlich war er überzeugt, eine gottesfürchtige Frau müsse so etwas akzeptieren.

Serkans Blick auf die Welt und seine Vorstellungen von Gerechtigkeit, überschneiden sich nicht immer mit hier geltenden Gesetzen. Wenn er über seine Sicht der Dinge spricht, klingt es, als sei er in einer Parallelwelt gefangen, von der er nicht weiß, wie er daraus fliehen soll. »Ich hätte ihr unseren Sohn ja gar nicht wegnehmen wollen. Aber alle hätten das nach einer Trennung von mir erwartet.«

Nach Jankas Umzug pendelte Serkan zwischen den Wohnungen, wie einst sein Vater. Die Hälfte der Zeit wohnte er bei Nuran, die andere bei Janka. »Einen Tag da, den anderen dort.« Das Privileg, zwei Frauen zu haben, war für Serkan bald eine Belastung. Wenn er von einer Nacht bei Janka heimkam, weinte seine Mutter, die wusste, wie es ist, als Zweitfrau in eine Ehe zu gehen. Auch der Vater drängte seinen Sohn, sich von Janka zu trennen. Immerhin war sie keine Muslima. Serkan stand unter Druck, zumal auch Janka Forderungen stellte. »Sie wollte unbedingt Mutter werden«, sagt Serkan. »Ich hatte sie gewarnt: Wenn wir uns jemals trennen, dann bleibt das Kind bei mir. Weil das so im Islam geregelt ist.« Janka brachte eine Tochter zur Welt, Hülya. Das Abenteuer wurde ernst. »Sie war wie eine türkische Frau. Sie blieb zu Hause und wartete.«

Serkan kam seinen Verpflichtungen nach. »Wenn man zwei Frauen hat, muss man gerecht sein.« Und dann erwartete auch Nuran wieder ein Kind. Damit hatte Serkan nicht gerechnet. »Das war ein Schock für mich. Meine Frau hatte mir gesagt, dass sie die Pille nimmt.« Er fühlte sich hereingelegt. »Dahinter steckte meine Mutter. Sie wollte, dass ich wegen des zweiten Kindes mehr zu Hause bin.«

Der Pädagoge Toprak sieht in einer erzwungenen Vaterschaft den letzten Versuch der Eltern, ihren Sohn zur Vernunft zu bringen. Doch falls Serkans Mutter tatsächlich vorgehabt hatte, ihn durch das zweite

Kind enger an seine Frau zu binden, dann scheiterte der Plan. Seine Reaktion auf die Geburt seines zweiten Sohns war die übliche: Er flüchtete.

Serkan dreht das Gläschen mit dem Tee, der inzwischen kalt geworden ist, in der Hand. »Ich liebe alle meine Kinder, auch wenn es besser gewesen wäre, sie nicht zu zeugen.« Inzwischen ist sein Sonntag für die Kinder reserviert. Dann geht er mit ihnen ins Kino, Billard spielen oder manchmal ins Schwimmbad. Nur seine Tochter Hülya nimmt er zum Schwimmen nicht mit. Sie ist bereits 15 Jahre alt, da gehöre es sich nicht, im Badeanzug herumzulaufen. Bei der Erziehung setzt er auf das, was er von seinen Eltern gelernt hat. Aber er will seinen Kindern mehr Freiheiten geben: Hülya muss kein Kopftuch tragen, auch wenn Serkan es sich wünschen würde. Er weiß, dass seine Tochter ständig verliebt ist – »mal in den und mal in den«. Das sei in Ordnung. Sex vor der Ehe aber erlaubt er ihr nicht. »Verhindern kann ich es nicht, wie soll das gehen? Mit einem Keuschheitsgürtel?«

Die ersten vier Jahre ihres Lebens lebte Hülya in Berlin. Serkans Eltern hatten sie in die Familie aufgenommen. Janka aber akzeptierten sie nicht. »Alle wollten, dass ich mich von ihr trenne.« Serkan spricht von »Psychoterror«, davon, wie seine Eltern ihn immerzu drängten, Janka zu verlassen. »Immer Vorwürfe, immer Tränen und Geheule«, sagt er. Er packte einen VW-Bus voll mit Jankas Möbeln – Kühlschrank, Waschmaschine, Bett – und schickte sie zurück nach Ungarn, zu ihren Eltern. Er plante, sie jeden Monat zu besuchen. Eine Ehe auf Distanz. Er glaubte, alles unter Kontrolle zu haben.

Bis er Janka nur noch seltener erreichen konnte. Er rief die Nachbarin an, die ihm erzählte, Janka habe einen Job als Köchin. Serkan war außer sich vor Wut. »Ich habe ihr jeden Monat 1000 DM überwiesen. Mehr als genug, damit sie nicht arbeiten musste und ihre Zeit unserer Tochter widmen konnte.« Beim nächsten Besuch verpasste er ihr Ohrfeigen. Serkan war es gewohnt, Frauen zu diktieren, wie sie ihr Leben zu führen hatten. Inzwischen kann er Janka aber verstehen. Er räumt ein: »Vielleicht war ihr damals langweilig.«

Als Janka ein zweites Mal nicht ans Telefon ging, stieg Serkan sofort in den Flieger nach Ungarn. »Ich bin noch am selben Tag in ihre Wohnung, habe mich dort in einen Sessel gesetzt und auf sie gewartet.« Es war schon Nacht, als Janka nach Hause kam und Serkan im Halbdunkel sah. »Sag mir die Wahrheit«, drohte er ihr, »hast du einen Geliebten?« Janka wusste, dass es gefährlich sein konnte, Serkan zu provozieren. Sie wusste, dass er leicht die Beherrschung verlor. Und trotzdem sagte sie, wie aus Trotz: »Ja, habe ich.« Sie riskierte ihr Leben.

Serkan sprang auf und lief in die Küche. Er zog ein langes Messer aus der Schublade. Er war rasend vor Eifersucht und wütend darüber, dass seine Frau es wagte, ihn zu hintergehen. Dass ihm, der mit Frauen doch immer machen konnte, was er wollte, einmal eine Frau wehtun würde, damit konnte er nicht umgehen. Serkan formuliert es so: »Sie hat mich in meiner Ehre gekränkt.«

Er lief auf Janka zu, die um ihr Leben schrie und damit die vierjährige Hülya weckte, die plötzlich im Nachthemd in der Küche stand. Sie weinte, als sie sah, wie der Vater ihre Mutter bedrohte. Als Serkans Blick auf sie fiel, versteckte er das Messer hinter seinem Rücken. Zu Janka sagte er: »Sei Gott dankbar, dass deine Tochter gekommen ist.« Dann verließ er die Wohnung.

Wenn Serkan von seiner Vergangenheit erzählt, spricht er wie von einem anderen Leben. Manchmal lacht er. Manchmal spuckt er die Worte beinahe aggressiv aus. Manchmal schüttelt er aber auch den Kopf. Er ist entwaffnend ehrlich, das ist seine Stärke. Er erwartet keinen Freispruch, kein Urteil, er will die Vergangenheit loswerden, abschütteln. Es passt nicht mehr in sein neues Leben als gläubiger Muslim.

In Ungarn stellte die Polizei Serkan noch in derselben Nacht. Ein Sondereinsatzkommando mit fünf Wagen und schwer bewaffneten Polizisten. Auf der Wache schlug Serkan ein Doppelfenster zu Bruch. Er schrie, tobte, schlug um sich. Die Polizisten hielten ihm die Tatwaffe vor. Serkan, der nie um eine Ausrede verlegen war, behauptete, Janka habe das Messer gegen ihn gerichtet. »Sehe ich etwa aus wie einer, der ein Messer in die Hand nimmt und nicht zusticht?« Ein Argument, das die Beamten sprachlos machte.

Das Leben, sagt Serkan, sei für ihn wie ein Spiel zwischen Katz und Maus. Wenn man erwischt wird, müsse man das akzeptieren. Aber zuvor müsse man alles tun, um das zu verhindern. Die Kommissarin fragte ihn, für wen er sich denn halte, mehrere Frauen gleichzeitig zu haben. Dass er ja wohl kein türkischer Haremsbesitzer sei? Serkan entgegnete: »Wissen Sie, wo Ihr Mann gerade ist? Wie viele Frauen der vielleicht hat? Wir Türken kümmern uns zumindest um unsere Frauen. Jeder weiß, wer zu mir gehört.« Die Kommissarin, erzählt Serkan, konnte ihm nichts mehr erwidern. Die junge Übersetzerin aber, die zwischen den beiden vermittelte, schien er überzeugt zu haben. Ilona wurde später seine dritte Frau.

Wenn Serkan etwas will, bekommt er es meistens. Er ist ein Überredungskünstler, einer, der mit Nachdruck seine Meinung behaupten kann. Ein intelligenter Manipulator. Nach der Messerattacke kam er mit einer Einstweiligen Verfügung davon. Janka durfte er sich nun nicht mehr nähern. Doch los war sie ihn noch lange nicht.

Zunächst aber nahm ihren Platz als Zweitfrau Ilona ein – die Polizistin, die für Serkan dolmetschte. Er sah sie kurz nach seiner Haft wieder, in einem Budapester Restaurant. Ein Zufall. Die 20-Jährige saß ein paar Tische weiter. Serkan ging zu ihr und sprach sie an. Ilona reizte ihn, weil er mit ihr nicht so umspringen konnte wie mit den anderen Frauen. Bis zum ersten Kuss musste er sich drei Monate gedulden – eine Zeit, während der Serkan zwischen Berlin und Budapest pendelte. Er zeigte all seine Verführungskunst, war charmant, lud sie zum Essen ein und erzählte ihr Halbwahrheiten, wie die, dass Janka ihn betrogen habe und er nichts mehr von ihr wissen wolle. Er versprach Ilona, ihr immer treu zu sein. Sie vertraute Serkan. Möglicherweise sah sie in ihm einen sensiblen Mann, der Opfer seiner Ehen wurde. Vielleicht war es auch die Hoffnung, ihn ändern zu können, die Ilona dazu bewogen hat, mit ihm nach Berlin zu kommen.

Doch Serkan änderte sich nicht. Auch Ilona heiratete er vor dem Imam. »Ich wollte immer, dass meine Ehen sauber sind«, sagt Serkan. »Für mich wäre es nur Betrug an meiner Frau gewesen, wenn ich die andere nicht geheiratet hätte. So war es zumindest offiziell.« Mit Janka dagegen war es aus. Die Imam-Ehe hatte keine Gültigkeit mehr. Schließlich hatten sie schon seit Monaten keinen Sex mehr. »Nach drei Perioden ist die Frau wieder rein«, sagt Serkan. Dann kann sie sich einen neuen Mann suchen.

Zwei Jahre lang pendelte er zwischen Kreuzberg, wo er mit Nuran wohnte, und Schöneberg, wo er Ilona eine Wohnung besorgt hatte. Dann offenbarte er Nuran: »Ich kann so nicht mehr leben.« Er nahm seine Sachen und ging. Offiziell aber blieben die beiden ein Paar. Die Familie in der Türkei erfuhr kein Wort von Serkans Auszug. Auch seine Geschwister und Eltern schwiegen über die Trennung. In der Moschee und bei Hochzeits- oder Beschneidungsfesten, wo Nuran immer alleine erschien, hieß es, Serkan sei auf Geschäftsreise.

Unterdessen führte dieser mit Ilona ein Eheleben wie in einem amerikanischen Film der 50er-Jahre. Morgens verabschiedete seine Frau ihn mit einem Küsschen und gab ihm eine Brotzeit mit. Nach der Arbeit ging Serkan mit ihr ins Kino oder zum Essen. Ilona vertrieb sich die Zeit, indem sie Kochrezepte studierte. Jeden Tag fragte sie ihren Mann, was er morgen essen wolle. Serkan fühlte sich wohl und verstanden. »Wir waren eine Familie. Ich wollte immer mit ihr zusammenbleiben.«

Die Beziehung zu Ilona verlieh Serkan Rückenwind. Er verließ seinen Arbeitgeber und machte sich mit einem kleinen Bauunternehmen selbstständig. Er hatte Erfolg, konnte Mitarbeiter engagieren und eine Sekretärin. Nuran aber verließ er nicht. Zu Ilona sagte er, in Deutschland würde eine Scheidung lange dauern. Manchmal überlegte er, wie es wäre, die Fesseln seiner Ehe abzustreifen und mit Ilona in Freiheit zu leben. Aber die Scheidung hat er niemals eingereicht. »Ein Mann, der sich von seiner Frau trennt, ist bei uns gescheitert.« Die Fesseln wurden enger.

Als der Vater einen Schlaganfall hatte, fühlte sich Serkan schuldig – immerhin war er das »schwarze Schaf der Familie«. Sein Vater dagegen war für ihn immer eine moralische Instanz gewesen. Ihn hatte Serkan nie in einer »schlechten Umgebung« gesehen, etwa in einem der Männercafés, in denen man trinken und um Geld spielen konnte. »Ich dachte mir, wie lange leben meine Eltern noch?«

Serkan wollte einen neuen Abschnitt im Leben beginnen. Er wollte einiges in Ordnung bringen. Ilona sagte er die Wahrheit: dass er sich niemals von Nuran trennen könne. »Ich wollte ihr das Leben nicht verbauen.« Seine Stimme ist nun weicher. Serkan atmet schwer ein. »Ich habe ihr Leben und auch das der beiden anderen Frauen zerstört.«

An seiner Bürotür laufen zwei Männer vorbei. Serkan sieht ihnen nach und sagt: »Hätte man mich nicht gezwungen zu heiraten, ich wäre ein besserer Mensch geworden.«

Ilona setzte er in den Flieger zurück nach Ungarn. Erst als er daheim die Türe hinter sich geschlossen hatte, trauerte er. »Ich habe die einzige Frau, die ich je geliebt habe, gehen lassen.« Serkan hatte bereits für den Fall einer Trennung vorgesorgt. Er wollte zumindest für ihren finanziellen Schaden aufkommen und hatte ein Sparkonto eingerichtet, auf das er seit Monaten 400 Euro einzahlte – genauso viel, wie sie als Polizistin in Ungarn verdient hatte. Außerdem kaufte er ihr eine Zweizimmerwohnung in der Nähe von Budapest. Zwei Jahre vergingen, in denen Serkan jeden Tag an Ilona dachte. »Sexuell war ich wie blockiert. Ich habe wie ein Mönch gelebt.« Nun erst, Jahre nach der Hochzeit mit Nuran, begann Serkan unter der Scheinwelt, die er sich aufgebaut hatte, zu leiden.

Doch seine Familie war noch nicht zufrieden. Schließlich war die Tochter noch in Ungarn. Er musste Hülya zu sich holen, alle erwarteten dies von ihm. Seine Tochter war nun zehn Jahre alt – er hatte die Verantwortung, sie nach dem muslimischen Glauben zu erziehen.

»Janka dachte, der Teufel steht vor ihrer Türe, als sie mich sah«, sagt Serkan. Fünf Jahre lang hatte er nichts mehr von sich hören lassen. Serkan glaubte gerecht zu handeln und stellte Janka vor die Alternative: Entweder sie ging mit ihm nach Berlin – oder sie würde ihre Tochter nie wieder sehen. »Ich habe ihr keine Wahl gelassen«, sagt er heute. Über Gefühle zu sprechen, fällt Serkan schwer. Er kann nicht beschreiben, wie seine Tochter Hülya sich damals fühlte. »Sie wollte mit mir nach Berlin, ich war doch ihr Vater.«

In Berlin quartierte er Janka und Hülya in eine Kreuzberger Wohnung ein, nur eine U-Bahn-Station von Nuran und ihm entfernt. So konnte seine Tochter ganz leicht zwischen den Wohnungen hin- und herpendeln. Drei, vier Tage sollte sie bei ihrer Mutter sein, die restliche Zeit bei Serkan und Nuran. Hülya war zerrissen zwischen zwei Familien. Plötzlich hatte sie zwei Brüder und eine neue Mutter. Sie musste auf die Schnelle Deutsch und Türkisch lernen, mit zwölf Jahren besuchte sie zudem die Koranschule. Die Patchwork-Familie scheiterte. »Janka wollte zurück nach Ungarn.« Ihm fehlte dafür das Verständnis. Schließlich gab er ihr doch alles: Eine Wohnung, Essen und das Recht, seine Tochter zu sehen. Er sagte ihr: »Du kannst gehen, aber unsere Tochter bleibt hier.« Serkan war deutscher Staatsbürger, er kannte das Rechtssystem, suchte sich einen guten Anwalt. Der Richter teilte ihm das Sorgerecht zu. Janka verließ die Stadt. Welche Not sie letztendlich aus Berlin flüchten ließ, darüber schweigt Serkan.

Er schluckt. »Es war schwer für meine Tochter damals. Jedes Kind liebt doch seine Mutter.« Weinen sah er sie nie. Serkan war viel unterwegs, verließ das Haus morgens so früh wie möglich, kam so spät wie möglich zurück. Nuran tröstete Hülya, wenn sie um ihre Mutter weinte. Sie sang für sie, wenn sie vor Kummer nicht schlafen konnte. Serkan zollt seiner Frau bis heute dafür Respekt, auch wenn er mit ihren Erziehungsmethoden nicht immer einverstanden ist. Nuran habe bereits Pläne: »Sie will unsere Tochter früh verheiraten. Sie denkt an den Cousin in der Türkei. Das ist vollkommen blöde.« Serkan schüttelt energisch den Kopf. »Meine Frau lebt hinter dem Mond. Ich werde niemals zulassen, dass meine Kinder heiraten, bevor sie ihren Partner wirklich kennen. Sonst passiert nur Unglück.« So wie bei ihm.

Der Ledersessel, in dem Serkan sitzt, wirkt plötzlich viel zu groß für ihn. Er schüttelt den Kopf. Nein, stolz ist er wirklich nicht auf seine Vergangenheit, er sucht auch kein Mitleid. Bei Ilona hat er vor ein paar Monaten angerufen. Es ließ ihm keine Ruhe. »Ich habe mich bei ihr entschuldigt, weil ich sie angelogen hatte.« Er weiß, wie viel Unglück er über sie und über Janka gebracht hat. Aber er habe es zu spät begriffen, viel zu spät.

Serkans Leben begann sich im Sommer 2007 zu ändern. An einem Abend im August saß er mit seinem Bruder und einem Freund in der Wohnung. »Wir wollten das Nachtgebet zusammen machen.« Seine religiösen Grundpflichten hatte er auch damals nicht vergessen. »Wir sind runtergegangen auf die Knie, wieder hoch, das haben wir viermal gemacht. Es war ganz ruhig in der Wohnung, nur das Knacken unserer Knie konnte man hören. Ich habe mich umgedreht, weil ich etwas Komisches bemerkt hatte. Da war plötzlich ein Nebel im Wohnungsflur, wie im Film. Ich habe meinen Bruder gefragt, ob er das auch sieht. Mein Bruder fragte zurück, ob da was brennt. Da bin ich in die Küche gegangen, aber da war nichts an, da war auch kein Kabelbrand. Im Flur war der Nebel so dicht, dass ich nicht mal mehr meine Hand sehen konnte. Ich bin ins Kinder- und ins Schlafzimmer gelaufen und dann wieder zu meinem Bruder zurück. Nichts von dem Nebel trat in die Zimmer. Wir haben weitergebetet und sahen immer wieder auf: Im Flur hat es intensiver gebrodelt, da war so ein süßlicher Geruch. Ganz am Schluss unseres Gebets, als wir *Allâhu Ekber* sagten – Gott ist groß – war der Nebel mit einem Schlag weg. Wir sind aufgestanden und in den Flur gegangen, alles war wieder ganz klar.«

Nach seiner Erzählung macht Serkan eine Pause. »Allah hat mir seine Macht gezeigt.« Serkan erzählte einem Imam von seinem Erlebnis. »Er sagte mir, dass Engel am Gebet teilgenommen hätten.« Serkan begann wieder mehr Zeit in der Moschee zu verbringen, regelmäßig zu beten und ein Leben gemäß seiner Religion zu führen. Er vertraute sich mehr und mehr dem Imam an und erzählte ihm von seiner Ehe. »Der Imam riet mir, mich mit der Zwangsehe abzufinden. Er sagte: Sei geduldig und erwarte die Früchte des Jenseits.« Die Religion wurde Serkan zum Ersatz einer glücklichen Ehe.

Ein zweites Erlebnis bestätigte Serkan in seinem Glauben. Er war auf Geschäftsreise von Polen zurück nach Deutschland. Als er einen

Anhalter am Straßenrand stehen sah, hielt Serkan seinen *Mercedes* an. Der Anhalter wäre am liebsten umgekehrt. »Er sah mich mit meinen kurzen Haaren, dem Bart und der Sonnenbrille im Wagen sitzen – da hat er Angst bekommen.« Der Pole stieg nach einigem Zögern doch ein. Serkan begann eine Unterhaltung mit dem brüchigen Polnisch, das er bei seinen Bekanntschaften im Nachtleben gelernt hatte. Er erfuhr, dass der Anhalter schon seit Stunden an der gleichen Stelle stand, kein Geld in den Taschen hatte und dass sein Magen knurrte. Bei der nächsten Gelegenheit hielt er an. Dem Tramper kaufte er einen Döner, das Restgeld der 50 Euro steckte er ihm zu. »Der konnte sein Glück gar nicht fassen. Er hat mich sogar gefragt, ob ich ein Engel bin.« Serkan antwortete stolz: »Nein, kein Engel, ich bin Muslim.«

Nun rutscht er ein bisschen höher in seinem Stuhl. »Allah hat mir die 50 Euro sofort vergolten.« Denn kaum schaltete er in Deutschland sein Handy wieder an, erhielt er eine SMS. Die Botschaft seiner Sekretärin lautete: »Chef, wir haben den Auftrag.« Serkan sagt: »Die 50 Euro hatte ich dem Mann um 15 Uhr gegeben. Das Fax mit dem Großauftrag über 80.000 Euro kam eine Minute später.« Für Serkan war dies ein erneuter Beweis für die Großmut Allahs. Ein Wunder, das sein Leben von Grund auf ändern sollte. Denn mit dem Großauftrag begann seine Karriere. Wie aus dem Nichts baute Serkan seine Baufirma auf. Um den Großauftrag zu erfüllen, schaltete er Annoncen. Er musste einen Dachdeckermeister finden und neue Mitarbeiter. Beim nächsten Auftrag brauchte er noch mehr Leute. Er wurde gefragt, ob er denn auch Maurer habe. Wieder pokerte Serkan hoch und log: »Selbstverständlich.«

Inzwischen arbeiten 30 Männer für Serkan. Sein Büro hat er in Marzahn, einem Berliner Bezirk tief im Osten, der bekannt ist für die hohen Wahlerfolge der NPD. Das Stadtbild bestimmen Platten und Glatzen. Wenn Serkan hier mit seiner schwarzen E-Klasse vor dem Büro hält, fällt er auf. Doch Serkan fühlt sich wohl in Marzahn. Manche seiner Ansichten sind ähnlich radikal wie die der Neonazis. »Die Türken in Deutschland machen viele Fehler. Wenn sich die Deut-

schen in der Türkei so aufführen würden, wie es die Türken hier tun –
dann würden viele an den Laternen baumeln. Die würden gelyncht
werden.«

Deutsche hält Serkan für zuverlässiger und vertrauenswürdiger als
Türken. Deshalb stelle er sie lieber ein. Zum Beispiel Markus, den
Malermeister, ein junger, großgewachsener Typ mit kurzen Stoppel-
haaren. Oder die schüchterne Katrin, die Soziologie studiert hat und
jetzt bei Serkan als Sekretärin arbeitet. Und da ist der 20-jährige Tho-
mas, der »nirgendwo mehr eine Chance bekommen hätte«. Serkan
erzählt von ihm, er sei auf Sinnsuche, habe sich seine Haare schwarz
gefärbt, faste und gehe regelmäßig in die Moschee. »Er will jetzt unbedingt eine türkische Frau heiraten.« Es klingt, als sei er stolz auf
seinen Angestellten. »Markus will Muslim werden«. Serkan macht
eine Pause. »Ich bin überzeugt, wenn sich der Islam wieder mehr verbreitet, dann geht das von Deutschland aus, vielleicht durch Konver-
titen.« In der Moschee, in der Serkan im Vorstand ist, beten einige
Männer und Frauen, die vom Christentum zum Islam gewechselt haben. Es ist Serkan aufgefallen, wie gewissenhaft sie die Gebete erfüllen, wie pünktlich sie sind und wie viel sie über die Religion wissen.
»Die Deutschen wären das perfekte islamische Volk: Die sitzen nicht
rum, engagieren sich, arbeiten, sind fleißig und hygienisch.« Serkan
greift nach seinem kalten Tee, er hält das Gläschen einen Moment in
der Hand. »Manchmal denke ich, dass die Deutschen viel besser sind
als wir Türken. Bei uns ist immer alles so übertrieben. Wir brauchen
so viele Regeln, vielleicht, weil wir das Schlechte in uns drin haben.«
Und weiter: »Wir setzen auf falsche Rezepte. Gewalt in den Familien, Ehrenmorde, Zwangsehen – all das existiert nur, weil wir den
Islam falsch leben. Und um etwas zu retten, das wir Ehre nennen,
schweigen wir zu alldem.«

Serkan klingt wütend. Seine eigene Zwangsehe hat ihn dazu gebracht, radikal zu denken. »Wenn es ein wirklich islamisches Land
auf der Welt geben würde, ich würde dort gerne leben.« Serkan sagt
das, obwohl er weiß, dass in einem islamischen Land die Scharia gelten würde, das islamische Recht. Dass Ehebrecher gesteinigt werden

würden. Aber er geht von einer Utopie aus, in der ein Richter immer gerecht handeln und niemand unschuldig bestrafen würde. »Bei Ehebruch müsste es vier Zeugen geben, die nicht nur das Stöhnen gehört, sondern den Vorgang auch mit eigenen Augen gesehen haben.« In einem islamischen Land, davon ist er überzeugt, wäre er niemals zwangsverheiratet worden. Er wäre auch nicht auf Abwege geraten. Wegen der strengen Strafen, aber auch, weil Männer dort nicht in Versuchung geführt würden, weil Frauen ihre Formen verhüllen würden – auf der Straße, auf den Abbildungen in den Katalogen und in den Fernsehsendungen.

Plötzlich ändert sich Serkans Tonfall. Er erzählt von dem Kinofilm »Operation Walküre« über den Hitler-Attentäter Stauffenberg. »Der Film lässt mich nicht los, seit ich ihn gesehen habe. Der Mann hat für die Freiheit gekämpft und dabei alles riskiert. Die Freiheit war ihm wichtiger als Geld oder Macht. Ich wünschte, ich wäre genauso stark. Aber ich habe damals nicht gegen meine Zwangsverheiratung gekämpft und auch nicht gegen die meiner Schwester zehn Jahre später.«

Es war im Jahr 2001, als Serkan bereits dreifacher Vater war und gerade Ilona zu sich nach Berlin geholt hatte. Seine 23-jährige Schwester Ayşe war noch unverheiratet und mit den Eltern im Urlaub in Gaziantep. »Eine Cousine stellte ihr den Bruder eines Schwagers vor.« Er erzählt, dass er das damals nicht so genau mitbekam. Er wusste nur, dass der Verkupplungsversuch erfolgreich war und Ayşe zugestimmt hatte, den Mann zu heiraten. Als sie nach dem Urlaub wieder zurück nach Berlin reiste, setzten in der Türkei die Hochzeitsvorbereitungen ein. Doch am Tag ihrer Abreise weinte Ayşe so sehr, dass sich Serkan wunderte. Beim Abschied nahm er seine Schwester beiseite: »Ich wollte wissen, ob sie den Mann wirklich heiraten will.« Doch die Schwester schwieg. Serkan presst die Lippen aufeinander und atmet schwer aus. »Ich habe versagt damals. Ich habe es einfach nicht gesehen.«

Ein Jahre nach der Hochzeit kam Ayşe mit ihrem Ehemann nach Berlin zurück. Der Schwager wollte sich in Deutschland eine neue

Existenz aufbauen. Serkan erschrak, als er Ayşe sah: »Sie war ein psychisches Wrack. Nervös und zittrig, wie ein scheues Tier.« Eine Ahnung von dem, was Ayşe in der Türkei wohl durchgemacht hatte, bekam er, als er mit seinem Schwager im Auto saß. Der sagte ihm, wie nebenbei: »Ihr seid so nett zu eurer Schwester. Wir haben unsere mit der Eisenstange geschlagen.« Serkan hielt den Wagen an. »Wenn ich auch nur einmal höre, dass du meiner Schwester ein Haar krümmst, wirst du dafür büßen.«

Sechs weitere Ehejahre in Deutschland vergingen, bis Ayşe endlich den Mut fasste, sich scheiden zu lassen. »Alle waren dagegen«, erinnert sich Serkan. »Meine Familie sagte ihr: Übe dich in Geduld, es wird besser werden. Ohne die Unterstützung der Familie konnte sich Ayşe nicht einfach trennen, sie war finanziell abhängig.« Serkan forderte seine Schwester auf, ihm endlich alles zu erzählen. Und so erfuhr er von ihrem siebenjährigen Martyrium als Ehefrau. Er hörte, wie seine Schwester in der Türkei im Haus der Familie eingesperrt war, wo sie putzte und kochte. Abends wurde sie vergewaltigt. Ihm wurde bewusst, dass seine Schwester in ihrer Ehe anders als er nicht die Möglichkeit gehabt hatte, das Haus morgens zu verlassen und erst spät abends wieder zurückzukehren. Aber eines hatte er da noch nicht verstanden: wie sie überhaupt in die Hochzeit einwilligen konnte.

»So wie das bei uns üblich ist«, sagt Serkan, »hatte sie kaum Gelegenheit, den Mann, den sie heiraten sollte, kennenzulernen. Die Freiheit hatte sie sich einfach genommen. Das war ihr Fehler.« Kurz nach dem ersten Mokkatrinken hatten sich die Schwester und der Mann zu einer gemeinsamen Busfahrt verabredet. Ayşe wollte in einer 800 Kilometer entfernten Stadt eine Tante besuchen. Die mehrstündige Reise dorthin war für das junge Paar eine gute Gelegenheit, sich auszutauschen. Doch der Ausflug musste geheim bleiben. »Mein Vater hätte das niemals akzeptiert. Da hätte ja sonst was passieren können.« Ayşe und ihr Anwärter redeten die ganze Fahrt über, erzählten sich von ihren Hobbys, von ihren Stärken und Schwächen, so wie das Menschen tun, bevor sie sich ein Leben lang binden. Angekommen in der Stadt der Cousine, tranken sie noch einen Tee miteinander, dann verschwand der heimliche Begleiter. Ayşe war beeindruckt. Der Mann hatte sich von seiner besten Seite gezeigt. Sie stimmte der Hochzeit zu.

Zurück in Berlin erfuhr Ayşe vieles, was ihr der künftige Ehemann verschwiegen hatte. Freundinnen, die ihn näher kannten, erzählten ihr, dass er gar nicht gläubig sei und eine Freundin nach der anderen habe. Da überlegte es sich Ayşe anders und wollte die Hochzeit absagen, genau wie ihr Bruder zehn Jahre zuvor. Dieses Mal lösten die Eltern die Verlobung auf. Sie hatten aus den Fehlern der Vergangenheit gelernt und wollten eine unglückliche Ehe, so wie ihr Sohn sie führte, verhindern. »Aber dann hat der Typ seinen Joker ausgespielt«, sagt Serkan. »Er hat meine Schwester verraten und von der heimlichen Reise erzählt.« Am Telefon sagte der Verlobte zur Mutter: »Deine Tochter ist vor Gottes Augen sowieso meine Frau.« Was das zu bedeuten hatte, begriff die Mutter natürlich sofort. »Sie tobte, sie war überzeugt, dass meine Schwester entjungfert war.« Ayşe stritt zunächst alles ab. Der Vater drohte ihr, er würde sie umbringen, sollte er erfahren, dass sie sich tatsächlich auf die Busfahrt eingelassen hatte. Die Mutter fluchte über die Naivität ihrer Tochter. Sie sagte: »Du musst jetzt deine Sünden reinigen. Ich werde keinen meiner Söhne für dich opfern.« Serkan sagt: »Sie ging davon aus, dass einer von uns Ayşe umbringen würde.« Er lacht bitter auf. »Mein Bruder hätte das womöglich getan. Beim Sex vor der Ehe hätte die Liebe zur Schwester ihre Grenzen gekannt.« Serkan presst die Hand zur Faust. »Das ist so dumm – ob meine Schwester noch jungfräulich war oder nicht, hätte man beim Arzt feststellen können.« Ayşe wollte das Risiko nicht eingehen. Sie willigte in die Ehe ein.

Als Serkan vor zwei Jahren erfuhr, wie es zur Hochzeit seiner Schwester gekommen war und wie sie darunter litt, stellte er sich vor sie. »Ich bin der Dominanteste und der Erfolgreichste in meiner Familie, deshalb hatte ich Einfluss. Und ich bestimmte, dass meine Schwester sich scheiden lassen sollte.« Damit war Ayşe in die Freiheit entlassen.

Und die Mauer, die Serkan in den Jahren seiner Zwangsehe um sich gezogen hatte, bekam Risse. Berührt von Ayşes Geschichte, war ihm auf einmal bewusst, was er den Frauen in seinem Leben angetan hatte. »Ich bereue, wie ich mit ihnen umgegangen bin.« Erstmals spürte Serkan wieder einen Wunsch, den er seit der Trennung von Ilona verdrängt hatte – sich bei einer Frau geborgen zu fühlen und sich fallen zu lassen. Und dann lernte Serkan Serap kennen.

Sie war eine Freundin seiner Schwester. Eine 25-Jährige, die vor fünf Jahren für ihren Ehemann nach Deutschland gegangen war und sich nun scheiden lassen wollte. Ähnlich wie Ayşe brauchte Serap für die Trennung finanzielle Unterstützung. Zunächst kümmerte sich Serkan widerwillig um sie. Dann begann er mit ihr zu flirten, so wie er es immer machte. Doch diesmal war es anders. Er beobachtete sie aus den Augenwinkeln. Wurde eifersüchtig, wenn er sah, wie stark sie sich schminkte. Zuckte zusammen, wenn sie lachte. Er suchte häufig ihre Nähe. Er war bereits ein erwachsener Mann, ein dreifacher Familienvater, war mit unzähligen Frauen zusammen gewesen. Doch jetzt spürte er zum ersten Mal seit Ilona wieder sein Herz klopfen.

Bei Serap hatte er das Gefühl, alles erzählen zu können. Das hatte er noch bei keiner Frau gespürt. Serap erzählte er keine Lügenmärchen. Er sagte nicht, er sei »in der Trennungsphase«, so wie er das bei Ilona getan hatte. Er sah in Serap keine Frau, die er schnell ins Bett bekommen wollte. Sie war die Erste, die eine Ahnung davon bekam, wie Serkan sich wirklich fühlte. Und auch Serap fasste Vertrauen. Sie erzählte ihm von ihren fünf Ehejahren in Deutschland. Was ihr Mann ihr in Berlin geboten hatte, war ein Leben als Hausfrau gewesen. Sie hatte sich eingesperrt und abhängig gefühlt. Er hatte sie betrogen, mehrfach, deshalb hatte sie die Beziehung beendet. Nach und nach erfuhr Serkan noch mehr. Eine Geschichte, so ähnlich wie die seiner Schwester.

»Es war schon Schluss zwischen den beiden, doch sie wohnten noch zusammen«, erzählt Serkan. Serap hatte begonnen, ihre Freiheit auszukosten. Sie besuchte ein türkisches Flirtforum im Internet. Vielleicht suchte Serap ein Abenteuer. Vielleicht auch einen Mann, der ihr sagte, wie sie das alles in Deutschland hinbekommen sollte – ohne Geld, ohne Deutschkenntnisse und ohne Aufenthalt. Sie fand einen Mann, traf sich mit ihm, hatte eine Affäre. Dann merkte sie, dass er ihr nicht geben konnte, was sie suchte, und beendete die Geschichte. Zumindest dachte sie, dass sie das könnte. Aber Serap war an den falschen Mann geraten: ein stolzer Türke, der aus der gleichen Stadt kam wie ein Teil ihrer Familie. Einer, der wusste, dass dieses Mädchen ihn nicht so einfach verlassen konnte.

Der Mann aus dem Flirtforum rief Seraps Tante an und packte aus. »In den Augen ihrer Familie war sie jetzt eine Schlampe«, erklärt Serkan. Die Familie begann, Serap unter Druck zu setzten. »Sie sagten ihr, sie sei eine Hurentochter, eine, die es nicht verdiene, den Familiennamen zu tragen.« Serkan atmet tief ein: »Das können unsere Familien gut, manipulieren. Sie haben mich manipuliert, meine Schwester und diese Frau auch.« Serkan hat für einen Moment die Kontrolle über sich verloren. Er wischt sich mit dem Handrücken über die Augen. »Sie haben ihren Willen gebrochen. Diesen Mann liebt sie nicht und sie wird niemals mit ihm glücklich werden.« Die Tante bedrängte Serap immer mehr. Sie warnte, die ganze Familie könne von der Schande erfahren. Serap stimmte der Ehe schließlich zu. Serkan lacht bitter auf: »Diese Familien glauben, dass alles vergessen ist, wenn in zwei Jahren Kinder auf der Welt sind. Sie glauben, dass dann alle Sünden vergeben sind.«

Als Serkan vor Serap saß und ihr zuhörte, sah er plötzlich sein eigenes Leben vor sich. Wie er selbst damals zur Ehe gezwungen wurde. Ihm wurde bewusst, wie viel Unglück geschehen war. Wie Nuran wegen ihm und seinen Affären litt. Wie heimatlos er sich selbst immer gefühlt hatte. Er versprach Serap Hilfe. Oft rief sie ihn in den nächsten Wochen an und weinte am Telefon. »Es hat mich aufgefressen, dass ich so machtlos war. Aber was hätte ich tun sollen? Mich vor die Tante stellen und sagen: Ich bin der dritte Mann? Dann wäre ihre Ehre für immer verloren gewesen.«

Serkan hat geschwiegen, Serap zuliebe. Die 25-Jährige ist inzwischen vor ihrer Zwangsverheiratung geflohen. »Sie hat ihr Leben selbst in die Hand genommen«, sagt Serkan. Und: »Ich bewundere sie für ihre Stärke. Wenn sie zu mir kommen sollte, würde ich ihr sofort helfen.« Seine Familie verdächtigt ihn nun, Serap versteckt zu halten. Serkan widerspricht: »Sie ist untergetaucht, weil sie selbstbestimmt leben will. Ich muss das respektieren.«

Er selbst hat sich in seiner Ehe arrangiert. Mit 39 Jahren hat er das Gefühl, dass es für ihn zu spät ist, auszubrechen. »Meine Kinder sind jetzt mitten in der Pubertät. Ich will nicht, dass sie noch einmal leiden müssen, nur damit ich glücklich bin.« Er sagt, er habe genug Geld, um sich frei fühlen zu können, außerdem ein erfolgreiches Bauunternehmen und einen Vorstandsposten in der Moschee. Den Mut des Widerstandskämpfers Stauffenberg, den Serkan bewundert, weil er für seine Ideale Familie und Karriere riskierte, besitzt er nicht. »Ich habe für mich den Weg gefunden, mit meiner Ehe umzugehen.« Er glaubt, dass das so für alle am besten ist.

FARUK, DER FROMME

Wirklich frei war Faruk in seinem Leben noch nie: Früher war es der strenggläubige Vater, der ihm Deutschland durch die vielen Verbote zum Gefängnis machte, später setzte sich Faruk selbst Restriktionen, um Glaubensgebote nicht zu verletzen. Heute schließlich ist er in seinem kranken Körper eingesperrt. Er fühlt sich einsam. Anschluss hatte er immer nur in der Moschee gesucht.

Leise fällt die Türe ins Schloss. Dann Stille. Faruk sitzt auf seiner Couch. Hinter ihm die Tapete mit dem Herbstwald. Seine Frau hat ihm noch Wasser und getrocknete Aprikosen auf das kleine Tischchen gestellt, daneben die Fernbedienung für den Fernseher. Darunter Medikamentendosen und -schachteln. 21 Tabletten schluckt der 43-Jährige täglich, weiße, rote und gelbe. Gegen die Krämpfe und das Asthma, gegen die zunehmenden Lähmungen. Die Bilanz nach 17 Jahren Schichtdienst, neun Jahre Dreischicht, acht Jahre Fünfschicht. Faruk stand stundenlang am Fließband, hievte zentnerschwere Säcke und schob Kisten, bis ihm abends alles wehtat. Jetzt kann er nicht mehr laufen.

Faruk ist oft allein, eingesperrt in Deutschland, einem Land, von dem sich sein Vater Freiheit versprach. Inzwischen ist dieser längst wieder zurück in die Heimat gekehrt. Faruk aber ist noch immer hier. Frei hat er sich in Deutschland nie gefühlt. Nicht mit 14 Jahren, als ihn sein Vater hierher brachte und ihn kaum aus der Wohnung ließ. Und auch nicht heute, eingesperrt durch sein körperliches Gebrechen.

Er sucht eine bequeme Sitzhaltung auf dem Sofa. Seine Frau wird einige Zeit unterwegs sein. Sie hat ihn allein gelassen, um ihren Deutschkurs in der Moschee zu besuchen. Eigentlich lebt sie schon seit 1987 in Berlin, doch sie muss mehr tun für diese fremde Sprache. Das Arbeitsamt hat ihr den Kurs vermittelt.

Faruk seufzt, wenn er daran denkt, wie es dort nun ist. Draußen. Wie es sich anfühlen mag, die Sonne auf der blassen Haut zu spüren. Wenn die Brise durch das Haar weht. Er stellt sich vor, wie es wäre, aufzustehen und die Türe zuzuschlagen, so wie alle anderen das heute vor ihm getan haben. Doch der Weg von der Couch zur Türe, er fühlt sich so weit an. Manchmal wagt er die Strecke doch, auf den Stock gestützt. Er steigt dann ein Stockwerk tiefer, bis er auf der Straße steht. Jeden Freitag begleitet ihn seine Tochter oder seine Frau die Straße entlang, eigentlich fünf Gehminuten, für Faruk dauert der Weg gute zwanzig Minuten. Wenn er dann vor dem Eingang zur Moschee steht, haben sich die anderen Männer dort bereits versammelt.

Das Gotteshaus, das Faruk jeden Freitag besucht, gehört zur Islamischen Gemeinschaft *Millî Görüş* (IGMG). Der Name *Millî Görüş* bedeutet übersetzt »Nationale Sicht«. Der Verfassungsschutz warnt in seinem Bericht von 2008, die mitgliederstärkste islamistische Organisation in Deutschland versuche sich als »integrationswillige und auf dem Boden der freiheitlichen demokratischen Grundordnung stehende Organisation zu präsentieren«. Dabei seien aber ihre Bestrebungen geeignet, die »Entstehung und Ausbreitung islamistischer Milieus in Deutschland zu fördern«. Der Soziologe Friedrich Heckmann kritisierte während eines Symposiums des Bundesamtes für Verfassungsschutz von 2002, *Millî Görüş* verfolge ihre Ziele über vielfältige Angebote wie Wochenendfreizeiten, Sport-, Näh-, oder Kochkurse, also »gewissermaßen durch die Schaffung islamischer Milieus für Jugendliche und Erwachsene«. Durch diese Angebote werde es möglich, eine Beeinflussungskette aufzubauen, zunächst Vertrauen zu schaffen und Dankbarkeits- und Verpflichtungsgefühle aufzubauen.«

Die meisten Moscheen von *Millî Görüş* sind in ehemaligen Hallen, Fabriketagen oder Läden entstanden. Auch Faruks Moschee ist in einem Hinterhof gelegen – das Gebäude war früher eine Knopffabrik. Heute bietet *Millî Görüş* auf dem ehemaligen Fabrikgelände eine regelrechte Rundumversorgung: Ein kleines Lebensmittelgeschäft gleich vorne am Eingang steht Mitgliedern zur Verfügung. Hier können sie sich günstig versorgen – von Tiefkühlwaren über Süßigkeiten bis zur Literatur über den Propheten Muhammed. In einem Anbau im Erdgeschoss finden Deutschkurse statt. Ein paar Türen weiter der Koranunterricht. Ganz oben ist das Kulturzentrum. Hier wird Tee ausgeschenkt, für die Jugendlichen stehen Kicker und Fernseher bereit. Eine gemütliche Sitzecke mit Kelimkissen lädt zum Bleiben ein. Wer will, kann den ganzen Tag hier verbringen. Die Moschee als Zufluchtsort – oder eine Einladung zur Parallelgesellschaft?

Wenn Faruk zu den Männern vor der Moschee stößt, hört er sie Neuigkeiten austauschen. Wie geht es der Schwester, wie dem Bruder? Wer wird demnächst heiraten? Wenn Faruk bei ihnen angekommen ist, spürt er jedoch, dass er nicht mehr dazugehört. Er verabschiedet dann seine Begleitung, die ihn etwa eine Stunde später wieder abholen wird. Er geht langsam in den Hinterhof des Hauses an anderen Gruppen vorbei. Er streift sich vor dem engen Treppenaufgang die Schuhe ab und gerät schon dabei ins Keuchen. Im Waschraum muss er sich anlehnen während er das Wasser laufen lässt, um sich zu reinigen. Er bemüht sich, auch die Füße zu befeuchten. Es ist mühsam.

Im Gebetsraum setzt er sich zu den Alten auf einen der wenigen Stühle, zu Männern, die zwanzig Jahre älter sind und die sich schwertun, kniend auf dem Gebetsteppich Platz zu nehmen. Auch Faruk kann sich nicht mehr so verbeugen, wie die Jungen auf dem Teppich, auf die Knie gehen, die Arme strecken. Früher gingen die Bewegungen problemlos, Faruk war einer in der ersten Reihe. Nun sitzt er im Abseits.

Faruks Welt ist kleiner geworden mit den Jahren. Eine Welt, deren Wege er akribisch vermisst: den Gang zum Arzt, zum Park oder in die Moschee. Nur manchmal bricht er aus dem Alltag aus und wagt einen größeren Ausflug. Dann steigt er ins Auto zu einem Freund und begleitet ihn auf langen Streckenfahrten. Fünfeinhalb Stunden nach Frankfurt am Main, am gleichen Tag zurück. Ein Abenteuer für ihn, ein Ausbruch aus der Enge. Wenn er dann aus dem Fenster sieht, schlägt sein Herz nicht höher. Deutschland ist ihm noch fremder geworden in den inzwischen 30 Jahren in Berlin.

Auf dem Sofa im Wohnzimmer seiner Wohnung schließt er nun die Augen. Durch den Vorhang weht leichter Spätsommerwind. Die Wohnung ist kühl. Es wird noch ein paar Stunden dauern, bis die Kinder aus der Schule, seine Frau aus dem Deutschkurs zurück sind. Besonders hier, daheim, würde er sie dringend brauchen. Er lässt sie ungern gehen, auch wenn es nur für ein paar Stunden ist. Allein zu sein, das weckt Erinnerungen.

Faruks Schicksal begann am 12. August 1980. Das war der Tag, an dem ihn sein Vater zu sich holte, nach Berlin. 14 Jahre war Faruk da schon alt, ein relativ klein gewachsener Junge, dem ein paar Kilo mehr auf den Rippen gutgetan hätten. Faruk glaubt heute, dass seine schmächtige Statur der Grund war, weshalb ausgerechnet er das Privileg erhalten sollte, als Erster seinem Vater nach Deutschland zu folgen. In ein Land, das er sich damals paradiesisch vorstellte und das so anders war, als die Heimatstadt Tokat in der östlichen Schwarzmeerregion, aus der Faruk stammt. Eine Stadt im Tal des Pontus-Gebirges, die einst ein prosperierendes Handelszentrum war – noch heute ist sie bekannt für Kupferschmiedekunst und bunte Kopftücher. Ekin Deligöz, die Grünen-Politikerin, stammt auch aus Tokat. Sie hat geschafft, wovon viele träumen, und Karriere gemacht. 2006 hatte sie ihre Popularität genutzt, um gegen das Kopftuch zu protestieren, das sie als ein »Zeichen der Unterdrückung der Frau« bezeichnete. Der Aufruf der Politikerin, die als Alevitin zu einer religiösen Minderheit in der Türkei gehört, rief ein zorniges Echo türkischer Zeitungen hervor, selbst Morddrohungen erhielt die Frau. Auch *Millî Görüş* kritisierte die Abgeordnete, zugleich warnte die Organisation aber vor Gewalt. Selbst wenn Faruk das Kopftuch für Frauen wichtig findet, würde er seine Töchter niemals zwingen, es zu tragen. Er hat ein sanftmütiges Naturell und tolerante Ansichten. Vielleicht wäre es gut gewesen, wenn er in seinem Leben etwas mehr aufbegehrt hätte.

Der Vater begrüßte seinen Sohn mit typisch deutschen Bratkartoffeln und hart gekochten Eiern zum Frühstück. In der 42-Quadratmeter-Wohnung saßen sich Vater und Sohn gegenüber, ohne viel zu reden. Die Neonleuchte an der Decke tauchte die Umgebung in ein kaltes Licht. Faruk fühlte sich fremd. Erst viele Jahre später merkte er, dass der Vater ebenso großes Heimweh hatte wie er.

Faruk hatte mit seinen 14 Jahren, fünf Klassen Grundschule und einem Jahr Koranunterricht kein Rüstzeug für ein Leben in Deutschland mitgebracht. Und sein neues Umfeld war ebenfalls kaum geeignet, um ihn für den Überlebenskampf stark zu machen. Die spärlich mit zwei Betten, Tisch, Stühlen und einem Gaskocher eingerichtete Einzimmerwohnung des Vaters wurde zum Gefängnis für den Sohn.

Faruk verließ das Domizil zunächst nur, um einkaufen zu gehen. Ein schlaksiger 14-Jähriger, der froh war, in Berlin Strukturen einer türkischen Kleinstadt wiederzuentdecken. Er war erleichtert über die türkischen Verkäufer und die Obst- und Gemüseläden, die sich in den 80er-Jahren allmählich in das Stadtbild einfügten. Ohne ein Wort Deutsch zu sprechen, konnte er hier seine Einkäufe erledigen. Ein Junge ohne Aussicht auf eine Schulausbildung, ohne dass es in Deutschland jemand merkte.

Das Alter von »Nachzugskindern« war schon in den 80er-Jahren kontrovers diskutiert. 1981 senkte die SPD/FDP-Regierung unter Helmut Schmidt das Höchstalter von 18 auf 16 Jahre. Schmidt thematisierte die »Späteinsteiger« – jugendliche Nachzügler, die weder in der Schule noch auf dem Arbeitsmarkt echte Chancen zur Integration hätten. Die CDU wollte später sogar noch weiter gehen und die Grenze bei sechs Jahren ziehen, scheiterte aber am liberalen Koalitionspartner und an der Ausländerbeauftragten, die das Vorhaben als familienfeindlich und grundgesetzwidrig kritisierte. Während der Diskussion um das Zuwanderungsgesetz wollte Rot-Grün das Höchstalter auf 14 Jahre setzen, was wiederum verschiedenen Stimmen der CDU-Opposition nicht weit genug ging, die mal zwölf Jahre (Jörg Schönbohm aus Brandenburg), mal zehn Jahre (Peter Müller aus dem Saarland) oder gar drei Jahre (Erwin Teufel aus Baden-Württemberg) forderten. Nach der heutigen Regelung können Kinder schließlich wieder bis zum 18. Lebensjahr nachziehen, wenn sie ausreichend gut Deutsch sprechen.

Faruks Vater besaß sehr konkrete Vorstellungen von dem, was gut und was schlecht war für seinen 14-jährigen Sohn. Wenn er von der Schicht nach Hause kam, betete er gemeinsam mit Faruk. Der Vater nahm ihn mit in die Moschee, zum Freitagsgebet. Dann meldete er ihn in der Koranschule an. Für den Sohn eine Erlösung. Endlich fand er Anschluss an andere Jugendliche, dafür ist er der Moschee bis heute dankbar. Faruk sagt: »Sie hat mir in den Jahren nach meiner Ankunft viel gegeben.« Faruk gab der Moschee viel zurück: Später arbeitet er sogar für sie, ehrenamtlich als Koranschullehrer und als Buchhalter. Neun Jahre lang, immer nach der Arbeit oder am Wochenende, so lange, bis es gesundheitlich nicht mehr ging.

Über die Moschee gelangen Faruk schließlich kleine Ausbrüche in die Freiheit. Mit einem Freund ging er ab und zu zum Spielen in den Park. Wenn er nicht pünktlich nach Hause kam, war der Vater wütend. »Er ist dann richtig laut geworden«, sagt Faruk. »Aber geschlagen hat er mich nie.« Faruk war ein braver Sohn. Seinen Vater zu kritisieren oder seine Ratschläge anzuzweifeln, wäre ihm im Traum nicht eingefallen.

Zwei Jahre nach der Ankunft seines Sohnes entschied der Vater, ihn nun doch auf eine Schule zu schicken, damit er etwas Deutsch lernen sollte. Faruk war bereits 16 Jahre alt und musste Geld verdienen. Jeden Tag fuhr er von nun an nach Alt-Mariendorf, sieben U-Bahn-Stationen von seiner Wohnung entfernt. Immer noch kommt Faruk diese Strecke vor wie eine kleine Weltreise. Wie ein Ausbruch aus dem sonst so eingeschränkten Radius.

Eineinhalb Jahre durfte Faruk diese Freiheit genießen, das Privileg, die deutsche Sprache zu lernen. Dann entschied der Vater, dass es Zeit war, einen Job zu finden. Faruk bekam Arbeit in einem Obst- und Gemüse-Laden, wo er die Produkte seiner Heimat verkaufte – Auberginen, Tomaten, Oliven und Pistazien. Vorsichtig fragte er seinen Vater, ob er nicht noch eine Lehre als Elektriker machen könnte. Der rechnete nach: Dreieinhalb Jahre Ausbildung und fast kein Geld. Dann schüttelte er den Kopf. Faruk akzeptierte die Entscheidung.

Den verpassten Chancen trauerte er nicht lange hinterher. Nach dem Job im Gemüseladen wechselte er zum Haarwaschmittel-Unternehmen *Schwarzkopf* und dann zu einer Lackfirma, Fließbandarbeit. Faruk war zufrieden, er hatte sich arrangiert in Deutschland. Sich seine eigene Welt aufgebaut, einen Mikrokosmos aus Moschee, Arbeit und Elternhaus. Er wollte nun selbst eine Familie gründen.

Mit 21 Jahren begegnete er im Urlaub seiner zukünftigen Frau, eine Freundin aus Kindertagen. Faruks Eltern hielten um ihre Hand für ihren Sohn an. Acht Monate nach der Trauung holte Faruk seine Frau zu sich nach Berlin. Ein Familiennachzug, der damals unproblematisch klappte, obwohl die Ehefrau erst 15 Jahre alt war und kein Wort Deutsch sprach. Erst 2007 hat die schwarz-rote Regierung die Altersgrenze auf 18 Jahre angehoben. Seitdem müssen Frauen und Männer, die ihrem Partner nach Deutschland folgen, auch einen Nachweis an Deutschkenntnissen erbringen.

Faruks Frau fand sich in Berlin auch ohne Deutsch gut zurecht. Als Hausfrau kümmerte sie sich um die gemeinsame Wohnung, einmal in der Woche ging sie auf dem Bazar am Richardplatz einkaufen. Über die Jahre wurde sie Mutter von vier Kindern: zwei Söhne und zwei Töchter, geboren zwischen 1989 und 1999. Das Paar hatte eine klare Aufgabenteilung: Die Frau zog die Kinder groß, der Mann ging arbeiten. Ein Modell, das nur gelingen konnte, solange Faruk genug Geld für seine sechsköpfige Familie verdiente.

Als ungelernter Arbeiter jedoch war genau dies nicht immer leicht für ihn. Über das Arbeitsamt bekam er einen zwölfmonatigen Lehrgang bei Ford vermittelt. Er erhielt die Qualifikation als Autoteilerichter und im Anschluss ein Jobangebot, in Zehlendorf. Faruk überlegte: Vier Stationen mit der U-Bahn, umsteigen und dann nochmal sieben Stationen mit einer anderen Linie. Unvorstellbar weit weg für ihn damals. Er lehnte ab. Heute sagt er: »Der Fehler meines Lebens.«

Stattdessen begann er in einer Kunststofffabrik für Audiokassetten zu arbeiten. Die Firma saß in der Sonnenallee, gar nicht weit weg von Faruks Wohnung. Das war damals entscheidend: Dass die Arbeit ihn nicht aus den Strukturen herausriss, die sich Faruk mühsam aufgebaut hatte. Dass sie sich einfügte in sein Leben zwischen Familie und Moschee. Dafür nahm Faruk schlechte Arbeitsbedingungen in Kauf. Sein Job war es, mangelhaft produzierte Teile auszusortieren, diese in einer Mühle zu schreddern und alles in einem Ofen bei 380 Grad Celsius zu verbrennen. Er sagt: »In der Firma flog viel Staub herum, wir haben das alles eingeatmet.«

Die Arbeitsbedingungen türkischer Migranten sind in Deutschland spätestens mit dem 1985 veröffentlichten Buch »Ganz unten« von Günter Wallraff zum Politikum geworden. Darin schreibt der Journalist von seinen Undercover-Recherchen als türkischer »Gastarbeiter«. Wallraff beschreibt mangelnde Sicherheitsvorkehrungen und Ausländerfeindlichkeit, zu lange Schichtarbeitszeiten und geringen Stundenlohn. Auch Faruk berichtet nichts Gutes über seine 17 Jahre im Schichtdienst: Kurzbesuche der Kontrolleure, eilig unterschriebene Unbedenklichkeitszertifikate. »Atemmasken zum Schutz gegen die Plastikdämpfe gab es nicht.« Ihm aber, sagt er, schmerzten bei der Arbeit die Lungen. Die ersten Jahre arbeitete Faruk im Dreischicht-System: Mal begann der Tag für ihn um sechs Uhr morgens, mal erst um 22 Uhr. Später begann er, im Fünfschicht-Rhythmus zu schuften, auch am Wochenende war er einsatzbereit. Er arbeitete im Neunstundentakt mit einer halben und einer viertel Stunde Pause und im Zwölfstundentakt mit drei Mal einer halben Stunde Pause. Die Umstellung der Arbeitszeiten fiel Faruk schwer. Er begann an Schlafstörungen zu leiden.

Dann ging die Firma pleite und Faruk stand plötzlich wieder auf der Straße, ohne Abfindung. Außerdem standen auch noch Urlaubstage und der Lohn für die letzten drei Monate aus. Erstmals in seinem Leben wollte sich Faruk auflehnen, erstmals ballte er die Hand zur Faust. Doch als er mit Anwälten telefonierte, sich Auskünfte einholte und Akten einreichte, merkte er auch, wie schwer es ihm fiel, sich durchzusetzen in Deutschland, einem Land, das ihm immer noch fremd war und dessen Sprache er nicht beherrschte. Aber Faruk biss sich durch, suchte sich Unterstützung bei seinen Arbeitskollegen, schaltete einen Anwalt ein. Er gewann den Prozess, die Firma sollte ihm 35.000 Euro auszahlen. Doch sie hatte inzwischen Pleite gemacht. Faruk ging leer aus. Er konnte nicht verstehen, wie das möglich war.

Wenn Faruk von seiner Geschichte erzählt, sieht er seinen Gesprächspartner direkt an. Sein schwacher Körper und seine halbseitige Lähmung stehen im Kontrast zur Kraft seiner Worte. Es ist das erste Mal, dass Faruk es wagt, über die für ihn so unerträgliche Isolation in Deutschland zu sprechen.

»Deutschland ist für viele von uns Türken ein Traum.« Dann zögert er. Er will nicht falsch verstanden werden oder undankbar wirken. »Aber wenn ich könnte, würde ich zurückgehen, nach Tokat.« So wie seine Eltern, die sich ihren Traum erfüllt haben und nach drei Jahrzehnten wieder zurückgekehrt sind in die Heimat, um sich dort ein Häuschen zu bauen. Faruk aber wurde nie gefragt, ob er nach Deutschland kommen wollte. Möglichkeiten, zu träumen, boten sich ihm als Jugendlicher kaum. Und falls er es doch tat, dürften seine Träume längst geplatzt sein: Als Schwerbehinderter lebt er heute von Hartz IV, außerdem bekommt die Familie noch einmal 690 Euro Kindergeld. Er muss davon 560 Euro Miete bezahlen, außerdem das Auto, auf das er wegen seines körperlichen Gebrechens angewiesen ist. Jeden Monat rechnet Faruk, er sagt: »Wir kommen gut aus, am Ende des Monats bleiben uns rund 130 Euro.« Doch das allein macht ihn nicht glücklich. Faruk sagt, er vermisse seine Familie. Trotzdem ist eine Rückkehr in die Heimat für ihn ausgeschlossen: »Ich kann doch meine Kinder nicht allein lassen. Sie sind hier verwurzelt, viel mehr als ich.« Er erzählt von Bekannten, die den Neustart in der Türkei gewagt haben und nach fünf Wochen die Rückreise angetreten haben. Das will er seiner Familie nicht zumuten.

Vielleicht hat Faruk viel zu lange versucht, niemandem etwas zuzumuten. Abends, wenn sich die anderen Arbeitskollegen noch auf ein Feierabendbier trafen, verabschiedete er sich. Wenn ihn ein Freund einladen wollte, in eines dieser türkischen Cafés, in denen man mit Karten spielt und die Zeit totschlägt, sagte er ab. Er war hin- und hergerissen zwischen dem Wunsch, sich Fremden gegenüber zu

174

öffnen und Freundschaften zu schließen, und gleichzeitig seinen moralischen Anforderungen gerecht zu werden.

Das Gleichgewicht verlor er, als man ihn 2003 plötzlich einen Betrüger nannte. Er, der in den 23 Jahren, die er da bereits in Deutschland lebte, nicht einmal einen Strafzettel erhalten hatte, sollte einen Unfall vorgetäuscht haben. Der Vorwurf lautete: Versicherungsbetrug. Noch heute, wenn Faruk davon berichtet, spürt man, wie sehr ihn dieser Vorwurf verletzte. »Sie haben mir sogar mit Gefängnis gedroht, und mich nach Moabit schicken wollen.« An jenem Tag, der Faruks Leben durcheinanderbrachte, war ein Mann mit seinem Transporter gegen seinen Wagen geknallt. Faruk kam gerade aus der Moschee, als er den Unfall sah. Er rief die Polizei zu Hilfe. Doch wenige Tage später kam ein Brief. Die Versicherung vermutete, Faruk habe den Unfall manipuliert, um das Geld für den Schaden – 2200 Euro – einzustecken. Bei den Nachforschungen der Versicherung kam nämlich heraus, dass der Unfallverursacher schon mehrfach Versicherungsbetrug begangen hatte. Die Versicherung ging davon aus, dass Faruk mit dem Mann gemeinsame Geschäfte machte.

Diskriminierung? Vorurteile gegenüber Ausländern? Oder vermeintlich leichtes Spiel einer Versicherung, die vermutete, ein türkischer Versicherungsnehmer werde sich nicht mit ihrer Rechtsabteilung anlegen? Sicher ist nur, für Faruk war der falsche Verdacht noch eine zusätzliche Belastung, die seiner angeschlagenen Psyche zusetzte.

Er wendete sich noch einmal an seinen Anwalt. Die Streitigkeiten dauerten drei Jahre, ohne dass Faruk je einen Cent für den Unfall zu sehen bekam. Als der Richter vom Landgericht ihn freisprach, war der Fall letztendlich schon verjährt. Es klingt, als habe er sich mit dem Misserfolg abgefunden, wenn er sagt: »Als Türke wird einem weniger Glauben geschenkt.«

Faruk verfolgten immer wieder dieselben Fragen: »Wie konnten sie mich nur einen Betrüger nennen? Wie konnte das passieren? Was habe ich falsch gemacht?« Er versuchte, die Stimmen und seine Nervosität zu beruhigen und suchte Zuflucht bei dem einzigen Ort, von dem er sich Hilfe versprach: der Moschee. Von den Gebeten dort erhoffte er sich, dass sein Herz wieder Frieden fand – so wie es im Koran beschrieben ist.

Vielleicht hätte Faruk damals ein Gespräch mit Freunden besser getan, denn in der Moschee bemerkte niemand seine innere Unruhe. Aber Faruk vertraute seine Sorgen anderen auch nicht an. Er hielt sie für seine Privatangelegenheit, zudem wollte er vor den anderen Männern nicht als Versager gelten. Er hatte Angst, dass in der Moschee über ihn geredet wird. Also blieben seine Kümmernisse unbemerkt, so wie vor über zwei Jahrzehnten, bei seiner Ankunft in Deutschland, als er, ohne dass es jemand merkte, in der kleinen Wohnung seines Vaters eingesperrt war.

Faruk erkrankte. Erst merkte er, dass er nicht mehr so viel Kraft besaß wie früher. Dann überkamen ihn immer wieder Krämpfe, die plötzlich seinen Körper blockierten. Eines Tages war die Hand gelähmt. Da erst wagte er es, einen Arzt aufzusuchen. Eine gelähmte Hand war etwas, das man vorzeigen konnte – anders als Faruks Ängste und sein Gefühl, allein gelassen zu sein. Aber die Ärzte fanden keine Ursache, den Patienten schickten sie ratlos wieder fort. Bis er schließlich bei einem Heilpraktiker einen elektromagnetischen Bluttest erstellen ließ. Eine teure Diagnose, die Faruk selbst bezahlen musste, weil sie umstritten ist in der Schulmedizin. Doch sie brachte endlich brauchbare Ergebnisse für ihn, an denen er sich festhalten konnte. Der Heilpraktiker drückte ihm eine Liste in die Hand mit 16 unterschiedlichen Giftstoffen, die er im Blut gefunden hatte. Er sagte ihm, dass vor allem die Leber geschädigt sei, aber auch Dickdarm und Lungen. Dass Faruks Körper zu viel Kalium und Magnesium verliere, die Niere Vitamine einfach wieder ausscheide. Dass deshalb sein Nervensystem blockiert und sein Immunsystem schwach sei. Faruk erklärt: »Ich muss jetzt teure Medikamente schlucken, sonst verkrampft mein Körper.«

Tatsächlich kann Faruk kaum mehr laufen. Manchmal fällt er hin, weil er sich vor Schwäche nicht auf den Beinen halten kann. Selbst um ein Marmeladenglas zu öffnen, braucht er die Hilfe seiner Frau. Manche Ärzte sagen Faruk offen ins Gesicht, dass er sich das alles einbilde.

Verschiedene Studien deuten auf ein erhöhtes Krankheitsrisiko unter Migranten hin – nicht nur wegen besonders belastender Arbeiten im Schichtdienst oder im Akkord. Das Robert-Koch-Institut etwa wies auf das erhöhte Risiko bei Erkrankungen durch psychosoziale Belastung hin. Die Gründe für das erhöhte Krankheitsrisiko sind weitgehend unerforscht – mit ausschlaggebend könnte der Dauerspagat sein, den Migranten leisten müssen: zwischen der Kultur der Heimat und dem Versuch, sich hier anzupassen. Und auch die Orientierungslosigkeit in der Fremde, Angst vor Arbeitslosigkeit und Armut fallen ins Gewicht. Doch für viele Migranten, so auch für Faruk, bleibt der Gang zum Psychologen ein Tabu. Ein Teufelskreis: Denn die Sorge, in der eigenen Gemeinschaft als Versager abgestempelt zu werden, ist häufig eine zusätzliche Belastung für den Patienten.

Für Faruk stand die Krankheitsursache fest: Er war überzeugt, dass er jahrelang Giftstoffe eingeatmet hatte beim Arbeiten ohne Schutzmaske. Er suchte sich wieder Anwälte und klagte zum zweiten Mal. Doch diesmal musste er den Prozess vorzeitig abbrechen. Geld und Geduld reichten nicht mehr aus, um weiterzumachen.

Die Uhr an der Wand tickt unüberhörbar laut, beinahe aufdringlich. Gleich ist es zwei Uhr nachmittags. Seit dem Unfall im Jahr 2003 und dem Beginn seiner Krankheit sind Jahre verstrichen, in denen Faruk eingesperrt wie ein Tier in seiner Wohnung saß. Manchmal, wenn die Zeit nur langsam zu vergehen scheint, verfällt Faruk ins Grübeln. Er bilanziert dann, was er in den Jahren in Deutschland erlebt hat. Viel hat sich seit seiner Ankunft mit 14 Jahren für ihn nicht verändert. So wie früher wartet er wieder in der Wohnung, bis ihn jemand aus seiner Isolation befreit. So wie früher als Kind, schafft er es nur selten in den Park, um spazieren zu gehen. Und auch Besuche bei Freunden und Verwandten sind rar geworden. Er schafft das körperlich einfach nicht mehr – die rechte Seite ist inzwischen völlig blockiert.

In seinem Leben war Faruk viel eingesperrt: Erst durch den Vater und dessen restriktive Regeln. Später war es Faruk selbst, der sich Regeln setzte. Seine religiösen Überzeugungen verhinderten Freundschaften zwischen ihm und den Kollegen in der Arbeit, die sich in den Kneipen trafen. Die Moschee als Zufluchtsort und als Einladung zur Parallelgesellschaft: Letztendlich war sie beides für Faruk, der anfangs bei ihr Schutz suchte und darüber vergaß, sich auch außerhalb ihrer Mauern zu bemühen, Freunde zu finden. Früher war die Moschee sein Ein und Alles, heute fühlt er sich von ihr fallen gelassen. Er, der neun Jahre lang ehrenamtlich für die Gemeinde arbeitete, bekommt heute nicht einmal mehr Besuch von seinen Glaubensbrüdern. Das verbittert ihn manchmal. Die Freiheit, von der sein Vater in Deutschland träumte – für Faruk ist sie, so wie in seiner Kindheit, nur ein paar Quadratmeter groß.

TARIK, ALLAHS
MEISTERSCHÜLER

Tarık ist überzeugt: Nur Allah kann ihn vor der Verdammnis retten. Schließlich ist der Moschee geglückt, was den Therapeuten nicht gelungen ist: Sie hält ihn davon ab, wieder Kokain zu schnupfen und zu verkaufen. Und sie stillt sein Verlangen, Rache zu nehmen an Julia, seiner Exfreundin und Mutter seiner Tochter. Seitdem Tarık in die Moschee gefunden hat, ist er allerdings auch ständig in Sorge, eines der wichtigen Gebete zu vernachlässigen. Denn Allahs Gnade hat schnell ihre Grenzen erreicht, glaubt Tarık.

Er will alles noch ein wenig besser machen, noch ein bisschen genauer. Deshalb schiebt Tarık sich zu den Männern in die erste Reihe. Er hebt die Hände neben den Kopf und spricht: *Allâhu Ekber* – Gott ist der Größte. Er legt die Hände vor dem Bauch zusammen und rezitiert Suren des Korans. Länger als die anderen bleibt er so stehen, dann neigt er sich vornüber, die Hände etwas oberhalb der Knie. Er verharrt auch hier einen Moment länger als die anderen. Dann drückt er sich wieder nach oben, bis er sich mit einem erneuten *Allâhu Ekber* auf die Knie sinken lässt. Er berührt mit der Stirn den Boden und setzt sich wieder auf die Fersen. Zum Schluss dreht er den Kopf nach rechts, dann nach links. Jede Bewegung führt er so aus, wie er es gelernt hat. Schließlich will er Allah nicht verärgern.

Neonlampen tauchen den Saal in ein künstliches Licht. Die rund zwanzig Männer lassen nun ihre Gebetsketten aus Holzperlen durch die Finger gleiten und sprechen leise die 99 Namen Allahs. Tarık wiegt sich dabei vor und zurück. Er versucht, sich nur darauf zu konzentrieren, Allah zu preisen, an nichts anderes zu denken, vor allem nicht an seine Exfreundin Julia. Als die Betenden langsam aufstehen, ist er wieder der Letzte, der sich erhebt. Die anderen Männer schütteln ihm die Hand oder geben ihm einen freundlichen Klaps auf die Schulter. In seiner Gemeinde fühlt sich Tarık aufgehoben. Die Moschee, die er besucht, ist eine von 80 Moscheen in Berlin und gehört zu DİTİB – der Türkisch-Islamischen Union der Anstalt für Religion, der nach eigenen Angaben mitgliederstärksten Migrantenorganisation in Deutschland. Wie die Mehrheit der Moscheen, liegt auch Tarıks Gemeinde in einem ruhigen Hinterhof.

Seit etwa einem Jahr kommt Tarık regelmäßig hierher zum Beten. Seine etwas längeren, zurückgegelten schwarzen Haare, die weiße Nylonjacke und der herausfordernde Blick zeigen, dass der 30-Jährige noch vor wenigen Monaten einer anderen Szene angehörte. Aber Tarık bemüht sich, die Vergangenheit abzustreifen. Er hat sich heute in gedeckten Farben gekleidet, trägt eine Khakihose und unter der Jacke einen weißen Pullover. In den Bars bestellt er nun Cola statt Wodka und raucht viel weniger.

Jetzt will er sich an die fünf Säulen des Islam halten: an das Bekenntnis, dass es keinen anderen Gott als Allah gibt. An die täglichen Gebete, das Fasten während des Ramadan, die Almosen für die Armen und die Pilgerfahrt nach Mekka. Er sagt, seit er täglich fünfmal betet, habe sich sein Leben zum Guten gewendet. Seitdem sei dieses unstillbare Verlangen weg, wieder auf die Straße zu gehen und die Dealer anzusprechen. Das Verlangen, sich Kokain auf einem Löffel über Feuer heiß zu machen. Das Kokain zu inhalieren, um diesen kurzen Kick zu haben, dieses Glücksgefühl. Nur nicht daran denken.

Hier in der Moschee bekommt er Tipps und Regeln, von denen er sagt, sie seien besser als jede Therapie. Überhaupt ähnle das Konzept der Therapie sehr den Vorschriften des Korans. Tarık glaubt, dass die Psychologen und Ärzte sich insgeheim auch am Islam orientieren, wenn sie fünf Wochen Ausgehstopp verordnen. Wenn sie sagen: Achte den anderen. Wenn sie zum Frühsport rufen oder zur Gruppenarbeit. Auch in Tarıks Gruppe in der Moschee sagt ein Verantwortlicher, was zu tun ist. Er ruft zum Frühgebet – das in seinem Bewegungsablauf doch wie Gymnastik sei. Die Freunde aus der Moschee empfehlen ihm, jedes Jahr 40 Tage zu reisen, um für den Islam zu werben, sozusagen wie ein Ausgehstopp in Deutschland. Und auch für Muslime ist es wichtig, andere zu achten – zumal wenn sie sich ändern wollen, so wie Tarık. Er sagt: »Die Therapie ist eine Kopie des Korans, das können sich unmöglich Ärzte ausgedacht haben. Aber ohne Gottes Hilfe kann sie nicht funktionieren. Denn Allah *subhanahu wa ta'ala* entscheidet doch alles, er bestimmt, ob wir leben oder sterben.«

Wenn Tarık von Allah spricht, vergisst er nie, ein *subhanahu wa ta'ala* nachzuschieben, um ihm Ehrfurcht zu bezeugen. Aber auch wenn er von seinen Freunden in der Moschee spricht, schwingt in seiner Stimme Respekt mit. Sie hätten ihn mit offenen Armen empfangen, erzählt er, sie seien die Einzigen gewesen, die, als er ganz unten war, sich um ihn kümmerten. Er sagt, sie hätten ihn gerade noch im richtigen Moment zum Glauben zurückgeholt, viel Zeit sei ihm nicht mehr geblieben.

Immer noch brennt ein Verlangen in ihm, ein ungestilltes Bedürfnis, das er früher mit Kokain zu besänftigen versuchte. Jetzt glaubt er, in Allah seinen Erlöser gefunden zu haben. Die Religion ist Tarıks Ersatzdroge. Sie gibt ihm alles, wonach er bislang gesucht hat. Die Regeln, die Rituale, der Tagesablauf – Tarık sagt: »Wenn man sich daran hält, ist man richtig stabil.« Wenn man sich daran hält.

Der 30-Jährige weiß, dass es nicht gut um ihn steht, dass er noch viel an sich arbeiten muss. Denn für all das, was er in den letzten zwei Jahrzehnten verbrochen hat, muss er erst mal in der Hölle brennen, davon ist er überzeugt. Von seinen Freunden hat er gelernt, dass die Qualen dort noch schlimmer sind, als man sich das vorstellen könne, dass das Feuer noch heißer sei als auf der Erde. Dass aber auch das Paradies noch schöner sei, als man es sich in der Fantasie ausmalen könne. Dass es sich lohnen werde, dafür weltliche Bedürfnisse aufzugeben.

Tarık ist der Moschee dankbar. Er sagt: »Seit ich hier bin, hat Allah alles wieder in Ordnung gebracht. Wie das ging, weiß ich nicht.« Er erzählt, dass Wunder geschehen seien. Nach einem Jahr darf er endlich seine siebenjährige Tochter Nadira wiedersehen. Er kann sich nun zum Dachdeckermeister ausbilden lassen. Vieles von dem, was ihm seine neuen Freunde ans Herz legen, versteht Tarık nicht. Er weiß nicht genau, wo die vielen Verhaltensregeln aufgeschrieben sind. Den Koran hat er nie gelesen. Er macht einfach, was ihm seine Glaubensbrüder sagen. Für die fünf täglichen Gebete hat er sich einen kleinen Teppich gekauft und einen Kompass, um Südosten zu bestimmen. Manchmal zwingt er sich zu zusätzlichen Gebeten. Seine Freunde haben gesagt, die seien besonders wirkungsvoll. Vor allem nachts, wenn alle anderen schlafen, sei ein guter Zeitpunkt, um zu Gott zu rufen. Seitdem stellt sich Tarık oft den Wecker. Gegen drei Uhr steht er auf, wäscht die Hände, spült Mund und Nase aus, lässt Wasser über Gesicht und Arme fließen. Streicht mit der feuchten Hand über den Vorderkopf, Ohren und den Nacken, zuletzt wäscht er seine Füße, erst den rechten, dann den linken. So wie es vorgeschrieben ist. Dann kniet er sich in seinem Zimmer auf den Gebetsteppich. Er versucht, so innig wie möglich zu Allah zu beten.

Wenn er will, kann Tarık jeden Tag am Unterricht über die Taten des Propheten teilnehmen. Dienstags kann er zur Gruppenbesprechung kommen und sich mit den anderen verabreden. Als Gruppe ziehen sie einmal in der Woche durch die Straßen und werben bei anderen Brüdern und Schwestern für die Religion. »Ganz so wie auch unser Prophet zu den Menschen gerufen hat«, sagt Tarık und er klingt stolz. Die Freunde haben ihn sogar eingeladen, einmal in der Woche auf dem Teppich im Gebetssaal zu übernachten, denn, so haben sie ihm gesagt: »Gott ist immer erst in den Moscheen.« Tarık kommt gerne in die Moschee, denn dort kann er über Probleme sprechen. Hier glaubt er, hört ihm endlich einmal jemand zu.

Der Weg zurück zum Glauben ist bei Tarık begleitet von einer nahezu klassischen Drogenkarriere: Tarık war 13, als er seinen ersten Joint rauchte. Er war experimentierfreudig, außerdem wollte er dazugehören. Er wollte, dass die anderen seine Segelohren vergessen, seine schlechten Zähne und seinen schmächtigen Körperbau. Mit 14

Jahren verdiente er sich Geld, indem er mit ein paar Gramm Haschisch im Volkspark Hasenheide handelte. Da lernte er das Geschäft kennen, in das er mit 17 richtig einstieg, als ihm ein Freund ein halbes Kilo Marihuana zur Verfügung stellte. Das Geschäft lief gut für Tarık, der in der Szene sogar einen Spitznamen bekam, er wurde vom kleinen Tarık zum großen »Tarko«. Er empfand das wie eine Auszeichnung, denn einen Spitznamen hat schließlich nicht jeder, findet er. Tarık genoss den Erfolg, er war ein guter Dealer, schnell, korrekt im Rechnen und ehrlich. Zudem war er sparsam: Das eingenommene Geld versteckte er in Blumenkästen. Mit 18 Jahren hatte er sich auf diese Weise sein erstes Auto zusammengespart. Die Eltern staunten, sie waren stolz auf ihren Sohn, aber sie fragten lieber nicht, woher das Geld kam.

Ein Jahr vor dem Autokauf lernte Tarık Julia kennen. Im April 1997 öffnete sie ihm bei einer Party die Tür, er verliebte sich auf den ersten Blick. Der Beginn einer fatalen Liebesgeschichte. Noch heute erinnert er sich an jedes Detail: An Julias dunkelblonde Haare mit den Strähnchen, ihre grünblauen Augen, die enge weiße Hose, das blaue Hemd. Er bemerkte beim Kartenspielen auf der Party, wie sie ihn beobachtete. Da beschloss Tarık, dass er sie erobern wollte, die schönste Frau, die er jemals gesehen hatte. Er lud sie ein ins Café. Sie tranken gemeinsam Bier und redeten stundenlang. Ein paar Tage später küsste Julia Tarık, einfach so, im Auto. Nie hätte er gedacht, dass sich so eine schöne Frau für ihn interessieren könnte. Sie nahm ihn mit nach oben.

Tarıks Eltern waren von Julia begeistert. Eigentlich hätten sie sich eine türkische Frau für ihren Sohn gewünscht. Aber bei Julia machten sie eine Ausnahme. Sie gab eine gute Schwiegertochter ab, höflich, zuvorkommend und sie sprach sogar etwas Türkisch, das sie bei Freunden in der Schule gelernt hatte. Tarık schlief fast jede Nacht bei ihr. Bis das Paar beschloss, eine eigene Wohnung zu mieten. Sie zogen in eine Zweizimmerwohnung, wo sich die beiden einrichteten. Gemeinsam hängten sie Vorhangstangen und Gardinen auf, kauften eine Couch und Teppiche. Tarık und Julia führten ein Leben, das man als bürgerlich bezeichnen könnte. Die Ausbilder der Dachdeckerlehre waren zufrieden mit Tarık, er war ein fleißiger Lehrling. Doch er war getrieben von dem Gedanken, schnell Geld zu verdienen. In der Lehre erhielt er rund 800 DM im Monat, eine beinahe lächerliche Summe für ihn, denn nebenbei verkaufte er Gras und verdiente gut das Doppelte damit. Seine Abnehmer waren unter anderem die anderen Lehrlinge, mit denen Tarık gemeinsam auf dem Dachboden kiffte. Er war beliebt.

Noch hatte er alles unter Kontrolle, seinen Drogenkonsum und die Ausbildung. Er lernte sogar vorzeitig aus: Nach zweieinhalb Jahren war er Dachdeckergeselle, ein halbes Jahr später bereits Vorarbeiter. Tarık war stolz darauf, mehr zu verdienen als seine Freundin, schließlich wollte er sie versorgen und verwöhnen können. Nach der Arbeit führte er sie gerne zum Essen aus.

Nur manchmal stritten sie sich. Wenn Tarık den Namen anderer Männer in Julias Telefonbuch las etwa. Er bohrte dann nach, wollte wissen, wie viele Freunde sie schon hatte. Julias Vergangenheit ließ ihn nicht los. Vielleicht war es seine Eifersucht, die ihn dazu antrieb, Erfolg haben zu wollen, und das so schnell wie möglich. Nach der Lehre begann er einen Job nach dem anderen. Er warf schnell wieder hin, weil er wusste, dass er genauso schnell wieder eine neue Arbeit fand. Im Nachhinein sagt Tarık, er habe damals Höhenflüge gehabt: »Ich war 19 und schon Vorarbeiter in einem Betrieb, ich habe 3000 DM verdient und war ein Angeber. Ich hab mir gesagt, dass ich mehr draufhabe.« Vielleicht war es auch das Kokain, das ihn beflügelte. Er war inzwischen von Marihuana darauf umgestiegen. Er hörte auf, als Dachdecker zu arbeiten, und konzentrierte sich aufs Dealen.

Er verkaufte. Er konsumierte. Das Geld floss jetzt richtig, manchmal schaffte Tarık bis zu 5000 DM in der Woche. Er nahm einen zusätzlichen Kredit auf und leistete sich ein neues Auto, einen *BMW*, baute einen neuen Motor ein, Felgen und Edelstahlauspuff. Er kaufte eine neue Musikanlage und fuhr durch die Berliner Nacht, die Taschen voller Geld. In einer Disco winkte er der schönsten Frau des Abends mit einem Beutelchen Kokain zu.

Julia wusste, dass ihr Freund Geschäfte mit Marihuana machte. Dass er längst kokainabhängig war, verheimlichte er vor ihr. Sie hatte ihn gewarnt: Wenn er je mit Kokain zu tun habe, würde sie ihn verlassen. Tarık drückte ihr seine Bankkarte in die Hand, er kaufte ihr Kleidung und Schmuck, zum Geburtstag und zu Weihnachten. Bald zogen sie aus ihrer Zweizimmerwohnung aus, in eine größere Wohnung, mit Garage.

Tarık war im Rausch. Er sagt: »Ich war die Nummer eins in meiner Klasse, alle zwei Tage habe ich 100 Gramm verkauft, sogar 300 Gramm auf einmal.« Von dem Geld machte er Julia Geschenke, er kaufte ihr Schuhe und Unterwäsche. Julia sagte immer wieder, sie wolle das alles gar nicht. Tarık verstand das nicht. Er fühlte sich abgelehnt und wertlos und suchte Trost bei anderen Frauen. Er brauchte das, um sein Ego zu stärken.

Julia gegenüber war er jedoch krankhaft eifersüchtig. Er stritt sich jetzt oft mit ihr und machte ihr wegen Kleinigkeiten Vorwürfe. Julia schwor ihm ihre Treue, doch Tarık fiel es schwer, ihr zu vertrauen. Er suchte fortan noch schnellere Befriedigung, ging in Strip-Clubs. Dort verkaufte er sein Kokain und flirtete mit den Frauen. Er warf mit Koks um sich, sagt er, war großzügig und fühlte sich »wie der King« zwischen den Frauen. Er genoss die Aufmerksamkeit.

In der Wohnung seiner Eltern wärmt sich Tarık die Nudeln mit Hackfleisch auf, die seine Mutter für ihn vorbereitet hat. Seit ihn Julia vor sieben Jahren vor die Türe setzte, wohnt er wieder hier. In der Zweizimmerwohnung haben sie ihm ihr Schlafzimmer frei geräumt. Sie selbst übernachten im Wohnzimmer, abends bauen sie die Couch zum Bett um. Ihrem Sohn sagen sie, dass ihnen das nichts ausmache. Sie wollen seine Gesundheit auf keinen Fall gefährden, sie wissen, dass er jetzt, nach allem, was er durchgemacht hat, labil ist. Dass er jederzeit wieder mit den Drogen beginnen könnte.

Für Tarık ist es bequem in der Wohnung seiner Eltern, weil seine Mutter ihm das Essen kocht und er keine Miete zahlen muss. Trotzdem träumt er manchmal davon, endlich eine eigene Wohnung zu haben. Er würde sie dann modern einrichten, mit Plasmafernseher und Ledercouch. Noch ist es nicht so weit.

Tarık stellt den Teller in die Mikrowelle und rührt türkischen Joghurt mit Knoblauch an, den er zu den Nudeln isst. Er trägt seinen signalroten *Nike*-Pullover, ein paar Haarsträhnen hängen ihm ins Gesicht. Heute ist ein schwieriger Tag, ihn quält das Verlangen nach einem Kokainkick. Es läuft momentan nicht gut für ihn in der Ausbildung zum Meister, der Druck ist groß. Er sagt, er könne sich nicht konzentrieren. In den vergangenen Monaten musste er sich mit Rechnungswesen und Controlling beschäftigen, mit Unternehmenssteuer, Recht und Handel. »Ich verstehe es einfach nicht«, sagt er. Die anderen Schüler lachten über ihn, weil er dumme Fragen stelle. Den anderen sei es ein Rätsel, wie er es durch die erste Zwischenprüfung habe schaffen können. »Das verstehe ich ja selber nicht«, sagt Tarık und vermengt die Nudeln mit dem Joghurt. Dann sagt er: »Allah hat das Herz der Prüfer erwärmt.« In Rechnungswesen hatte er schließlich eine Sechs, im Mündlichen hatte er von 15 Fragen nur 3 beantwortet. Ihm wurde gesagt, er hätte ja nicht einmal die Fragestellung verstanden, und dass er sich einen Duden kaufen solle, weil sein Deutsch im Schriftlichen nicht ausreichend sei. Trotzdem hieß es, er habe bestanden. »Das war ein Geschenk von Allah«, betont Tarık noch einmal. Seinen eigenen Leistungen vertraut er nicht. Er ist überzeugt, nur mit Allahs Hilfe auch die nächsten Prüfungen zu bestehen.

Er macht sich deshalb viele Gedanken. Er sagt, die Ausbildung raube ihm viel Zeit. Zeit, die er eigentlich in der Moschee verbringen sollte. Vor allem das Freitagsgebet will er nicht versäumen. Doch ausgerechnet an diesem Tag hat er technisches Zeichnen, einen Kurs, der ihm besonders schwerfällt. Tarık schiebt sich einen Löffel Nudeln in den Mund. Er kaut und überlegt, dann sagt er: »Ich möchte zumindest jeden dritten Freitag zum Beten gehen. Es ist besser, meine Pflichten Allah gegenüber zu erledigen, als in den Unterricht zu gehen. Denn Allah gehört doch alles: die Zeit, das Zeichenbrett und meine Noten.«

Tarık ist nicht dumm. Nach der sechsten Klasse ging er auf das Gymnasium. Die Lehrer fanden, ihr Schüler habe Potenzial, das Abitur könne er bei rechter Förderung schon schaffen. Die rechte Förderung aber fehlte. Die Eltern sprachen kein Deutsch und unterstützten Tarık nicht. »Sie haben meine Zeugnisse unterschrieben«, sagt er, »aber gelesen haben sie die nie.« Die Eltern sahen vieles nicht: Wie sehr sich ihr Sohn um ihre Aufmerksamkeit bemühte, wie stark er den Drogen verfiel.

Tarık scheiterte im Gymnasium. In der Bewertung schrieb der Klassenlehrer, er sei ein »lebhafter Schüler«, dem es »an der nötigen Konzentration fehlte«. Er wurde zurückgeschickt auf die Realschule. Die Lehrer dort waren zufrieden, vor allem lobten sie sein zuvorkommendes Verhalten und sein selbstständiges Arbeiten. Im Zeugnis am Ende der siebten Klasse hieß es: »Tarık ist ein freundlicher Schüler, der am mündlichen Unterricht sehr aktiv teilnahm.« Die Noten waren in Ordnung – in Englisch und Französisch hatte er eine Zwei, in Deutsch jedoch eine Vier.

Mit den Drogen begann Tarıks Leistungsabfall. Die Lehrer in der achten Klasse beklagten seine Unkonzentriertheit. In der Neunten schrieben sie über ihn: »In Konfliktsituationen sollte er beherrschter und toleranter agieren. Seine intellektuellen Fähigkeiten stehen im Gegensatz zu seinen Leistungen.« Den Realschulabschluss schaffte er knapp.

Tarık sagt: »Ich habe nie etwas verstanden. Nur als Drogendealer, da war ich richtig gut.« Dann blickt er auf die Uhr. Zeit für das Mittagsgebet. Er müsse sich täglich daran halten, erklärt er, sonst sei die Gefahr, wieder süchtig zu werden, zu groß. Und sonst kehrten auch die Gedanken wieder, an die Waffe, die er sich besorgen wollte, wegen Julia. Er steht auf, geht ins Bad, wäscht sich. Dann verschwindet er in seinem Zimmer. Zehn Minuten später ist er zurück. Pflicht erledigt.

Seine Probleme, sagt er, hätten seine Eltern erst spät bemerkt. Vielleicht erst, als er nach der Trennung von Julia wieder bei ihnen vor der Türe stand. Er bemüht sich, zu verstehen, weshalb sie ihm früher nie Aufmerksamkeit geschenkt hatten. Er sagt: »Sie waren in Deutschland sicher nicht immer glücklich.«

Tarıks Eltern gehören zu der ersten Generation der Einwanderer, Mitte der 60er-Jahre verließen sie ihre Heimat, um Arbeit in Deutschland zu finden. Heimat, das war in ihrem Fall Adana, im Süden der Türkei und nahe dem bekannten Urlaubsziel Antalya. Der Vater arbeitete nach seiner Ankunft in Berlin in einer Schnapsfirma, später als Sattelfahrer und landete schließlich, als die Jobs in den Fabriken knapper wurden, in einem der türkischen Cafés. Ihm war es egal, wo er arbeitete, er schaffte einfach das Geld für die Familie herbei. »Es war damals immer Geld da«, erinnert sich auch Tarık, der als kleiner Junge einfach so in die Hosentaschen seines Vaters greifen durfte. »Ich habe mal zehn DM rausgezogen, mal 50 DM«, sagt Tarık, und es schwingt Bewunderung für seinen Vater mit.

Der Mutter dagegen fiel mit 19 Jahren die Trennung von ihrer Familie in der Heimat schwerer. Sie weinte in den Anfangsjahren häufig, weil ihr das Leben in Deutschland so fremd vorkam, weil niemand sie verstand, wenn sie versuchte, sich mit den wenigen Worten Deutsch, die sie gelernt hatte, auszudrücken. Sie begann als Küchenhilfe zu arbeiten, schälte tagsüber Kartoffeln und kochte abends für die Familie. Ihr drittes Kind Tarık schickte sie mit ein paar Monaten in die Kinderkrippe, um Geld zu verdienen, das immer knapper wurde, seit der Vater abends lange wegblieb. »Mein Vater trank viel«, sagt Tarık. »Er hat viel Geld verspielt.«

Tarık steht vor dem Käfig mit zwei Kanarienvögeln. Er öffnet die Türe, die Vögel hüpfen ins Freie. Die Tiere trösten seine Mutter, glaubt er. »Sie hat viel durchgemacht«, sagt er und klappt die Käfigtüre wieder zu. »Meine Mutter war oft traurig. Sie wollte, dass mein Vater endlich aus der Kneipe kommt.« Wenn der Vater kam, dann hörte er seine Eltern oft streiten.

Später war es Tarık, der in die Tasche griff und seinen Eltern Geld gab. Schon Ende der fünften Klasse fragte sein Vater ihn immer wieder, ob er nicht fünf oder zehn DM parat habe, die er ihm dann zurückzahlen würde. Tarık war ein sparsamer Junge. Wenn er seinem

Vater das Geld reichte, spürte er Anerkennung. Anerkennung, die er sonst nicht bekam. Nicht für sein Talent als Torwart beim Fußballspielen und auch nicht für seine guten Noten in der Schule. Damals spürte er zum ersten Mal den Wunsch, viel Geld zu verdienen.

Tatsächlich fühlte er später, als er vor den Augen seiner Eltern dicke Bündel mit Geldscheinen aus der Hosentasche ziehen konnte, tiefe Befriedigung. Er fühlte sich gebraucht und reichte den Eltern mal 50, mal 100 DM. Er war es, der den Führerschein seines jüngeren Bruders zahlte und ihm Taschengeld gab. Er machte es wie sein Vater: Nie war er zu Hause, aber die Hosentaschen waren immer voller Geld. Und genauso plötzlich wie bei seinem Vater war das Geld irgendwann weg.

Die Ähnlichkeit zum Vater haben sie damals auch bei der Therapie festgestellt, erzählt Tarık, der sich nun wieder auf den Stuhl gegenüber des Wohnzimmertischs gesetzt hat. Er malt einen Kreis, in den er noch einen weiteren, kleineren, malt. Er sagt: »Im Zentrum steht mein Vater, wir alle sind von ihm abhängig, jeder hat eine eigene Sucht entwickelt, meine Schwester fürs Kaufen, mein Bruder für Computerspiele.« Bei der Familienaufstellung in der Therapie hat Tarık auch erfahren, dass es oft einen aus der Familie besonders hart trifft. Er sagt: »Das war dann wohl ich.«

Der Schlüssel dreht sich in der Türe. Die Eltern kommen von einem Besuch bei ihrer ältesten Tochter zurück. Tarık begrüßt die Mutter mit einem Küsschen auf die Wange, dem Vater nickt er zu. Die Eltern lassen sich auf das Sofa fallen. Die Frau lehnt sich leicht an die Schulter ihres Mannes. Die Kälte zwischen seinen Eltern, die Tarık einst spürte, ist Sanftheit im Alter gewichen.

Heute ist Freitagabend. Früher wäre Tarık nicht daheim gewesen. Er hätte sich mit Freunden getroffen, nebenbei seinen Stoff verkauft und sich zugedröhnt. Er sagt, wenn er seinen Glauben nicht hätte, dann wäre er am Wochenende längst wieder unterwegs, auf den Straßen. Dort könnte es jetzt für ihn gefährlich werden, weil dort die Dealer stehen, die es bislang noch immer geschafft haben, ihn zu überreden. Inzwischen geht er während der Woche oft schon um halb zehn ins Bett. Er will fit sein für den nächsten Tag in der Meisterschule.

Es sieht so aus, als rette ihn die neue Frömmigkeit. Aber noch hat er es nicht geschafft. Das Verlangen nach Drogen versucht er zu stillen, indem er sich eine Zigarette nach der anderen ansteckt. Später am Abend läuft er in die Küche, um getrocknete Datteln zu holen. In der Moschee hat er gelernt, dass der Prophet Muhammed, als er in der Wüste darben musste, seinen Hunger nur mit einer Handvoll davon gestillt haben soll. Tarık isst an diesem Abend nur eine einzige Dattel, deren Kern er zu den Kippen im Aschenbecher legt. Kann Frömmigkeit Sucht bekämpfen?

In seinem Zimmer zeigt sich, wie sehr sich Tarık bemüht, Vergangenheit und Gegenwart zu trennen. In einem roten Schuhkarton hat er alte Briefe und Karten gestapelt – Post von Julia, die sie ihm zum Geburtstag und später in die Therapie schickte. Sie nennt ihn darin »Superman« und »Tiger«, auf einer Karte schrieb sie: »Ich glaube, das Schlimmste haben wir überstanden. Es kann nur besser werden.« Das war 2007, während der Therapie. Was aus den gemeinsamen Hoffnungen und Träumen geworden ist, bewahrt Tarık, in Klarsichthüllen gesteckt, in einem grauen *Leitz*-Ordner auf: die Einstweiligen Verfügungen, die Julia gegen ihn erwirkte, wegen seiner Drohungen, dem Stalking. Die Ladungen vor Gericht und die Urteile, wegen den Ohrfeigen, die er Julia verpasste, und wegen der dummen Idee, einen Supermarkt zu überfallen.

In seinem Schreibtischregal stehen links oben die Bücher und Unterlagen, die er für die nächste Prüfung in der Meisterschule braucht. Sie stehen da, wie in einer Buchhandlung – unbenutzt. Tarık gibt zu: »Ich habe noch keines von ihnen gelesen.« Dann greift er zum Koran, der auch im Regal steht. Er sagt: »Mit meinen Büchern für die Meisterschule sollte ich anfangen zu lesen. Ich würde mir aber wünschen, dass der Koran mein nächstes Buch ist.«

Neben den Aufzeichnungen aus dem Unterricht hebt Tarık seine persönlichen Notizen auf. Er schreibt auf, was Julia in letzter Zeit gesagt hat. Dass sie etwa vor Gericht behauptete, er wolle seine Tochter nicht sehen. Dabei vermisst Tarık Nadira doch, ihr Portrait hat er überall in seinem Zimmer aufgestellt. Von überall lächelt ihm seine hübsche Tochter zu. Sie ist auf dem Bildschirmschoner seines Laptops abgebildet, ein Foto steht eingerahmt auf dem Schreibtisch, ihre Kinderzeichnungen hat Tarık neben weiteren Erinnerungsfotos an die Schrankwand geklebt.

2001 wuchs in Julia der Wunsch, ein Baby zu bekommen. Sie war 25 Jahre alt und fühlte sich reif genug, um Mutter zu sein. Tarık aber war 22 und spürte, dass er noch kein guter Vater sein konnte. Die Drogen hatten ihn immer stärker im Griff, außerdem konnte er sein Geld nicht mehr zusammenhalten: Was er tagsüber beim Kokain- dealen einnahm, landete nachts in Spielautomaten oder am Poker- tisch. Julia aber machte der Wunsch, Mutter zu werden, blind. Sie setzte die Pille ab, nach einiger Zeit war sie schwanger. Tarık lud sie zum Essen ein, er freute sich.

Nachts aber lag er wach neben Julia und schämte sich für seine Sucht. Er wusste, dass er kein guter Vater sein konnte. Er schlief nicht, weil seine Nase, entzündet vom Kokain, blutete und schmerzte. »Das hat mich wahnsinnig gemacht«, sagt Tarık, »ich habe mich kaputt und hässlich gefühlt.« Um seine Nase zu schonen, begann er *Crack* zu rauchen. Ein Freund zeigte ihm, wie er das Kokain mit Natron auf einem Löffel erhitzen musste, um es dann in kleinen Pfeifen rauchen zu können. Tarık probierte es einmal aus, dann konnte er nicht mehr davon lassen. Er sagt, das sei stärker gewesen, als alles, was er je zuvor gespürt hatte. Und auch, dass dieser kurze Rausch alles betäube, das schlechte Gewissen und seine Schmerzen.

Tarık veränderte sich. Er ließ Julia in die Kneipe kommen, hoch- schwanger. Sie musste ihm Geld bringen fürs Zocken. Als Julia merkte, dass Tarık das gesamte Geld verspielte, versuchte sie zu retten, was zu retten war. Sie versteckte alles Geld daheim, in alter Unter- wäsche auf dem Schrank. Doch auch dieses Geld spürte Tarık auf, angespornt von seiner Sucht. Ihm war jetzt alles egal.

Im September 2002 kam seine Tochter Nadira auf die Welt. Tarık blieb nachts nun noch länger weg. So zugedröhnt wollte er sich nicht vor seinem Kind zeigen. Zu Hause war er nur noch, um Kokain in Päckchen abzupacken. Das Handy klingelte ständig, Kunden wollten wissen, wo und wann sie ihre Bestellung abholen konnten. Tarık unternahm nur noch wenig mit Julia. Er hatte Angst, dass sie bemerkte, wie abhängig er war.

Als sie ihn in der Küche beim Kokainrauchen erwischte, ließ sie sich von seinen Ausreden überzeugen. Sie wollte ihm glauben, dass er mit den Drogen aufhört. Er war schließlich der Vater ihrer Tochter, sie wollte die Familie zusammenhalten. Doch Tarık rutschte immer weiter ab. Er begann, Wertsachen zu verpfänden, um an Geld zu kommen. Als er Julias Handy haben wollte, weil er sein eigenes als Pfand versetzt hatte, weigerte sie sich. Sie trat ihn mit dem Fuß, um ihn abzuwehren. Da schlug Tarık sie, zum ersten Mal in ihrer Beziehung. Er holte aus und verpasste ihr eine Ohrfeige, so stark, dass Julia gegen eine Türe knallte. Sechs Jahre nach der ersten Begegnung war ihre Schmerzgrenze erreicht. Sie warf ihn aus der Wohnung und erwirkte im Oktober 2003 eine Einstweilige Verfügung gegen ihn – die erste von insgesamt drei. Tarık durfte sich ihr und Nadira vorerst nicht mehr nähern, sonst drohte ihm eine Geldstrafe. Er zog wieder bei seinen Eltern ein, wo er bis heute wohnt.

Julia hatte ihren Traum von einer Familie noch nicht aufgegeben. Auch Tarık hoffte, dass er sie zurückerobern konnte. Die beiden blieben ein Paar, auch wenn sie die nächsten vier Jahre in getrennten Wohnungen lebten. Julia erzog die gemeinsame Tochter. Tarık kümmerte sich um die Drogen. Er sagt, er hätte den Ehrgeiz gehabt, schnelles Geld mit dem Kokain zu verdienen. Julia sagte er: »Nur noch ein bisschen, dann kann ich aufhören.« Er belog sich selbst, bis es ihm immer schlechter ging und Julia ihn endlich überreden konnte, eine Therapie zu machen.

Im Frühjahr 2007 kam Tarık ins Krankenhaus, zur Entgiftung. Sieben Tage. Doch noch im Krankenhaus verkaufte er die letzten Gramm, die er in den Taschen trug. Am letzten Tag holte Julia ihn ab, um ihn nach Hohengatow zu bringen. Dort, im »Haus Lenné«, einer Therapieeinrichtung, sollte er mit der Behandlung beginnen. Es kam nicht dazu. Tarık war außer sich, als er merkte, dass Julia mit den öffentlichen Verkehrsmitteln gekommen war, statt den *BMW* zu benutzten. Als sie ihm erklärte, dass dieser von Drogengeldern gekauft sei und sie damit nun nichts mehr zu tun haben wolle, fühlte sich Tarık angegriffen. Er glaubte, jetzt alles zu verlieren – die Drogen, sein Geld und dadurch Julia. Er lief zum nächsten Dealer. Noch am Vormittag war er wieder rückfällig.

Tarık rutschte nun völlig ab. Er nahm immer größere Mengen an Kokain, gleichzeitig hörte er damit auf, Drogen zu verkaufen. Den Drang, Geld zu verdienen, spürte er plötzlich nicht mehr. Wozu, wenn Julia sich über seine Geschenke nicht mehr freute? Er wollte versuchen, langsam aus dem Teufelskreis – Verkaufen – Konsumieren – Verkaufen – auszubrechen. Seine Sucht finanzierte er, indem er den Dealern erzählte, er würde bald wieder ins Geschäft einsteigen. Bis dahin müssten sie ihm aushelfen. Doch Tarık wollte nicht mehr dealen. Er traf sich mit alten Freunden, die er oft auf eine Runde eingeladen hatte, als es ihm noch gut ging. Von ihnen ließ er sich aushalten, während er versuchte, sich selbst zu finden, ohne zu wissen, wo er suchen sollte.

Es war ein verregneter Tag im Mai 2007, als Tarıks Körper nicht mehr mitmachte. Er sagt, er habe 30 Gramm intus gehabt, als er einen Freund besuchte. Durchtränkt vom Regen trocknete er sich bei ihm. Der Freund gab ihm frische Socken, damit er sich nicht erkältete. Vor allem aber heizten sich die beiden noch einmal ein Gramm auf dem Löffel auf. Tarık wurde schwarz vor Augen, er bekam keine Luft mehr. Kreislaufversagen. Trotzdem reagierte er geistesgegenwärtig und bat seinen Freund, 112 zu rufen. Der aber sagte: »Das kann ich nicht.« Er hatte Angst davor, mit den Drogen erwischt zu werden. Tarık stürzte nach unten auf die Straße. Er lehnte sich an ein Auto und schaffte es gerade noch, über sein Handy die Feuerwehr zu rufen. Dann kippte er um. Im Krankenwagen wachte er auf, schlug um sich und schrie. Nachdem ihm der Notarzt eine Beruhigungsspritze gegeben hatte, sah er im Dämmerzustand Julia und Nadira. Sie winkten ihm zu und wurden dann von anderen Bildern verdrängt. Er sah die Barmädchen und Stripperinnen. Dann wurde er bewusstlos.

Als er wieder zu sich kam, stand der Arzt vor ihm. Er sagte Tarık, ein zweites Mal werde er eine Überdosis nicht überleben. Tarık meldete sich erneut für eine Therapie an. Vier Monate blieb er, von Juli bis Oktober 2007. Die Psychologen diagnostizierten bei ihm ein zwanghaftes Bedürfnis nach Aufmerksamkeit.

Julia schrieb ihm regelmäßig. Wenn die Therapeuten es erlaubten, besuchte sie ihn. Kurz vor Ende der Therapie hatte sie Ringe dabei und machte ihm am Havelufer einen Heiratsantrag. Tarıks größter Wunsch ging in Erfüllung. Vier Tage später standen sie vor dem Imam in einer Moschee in Spandau. Tarık beendete die Therapie.

Julia ließ wieder mehr Nähe zu. Kurz nach dem Ende der Therapie durfte Tarık ab und zu bei ihr und Nadira, die jetzt fünf Jahre alt war, übernachten. Doch das plötzliche Familienleben fiel ihm schwer. Wenn seine Tochter abends nicht ins Bett gehen wollte, erlaubte er ihr, noch wach zu bleiben. Wenn sie Süßes wollte, gab er ihr so viel Schokolade zu essen, wie sie wollte. Er kannte keine Grenzen. Bis Julia die Geduld platzte und sie »raus hier« brüllte. Tarık ging. Drei Wochen nach Therapieende, im November 2007, besorgte er sich wieder 20 Gramm Kokain, obwohl er wusste, dass das tödlich enden könnte. Er fühlte sich als Versager, sowohl als Mann als auch als Vater. Er sagte: »Nach der Therapie konnte ich nicht mehr für Julia sorgen.« Im Gegenteil: Um seine Sucht zu finanzieren, bat er sie immer wieder um etwas Geld. Er wurde zunehmend aufdringlicher.

An einem Tag im Dezember stand er in ihrem Wohnzimmer und drohte, den Plasmafernseher mitzunehmen. Sie warf ihn aus der Wohnung. Immer wieder stand er vor der Tür oder rief sie an, bat um Geld. Eines Abends im Januar wollte er Julia die Kette wegnehmen, die er ihr einmal geschenkt hatte. Nadira stand neben ihrer Mutter, als die sich wehrte. Die kleine Tochter weinte und versuchte ihrer Mutter zu helfen. Da lief Tarık aus der Wohnung, die Kette in der Hand. Fünf Monate lang, bis zu ihrer nächsten fatalen Begegnung im

Mai 2008, hatte er kaum Kontakt zu Julia. Auch Freunde aus der Szene wendeten sich ab. Sie merkten, dass Tarık als Händler ausfiel. Dass er nun nichts weiter als ein Drogenjunkie war, ständig auf der Suche.

Auf Tarıks Stirn perlte der Schweiß, seine Hände, sein ganzer Körper zitterten, als er im Februar 2008 vor der Kassiererin eines *Lidl*-Marktes stand. Er sah das Geld in der Kasse, Geld, mit dem er sich endlich wieder Kokain kaufen konnte. Dann griff er hinein. Die Security-Männer überwältigten ihn. Doch Tarık war so geschwächt, dass er sich kaum wehrte. Er war jetzt am Tiefpunkt. Ohne Geld, ohne Freunde, ohne Julia. Noch am gleichen Tag ließ ihn die Polizei wieder laufen. Im September sollte er vor Gericht erscheinen. In dem halben Jahr, das zwischen dem versuchten Raub und seiner Verurteilung lag, gab Allah ihm alles und nahm es ihm wieder. So jedenfalls sah es Tarık.

Er durchforstete sein Telefonbuch, rief jeden an, den er kannte. Doch niemand hatte Zeit für ihn. Bis er bei einem alten Freund aus Schultagen landete, der ihn in die Moschee einlud. Tarık, der nichts mehr zu verlieren hatte, begleitete den Freund. Als er im Gebetssaal auf dem Teppich stand, ohne Schuhe und Schulter an Schulter mit den anderen Männern, fühlte er sich geborgen. Plötzlich fühlte er sich wie der Teil einer Gemeinde. Die Bewegungsabläufe beim Beten beruhigten ihn, genau wie die Gespräche mit seinem einstigen Schulfreund. Er ging jetzt häufig in die Moschee, ab und zu kokste er noch, aber immer nur wenig. Er hatte sich jetzt wieder im Griff, glaubte er. Wenn er betete, bat er Gott, ihm Arbeit zu geben. Er wollte sich als Dachdecker selbstständig machen und dafür die entsprechende Ausbildung beginnen. Er flehte darum, wieder mit Julia zusammenzukommen.

Tatsächlich erfüllte sich ein Wunsch nach dem anderen: Erst meldete sich Julia wieder. Die beiden versöhnten sich und wurden erneut ein Paar, wenn auch auf Distanz. Durch seine Gebete und Julias Rückkehr fühlte sich Tarık bestärkt. Er füllte Formulare aus, stellte Anträge, bekam einen Kredit bei der KfW. Im Mai 2008 erhielt er einen Ausbildungsplatz, den er im Herbst antreten sollte. Eine Tatsache, die ihm bei seinem Gerichtstermin wegen des Überfalls im *Lidl*-Markt positiv angerechnet wurde. Der Richter entschied sich für eine dreijährige Bewährungsstrafe, um Tarıks Ausbildung nicht zu gefährden. Tarık hatte eine Glückssträhne: die Rückkehr von Julia, der Ausbildungsplatz und das milde Gerichtsurteil. Er war überzeugt: Seine Gebete wurden erhört. Doch Allahs Gnade bewies sich als unbeständig.

Bereits Ende September 2008 stand Tarık beim Beten in der Moschee auf, ging auf die Straße und geradewegs zu seinem Dealer. Mitten im Gebet überkam ihn dieser Drang nach Kokain – er war wieder rückfällig, trotz Moschee, trotz seines Glaubens. »Gott hat mir alles wieder weggenommen«, sagt Tarık heute, »und zwar, weil ich falsch gebetet habe. Ich habe nicht zu ihm gesprochen, sondern nur Forderungen gestellt. Das mag Gott nicht.« Tarık ergab sich seinem Schicksal. Julia beendete die Beziehung. Sie sagte Tarık, sie habe nun den Glauben verloren, dass er doch noch von den Drogen loskommen könnte. Im Oktober erzählte sie ihm von einem neuen Mann in ihrem Leben. Die Eifersucht quälte Tarık.

Er fühlte sich von ihr verraten, weil sie mit einem Ägypter zusammengekommen war. Er nannte ihn nur »der Araber« – eine Ethnie, die er nicht ausstehen konnte. Schon als Kind hatte er gelernt, sich von ihnen abzugrenzen. Die Araber in seinem Viertel Neukölln, deren Eltern zum Teil Kriegsflüchtlinge waren, hält er für »eklig«, »brutal« und »ohne Benehmen«. Er sagt: »Als ich am schwächsten war, hat sie mich an der schmerzhaftesten Stelle getroffen und sich mit einem Araber zusammengetan.« Er begann, Julia aufzulauern. Immer wieder schickte er ihr Nachrichten per Handy. Sie wechselte ihre Telefonnummern, doch Tarık bekam die neue Nummer immer wieder raus – durch Bekannte, oder weil er ihre Handyrechnung aus dem Briefkasten zog. Tarık erfuhr, dass der neue Freund fast zehn Jahre älter war als er, intelligent sei und gut verdiene. Sein Selbstbewusstsein litt erneut. Er sagt: »Von alldem war ich damals das Gegenteil.«

In den nächsten zwei Monaten spielte Tarık immer wieder mit dem Gedanken, dem Mann aufzulauern. Er stellte sich das genau vor: Wie er vor der Wohnung im Gebüsch auf ihn warten würde, mit der Waffe in der Hand. Er stellte sich vor, wie er ihm ins Knie oder den Oberschenkel schießen würde. Stattdessen lauerte Tarık Julia auf – im Hausflur, an den Bushaltestellen oder vor ihrer Arbeit. Immer wieder wollte er sie zur Rede stellen, er spielte den starken Mann. Im Dezember 2008 erwirkte Julia wieder eine Einstweilige Verfügung. Am Telefon sagte sie ihm, dass Nadira Angst vor ihm habe. Tarık war verletzt. Das Kokain tröstete ihn, wieder einmal. Heute sagt er: »Vielleicht war das mein Glück. Wenn ich nicht so schwach von den Drogen gewesen wäre, wäre ich vielleicht durchgedreht.«

Stattdessen ging er wieder in die Moschee zurück, sie war der letzte Zufluchtsort, den er hatte. Dort ließ er sich unterrichten wie seine Gebete besser erhört werden würden. Im Februar 2009 sprach ihn ein Gläubiger an, weil ihm auffiel, wie innig Tarık betete. Der Gläubige erzählte ihm, wenn er im Traum grüne Farben sehe, dann würde sein Traum in Erfüllung gehen. In der folgenden Nacht träumte Tarık von Julia, die ein weißes Hochzeitskleid und einen grünen Schleier trug. Ein paar Wochen später lieferte ihm Allah den letzten Beweis, den Tarık brauchte: Julia kam ein drittes Mal zu ihm zurück. Für ihn ein geradezu göttliches Wunder.

Doch das Glück hielt nur drei Wochen lang. Eine Zeit, in der Tarık getrieben war von seiner Eifersucht. Er sagt, »der Name des Arabers« sei zu oft gefallen. Julia beendete die Beziehung endgültig. Doch Tarık ließ nicht locker, lauerte ihr auf und drohte ihr. Julia benutzte wieder das, was ihm wie ein Trumpf erschien, die Einstweilige Verfügung. Als er sie im Mai 2009 erhielt, rief er einen Polizisten an, den er von früher kannte. Er rief ins Telefon: »Ich knall sie ab.« Der Polizist kam sofort zu ihm, er schaffte es, Tarık zu beruhigen, dessen Anruf ein Schrei nach Hilfe war.

Auch in der Moschee erzählte Tarık von seinen Aggressionen. Daraufhin überredeten ihn seine Freunde, mit ihnen nach Trabzon im

Nordosten der Türkei zu reisen. 40 Tage lang sollte er dort mit ihnen beten, ein Leben in Askese führen, fern von Julia und den Drogen. Sie sagten ihm, das werde ihm helfen, die Sucht zu überwinden und zurück zum reinen Glauben zu finden. Tarık reiste mit ihnen. Er betete, hüllte sich in helle, weite Kleidung, ließ sich einen Bart stehen und verzichtete auf sein Haargel. Vor allem aber fühlte er sich eingewiesen in ein Geheimnis. Er glaubte, verstanden zu haben, dass seine letzte Chance der Glaube war, dass er sonst ewig in der Hölle schmoren müsse.

Als Tarık Anfang September 2009 wieder zurück in Deutschland war, kaufte er seiner Tochter eine Geburtstagskarte. Er entschied sich für ein Motiv mit Tauben – die Karte sollte auch eine Botschaft an Julia sein. Doch persönlich übergeben durfte er sie nicht, so war es vom Gericht entschieden worden. Und dann plante er selbst, Richter zu spielen. Er machte sich auf den Weg, um sich eine Waffe zu besorgen. In seiner Fantasie stellte er sich vor, wie er zu Julia fuhr. Wie er ihr die Pistole in den Mund steckte und fragte: »Willst du das?« Wie er ihren angstvollen Blick genießen würde, welche Genugtuung er spüren würde, auch wenn er wohl nicht abdrücken würde.

Das Schicksal nahm einen anderen Verlauf. Der Mann, den Tarık ansprach, erkannte die Situation. Er sagte ihm, Allah werde sich von ihm abwenden, wenn er die Waffe gegen seine Frau richte. Er werde die Liebe Gottes verlieren. Tarık gab den Plan auf. Doch im Telefonbuch hat er noch eine Nummer gespeichert, von einem anderen Mann, der ihm eine Waffe besorgen kann. Für alle Fälle.

In der Nacht, wenn seine Mitschüler sich vom Tag ausruhen, steht Tarık auf und spricht zu Gott. Er betet dann, dass Allah ihm Kraft geben möge, standhaft zu bleiben. Standhaft genug, um von den Drogen wegzubleiben, um Julia in Ruhe zu lassen und um seinem Glauben treu zu bleiben. Er ist überzeugt, alles liege in Gottes Händen. Er sagt: »Julia oder die Therapie konnten mich nicht von den Drogen abhalten. Die Moschee schon.« Seit er regelmäßig bete und das auch mehrmals am Tag, habe sich sein Leben wieder stabilisiert, sagt er.

Zwischen Julia und ihm ist es vor zwei Monaten vor Gericht zu einem Vergleich gekommen. Tarık durfte sich einen Tag in der Woche aussuchen, an dem er seine Tochter sehen kann. Ihm fiel das schwer, schließlich brauchte er Zeit für die Moschee. Nadira sieht er nun nur alle zwei Wochen für ein paar Stunden.

Wenn sich Tarık morgens auf den Weg zu seiner Ausbildungsstelle macht, denkt er darüber nach, wie er sein Leben führen soll. Er sagt, dass er sich oft traurig fühlen würde, weil er wegen der Schule den Kontakt zur Moschee verloren hat. »Aber um stabil zu sein, muss ich doch für Gott arbeiten«, davon ist er überzeugt. Noch hat Tarık es nicht gewagt, den Freitagsunterricht mit dem schwierigen Kurs »Technisches Zeichnen« zu schwänzen. Er hat Angst, dass dann seine Leistungen schlechter würden. Allerdings kann er das nicht lange durchhalten, sagt er. Denn: »Ein guter Muslim ist wie ein Fisch im Aquarium: Wenn du ihn rausnimmst, zappelt er.« Vielleicht geht er nächste Woche zum Freitagsgebet. Er hat gehört, dass das von Allah besonders belohnt werde: »Wenn man, ohne sich abzulenken, dem Imam zuhört, dann verzeiht einem Gott alle Sünden der vergangenen Woche.«

Doch etwas belastet Tarık noch: der Kredit, den er für die Meisterschule aufgenommen hatte. 15.000 Euro hatte er sich von der KfW besorgt, Geld, mit dem er den Unterricht und Materialien wie Holz, Blech und Schiefer bezahlte. Doch jetzt haben ihn die Freunde aus der Moschee gewarnt. Sie haben ihn darauf aufmerksam gemacht, dass es eine Sünde sei, Zinsen zu zahlen. Weil sich Tarık nicht ganz sicher war, ob das auch in seinem Fall so sei, hat er daraufhin einen befreundeten Imam befragt. Der sagte: »Ich persönlich würde mein Leben nach dem Tod nicht aufs Spiel setzen für mein Leben auf der Erde.« Tarık könne nicht auf Gottes Hilfe hoffen und gleichzeitig gegen dessen Gesetze verstoßen. Seitdem überlegt Tarık, wie er sich die 15.000 Euro anders besorgen könnte. Viele Möglichkeiten hat er nicht. Der Imam aber meinte, er müsse nur auf Gott vertrauen, das Geld würde dann irgendwie zu ihm kommen.

Tarık überlegt nun hin und her. Er ist sich bei vielem unsicher.

Eine Unsicherheit, die ihn leicht manipulierbar macht. Er selbst sagt: »Ich wusste zuvor nicht, wer ich bin, erst jetzt durch die Gebete, habe ich zurück zu mir gefunden.« Doch die Verantwortung für sein Leben legt er in andere Hände. Er sagt: »Allah erzieht mich, ich will noch so viel lernen«, und meint damit die Glaubensbrüder in der Moschee. Sie sind es nun, die es in der Hand haben, wie Tarıks Zukunft aussieht.

MURAT UND DIE KUMPELS
VOM KOTTI

Murat ist vor 33 Jahren in Berlin als Sohn türkischer »Gastarbeiter« zur Welt gekommen. Sein Deutsch ist geschliffen, genau wie sein Türkisch. Seine Identität nennt Murat »Deukisch« – er lebt türkische Traditionen wie Gastfreundschaft und Herzlichkeit und er besitzt geradezu preußische Tugenden wie Pünktlichkeit und Aufrichtigkeit. Der perfekte Kandidat, um in Berlin Karriere zu machen. Seine Geschichte hätte eigentlich eine Erfolgsgeschichte werden können.

»Einmal Spezial-Döner«, ruft der Mann hinter der Theke – und hält einen Teller mit klein geschnittenem Dönerfleisch, Salat und einer Portion Pommes hoch. Murat nimmt den Teller entgegen. Ein junger Mann mit kurz geschnittenen Haaren, glattem Gesicht und kleinen Glitzer-Piercings in Nase und Ohr. Unter der Lederjacke trägt er einen Pulli mit dem Logo der *36 Boys*, einer legendären Kreuzberger Straßengang. Der 33-Jährige trifft sich regelmäßig mit seinen Freunden Hüseyin und Orkun im Döner-Imbiss *Orient-Eck*, wo er seinen Spezial-Teller bestellt hat. Auch heute ist er mit ihnen verabredet. Murat ergattert einen freien Tisch, setzt sich und wartet. Wie immer ist beinahe jeder Platz hier unter dem vorgebauten Zelt besetzt.

Das *Orient-Eck* ist ein guter Treffpunkt, um die Nacht zu beginnen – und eventuell auch wieder zu beenden. Zentral gelegen, mitten am Kottbusser Tor, dem Eingang ins bunte Nachtleben des Kreuzberger Stadtteils SO36. Was die Politiker einen Problemkiez nennen, heißt bei den Berlinern liebevoll »Kotti«. Ein sozialer Brennpunkt mit der größten türkischen »Kolonie« Deutschlands, Anziehungspunkt einer Autonomen-Szene, die hier am ersten Mai die Straßen in ein Schlachtfeld verwandelt, außerdem Umschlagplatz der Heroin-Junkies, die vor dem Eingang der U-Bahn und vor dem Supermarkt stehen.

Als Neuköllner ist Murat nur Besucher in Kreuzberg. Tags trägt er einen Anzug, die Piercings legt er ab. Er arbeitet für einen Telekommunikationsanbieter, er hat mit Kunden zu tun und da will er ordentlich aussehen. Mit einem Anzug am Kotti erscheinen? Ein absurder Gedanke. »Wenn ich hier so rumlaufen würde, die würden mich gleich wieder rauskicken«, sagt Murat. »Wer einen Anzug trägt, wird unterschätzt.« Wenn Murat abends hierherkommt, dann will er einfach nur Spaß haben, mit seinen Kumpels Party machen. Oft gehen sie zur *Kottis Sportsbar* gleich gegenüber vom *Orient-Eck*, um dort an der Bar zu sitzen und mit den anderen Gästen zu reden, vielleicht ein bisschen auf Fußballspiele wetten. »In die *Sportsbar* gehen die erfolgreichen Türken«, sagt Murat. Er erzählt etwa von einem ehemaligen *Turkish-Airlines*-Manager oder aber auch vom Besitzer des *Orient-Ecks*, wo Murat nun auf seine Freunde wartet. Bis vor Kurzem hatte auch er sich noch zu den »erfolgreichen Türken« gezählt.

Murat ist ein echtes »Berliner Kindl«, wie er sagt. 1976 ist er in der Neuköllner Frauenklink zur Welt gekommen. Das ABC hat er in der Silberstein-Grundschule gelernt, er fuhr auf seinem BMX-Fahrrad die ehemalige Berliner Mauer entlang, kämpfte im Wald gegen Geister und im Urlaub reisten seine Eltern mit ihm quer durch Deutschland, um Verwandte in Augsburg, Köln, Hannover oder Bonn zu besuchen. Und trotzdem ist Murat aufgewachsen mit dem Bewusstsein, immer noch nicht recht dazuzugehören, zur deutschen Gesellschaft. Mit dem Gefühl, eben kein echtes »Berliner Kindl« zu sein, sondern ein »Gastarbeiter«-Kind. Er wird oft gefragt, ob er sich denn integriert fühle. Murat schüttelt dann den Kopf: »Wo soll ich mich denn hier integrieren? Ist doch alles türkisch.«

Wie geht man damit um, wenn man in Deutschland geboren wurde und immer noch als Ausländer gilt? Was in der deutschen Integrationsdebatte gern als »kulturelle Identität« bezeichnet wird, nennt Murat schlicht »Deukisch«. Er sagt: »Ich bin einfach deutsch und türkisch. Deukisch, eben.« Er macht das längst nicht nur an den

Sprachen fest. Türkisch sei er, weil er die Werte seiner Eltern pflege: Gastfreundschaft und Herzlichkeit. Er ist überzeugt, dass ein Mann die Familie versorgen muss, von einer Frau würde er sich nur sehr ungern einladen lassen. Die Frau, die er heiraten will, soll Türkin sein. Wenn er eine Zeitung liest, dann ist es die *Hürriyet*, über Politik unterhält er sich mit Männern, die so wie er aus der Türkei stammen.

Andererseits ist er aber auch einer, der die deutsche Kultur und Sprache aufgesogen hat. Auch dank Kerstin, seiner Sitznachbarin in der Grundschule, die ihn am ersten Schultag umarmte, um ihn zu trösten, weil er so weinte. Sein Lieblingsgericht ist Entenkeule mit Kartoffelklößen und Apfelkompott; er liebte seinen Deutschen Schäferhund Alba und seinen pinken Opel-Kadett. Als er in München als Promoter jobbte, hieß es über ihn: »Ein Preuße.« Tatsächlich besitzt Murat viele preußische Tugenden: Er ist pflichtbewusst und pünktlich, aufrecht und seine Freunde halten ihn für außerordentlich geradlinig und treu.

Zudem ist Murat einer, der sich immer bemüht, das Positive zu sehen. Einer, der versucht, unbeschwert durchs Leben zu gehen.

Als Murats Mutter 13 Jahre alt war, verliebte sie sich in den Vater, zehn Jahre älter als sie und als Spieler bekannt. Die Familie war partout gegen die Hochzeit. Doch der 23-jährige Mann, den sich Murats Mutter ausgesucht hatte, war keiner, den man einfach wieder fortschicken konnte. Und so entführte er ganz einfach seine Auserkorene. Ein probates Mittel, um eine Ehe zu erzwingen, denn durch eine Entführung beschädigt der Mann auch die Ehre der jungen Frau. Er setzt ein Zeichen, dass sie nun zu ihm gehört. Niemand kann schließlich wissen, ob der Mann in den gemeinsamen Stunden das Mädchen entjungfert hat, oder nicht.

Zur offiziellen Hochzeit zwischen Murats Eltern kam es erst vier Jahre später, als sich die ältere Schwester schließlich bereitfand, ihre Unterschrift unter die Heiratsurkunde zu setzen – Murats Mutter war ja immer noch nicht volljährig. Die Hochzeit feierten sie ohne Familienangehörige, die das Fest boykottierten. »Nicht einmal ihre

Schwester feierte mit meiner Mutter«, sagt Murat. Die darauf folgenden zwei Ehejahre waren wenig glücklich. Die Mutter brachte zwei Töchter zur Welt, dann kam ihr Mann ins Gefängnis. Murat weiß nur so viel, wie ihm seine Mutter erzählte. Dass der Vater eine Art Sittenwächter in Ankara war. Dass er ein Kino stürmte, um dort einen Mann rauszuholen, der die Ehre eines Mädchens verletzt hatte. Warum er dafür zu sieben Jahren Haft verurteilt wurde, weiß Murat nicht genau.

Murats Mutter musste sich in den Jahren der Haft ihres Mannes allein auf den Straßen Ankaras durchschlagen. Mit ihren zwei Töchtern zog sie in ein Kohlelager. »Meine Mutter hatte nur ein Huhn. Dank der Eier überlebten sie.« Ihre Familie unterstützte sie nicht. Sie hatte ihr die unehrenhafte Ehe mit dem zehn Jahre älteren Spieler immer noch nicht verziehen.

»Ehre« das ist ein Begriff, der auch für Murat wichtig ist. Allerdings interpretiert er »Ehre« offener als seine Eltern. Er sagt, eine Jungfrau zu heiraten sei zwar schön, aber: »Welches Recht hätte ich denn, das einzufordern?« Generell aber findet er, dass Frauen »auf sich achtgeben sollten«. Wenn seine Nichten Freunde haben, dann will er das lieber gar nicht wissen. Einmal hat er sich doch eingemischt und einen dieser Freunde beiseite genommen. Er hat gesagt: »Wir geben dir alle Freiheiten, weil wir dir vertrauen. Das darfst du nicht ausnutzen.«

1969 verließ Murats Mutter als »Gastarbeiterin« die Heimat. Ihr Mann hatte nach seiner langen Haft keine Chance auf einen Job in Deutschland. Die Mutter versuchte ihr Glück zunächst in Celle; 1973 brach sie dann nach Berlin auf, wohin sie ihre inzwischen fünfköpfige Familie nachholte – ihren Mann und die drei Töchter. In Deutschland gebar Murats Mutter noch eine weitere Tochter – zur Enttäuschung ihres Mannes. »Statt groß für sie zu kochen, brachte er ihr nur trockenes Brot ans Bett«, erzählt Murat. Bei seiner Geburt, 17 Jahre nach der der ersten Tochter, war das anders. Murat war das fünfte Kind und der lang ersehnte Sohn. Sein Name bedeutet auf Deutsch »der Wunsch«. Diesmal hatte der Vater rote Rosen dabei.

»Aber er war so sturzbetrunken vor Freude, dass er sie einfach an alle Frauen, die ihm über den Weg liefen, verschenkte.«

Als einziger Sohn hatte Murat schon immer eine besondere Rolle in der Familie. Anders als seine Schwestern durfte er so viel unterwegs sein und so viele Freundinnen haben, wie er wollte. Gleichzeitig war er für seine Mutter Vermittler zur Außenwelt, zumal seit sein Vater vor zehn Jahren starb. Seitdem erlebt Murat, wie seine Mutter nicht nur am Rand der deutschen Gesellschaft steht, sondern auch am Rand der türkischen. »Alleinerziehende türkische Frauen sind bei uns nicht anerkannt. Für die türkischen Männer sind sie wie Freiwild.« Er erinnert sich, wie er einmal im Supermarkt seine Mutter beim Einkaufen begleitete. »Ich lief ein paar Schritte hinter ihr, als ich so komische Geräusche hörte. Das war auch noch ein religiöser Mann mit Bart, der ihr hinterherpfiff.« Murat versuchte, seine Mutter in Schutz zu nehmen. »Ich bin zu dem Mann gegangen, dem ich vom Alter her eigentlich aus Respekt die Hand hätte küssen müssen, und hab gesagt: ›Scheiß auf deinen Bart.‹« Aus Religion macht sich Murat bis heute wenig.

Murats Mutter hat sich mit ihrer Isolation abgefunden – so wie viele aus der ersten Generation der »Gastarbeiter«, die ja sowieso niemals in Deutschland bleiben wollten. Murat aber will zur Mitte der Gesellschaft gehören. Den Realschulabschluss holte er neben der Ausbildung zum Industriemechaniker nach. Doch eigentlich war es schon immer sein Traum gewesen, deutscher Beamter zu werden.

Den Entschluss, sich bei der Polizei zu bewerben, fasste Murat, als er mit sechzehn den Beamten einmal bei einem Fall helfen konnte. »Es war abends, als ich sah, wie ein Mann eine Frau gegen einen Zigarettenautomaten schleuderte«, erzählt Murat. Ein Typ mit Fahrradkette um den Hals, einer, dem man ansah, dass er leicht zuschlug. Murats Freunde sagten: »Lass uns abhauen.« Murat aber rief die Polizei. Er half ihr, den flüchtenden Mann zu stellen. »Ich auf dem Roller«, erzählt Murat lachend. »Neben mir die Polizei mit Blaulicht.«

Mit dem Realschulabschluss in der Tasche bewarb sich Murat bei der Polizei. Dreimal hintereinander. Und dreimal wurde er abgelehnt.

»Das erste Mal hieß es, ich hätte geschummelt. Dabei hatte mein Sitznachbar – das war ein Afrikaner – während der Prüfung von mir abgeschaut. Wir sind beide disqualifiziert worden.« Murat empfand das als ungerecht. Er hatte schließlich nichts getan. Ein Jahr später bewarb er sich wieder. »Diesmal hieß es, die Fristen hätten sich geändert und ich sei zu spät.« Er sagt: »Vielleicht wollten die mich immer noch nicht wegen des Unterschleifs.« Das dritte Mal hörte Murat, man brauche leider niemanden mehr.

Damals fühlte er sich diskriminiert. Heute weiß er, dass gerade türkischstämmige Polizisten von der Berliner Polizei gesucht werden. Aber beworben hat er sich nicht mehr, sondern arbeitete stattdessen in einer Werkstatt. Er sagt: »Die wollten mich nicht und jetzt will ich auch nicht mehr.« Bei Murat war es ein unbestimmtes Gefühl, wegen seiner Nationalität diskriminiert zu sein. Laut einer Studie aber sind Bewerber mit türkischem Nachnamen tatsächlich benachteiligt. Im Auftrag des »Bonner Instituts zur Zukunft der Arbeit« hatten Mitarbeiter der Universität Konstanz etwa 1000 fiktive Bewerbungen verschickt. Die Hälfte von ihnen hatte einen Absender mit Namen türkischer Herkunft, die andere Hälfte mit deutsch klingendem Namen. Die Bewerber mit erkennbarem Migrationshintergrund erhielten zwischen 14 und 24 Prozent weniger positive Antworten.

Murat hat inzwischen eine Alternative gefunden: Er heuerte bei dem Telekommunikationsanbieter an, für den er heute noch arbeitet. Ein sympathischer junger Mann, der zwei Sprachen fließend beherrscht, außerdem Englisch spricht. In kurzer Zeit kletterte er die Karriereleiter hoch. Er begann als Promoter und überzeugte seine Arbeitgeber durch seinen freundlichen Umgang mit den Kunden. Sie machten ihn zum Vertriebsbeauftragten in einem Gebiet, das sich von Frankfurt an der Oder über Potsdam und Berlin bis nach Schwerin und Rostock erstreckte. Auf seiner Visitenkarte stand »Vertriebsbeauftragter Nordost – *Indirect Sales*«. Im *BMW* fuhr er zu Großkunden, er trug Anzug und verdiente bis zu 5000 Euro im Monat. Eine steile Karriere. Im Berliner Stadtteil Mariendorf konnte sich Murat eine moderne Wohnung mit Garten leisten. Das Neuköllner

»Gastarbeiter«-Kind war nun mitten in der deutschen Gesellschaft gelandet.

Und dann passierte das mit der Waffe. Es war am 12. Mai 2009 am Bahnhof Zoo, abends um halb acht. Murat stand dort mit seinem *BMW* an einer Ampel, die gerade auf Grün umschaltete. Doch dann überquerte ein Mann die Straße. »Er schlenderte provokant langsam, obwohl Rot für ihn war«, sagt Murat. »Ich hatte es eilig an diesem Abend, da war noch ein wichtiger Termin für die Arbeit, ich musste pünktlich sein.« Murat rief dem Mann durch das herabgelassene Fenster zu: »Wenn du schon bei Rot läufst, dann beeil dich wenigstens.« Dass der Mann nicht allein war, hatte er da noch nicht gesehen. »Plötzlich standen die zu fünft um mein Auto herum. Das war eine Gruppe von Punkern, die immer am Bahnhof Zoo sind.« Die Männer spotteten über ihn, sein »dickes Auto« und seinen Anzug. Einer, der vor seinem Auto stand, sagte: »Komm doch raus, wenn du dich traust.« Murat öffnete das Fach am Fahrersitz. »Ich hatte dort eine Schreckschusspistole. Ich hab sie genommen und in meine Gesäßtasche gesteckt.« Die Waffe durfte Murat bei sich führen, weil er einen kleinen Waffenschein besitzt. Aber richten durfte er sie auf niemanden. »Das hab ich auch nicht, ich bin ja nicht mal aus dem Wagen gestiegen«, sagt Murat. Allerdings hat er jetzt Schwierigkeiten, genau das zu beweisen. Schließlich waren die anderen zu fünft. »Angeblich soll ich gesagt haben: ›Verschwindet, oder ich schieße.‹ So ein Unsinn.«

Noch hat keiner der Männer gegen ihn ausgesagt. Aber die Folgen des Vorfalls hat Murat schon zu spüren bekommen. Kurz vor Neujahr zog die Polizei seinen Führerschein ein. »Meine weiße Akte hat niemanden interessiert«, sagt Murat, der sich inzwischen einen Anwalt besorgt hat. »Die sehen nur: Türke, Waffe, und dann ist ihnen schon alles klar. Man ist schnell abgestempelt.« Als der Polizeibeamte Murats Führerschein einzog, zeigte dieser ihm noch seine Visitenkarte als Vertriebsbeauftragter. »Ich hab ihn gefragt, wie ich denn in dem Job ohne Führerschein arbeiten soll?« Der Beamte versuchte, sich für Murat einzusetzen. Doch die Richterin blieb bei ihrem Urteil. Sein

Arbeitgeber kündigte Murat die Stelle. »Ich bin jetzt wieder da, wo ich vor fünf Jahren angefangen hab«, sagt er. »Promoter.« Jetzt steht Murat im Elektronikmarkt und versucht, DSL-Verträge zu verkaufen. Statt 5000 Euro im Monat verdient er nur noch 1500. Seine Wohnung hat er aufgegeben, nun lebt er wieder bei der Mutter in Neukölln. Er, der früher doch Polizist werden wollte, macht sich nun Sorgen um seine Zukunft: »Ich hab Angst, dass ich jetzt in die Schublade ›krimineller Ausländer‹ gesteckt werde.« Er befürchtet, nun doch am Rand der Gesellschaft gelandet zu sein.

Es war längst nicht das erste Mal, dass Murat in Deutschland negative Erfahrungen als Türke gemacht hat. »Kanakenkind«, so hieß es, als Murat noch klein war. »Kanakenhure«, später über eine Freundin von ihm. »Wir waren damals gerade von einem Fußballspiel zurückgekommen«, erzählt er. »Als wir zurückgepöbelt haben, wurden wir angegriffen.« Bis die U-Bahn-Wache die Neonazis zurückhielt.

Fast die Hälfte der in Deutschland lebenden Türken und türkischstämmigen Migranten fühlt sich unerwünscht, 42 Prozent planen, in die Türkei zu gehen – das Ergebnis einer Studie, die im November 2009 erschien. Laut der Umfrage ist der Wunsch, in der Türkei zu leben, bei jungen Migranten im Vergleich sogar noch ausgeprägter. Murat gehört nicht zu ihnen. Er fühlt sich wohl in Deutschland, trotz allem.

Seinen Spezialteller im *Orient-Eck* hat Murat bereits gegessen, als seine Freunde endlich kommen – der 37 Jahre alte Hüseyin, grau melierte Schläfen. Und der 27-jährige Orkun, groß und sportlich. Murat begrüßt sie mit Umarmung und Küsschen auf die Wangen. Das macht man hier so im Kiez. Eine zärtliche Geste, die beinahe im Kontrast steht zu der sonst demonstrativ zur Schau gestellten Männlichkeit. Aber kontrastreich ist vieles im Leben von Murat und seinen Freunden. In ihrem Alltag oszillieren sie zwischen Tradition und Moderne, zwischen Ost und West, zwischen Stolz und Verletzlichkeit.

Ausgrenzungserfahrungen so wie Murat haben auch Orkun und Hüseyin schon gemacht – bei den Lehrern in der Schule, aber auch bei den Bewerbungen, die sie geschrieben haben. Hüseyin hat sich früher gegen das Gefühl, als Türke nicht akzeptiert zu werden, auf der Straße gewehrt – als Mitglied der Gang *36 Boys*, dessen Logo Murat auf seinem Pulli trägt. Etwa 300 Jugendliche, die meisten mit Migrationshintergrund, zogen damals um die Häuser und lieferten sich Straßenkämpfe mit Neonazis oder Skinheads.

Inzwischen aber hat sich der Straßenkampf verändert, sagt Orkun. »Heute sind unsere Feinde die radikalen Kurden.« Hüseyin sagt: »Das sind extreme PKK-Anhänger, die gewaltsam ein eigenes Kurdistan fordern.« Selbst der sonst so diplomatische Murat sagt: »Wir werden regelrecht angegriffen. Wenn man sich dann wehrt, dann gilt man gleich als rechtsradikal.« Und beinahe trotzig: »Und wenn die mich dafür halten, dann verhalte ich mich erst recht so.«

»Erst recht so verhalten« hatte sich Murat, etwa nach einem EM-Spiel, das die Türkei gegen Portugal verloren hatte. »Da haben sich Kurden, die das Trikot der Portugiesen anhatten, über uns lustig gemacht«, erzählt er. »Ich hab denen dann zugerufen, wie erbärmlich das doch ist, sich ein fremdes Trikot anziehen zu müssen. Dass sie ja nicht mal ein eigenes Land hätten.«

Das Thema Kurden schürt Emotionen bei Murat und seinen Freunden. Plötzlich sind sie Verteidiger der Heimat, schlägt ihr Herz für die Türkei, ein Land, das sie doch eigentlich kaum kennen, weil sie nie länger als ein paar Wochen dort Urlaub gemacht haben.

Mit diesen Gefühlen sind sie nicht alleine. In den vergangenen Jahren ist es rund um das Kottbusser Tor immer wieder zu Konflikten zwischen jungen ultranational eingestellten Türken und Kurden gekommen. Etwa 2007, als eine Demonstration eskalierte, bei der Kurden gegen einen Einmarsch der türkischen Armee in den Nordirak protestierten. Mitglieder der ultrarechten *Grauen Wölfe* hetzten die Demonstranten durch die Stadt. Zum großen Teil junge Männer und Frauen, die die Hand zum gemeinsamen Zeichen hoben – Zeigefinger und kleiner Finger abgespreizt, die restlichen Finger aufeinandergelegt. Wie ein Wolfskopf.

Die *Grauen Wölfe* sind Mitglieder der Föderation der Türkisch-Demokratischen Idealistenvereine in Europa, einem Verband, der als

Auslandsorganisation der türkischen Partei der Nationalistischen Bewegung (MHP) betrachtet wird. Ihr Symbol ist der *Bozkurt*, der Graue Wolf. Die tausenden Anhänger der *Grauen Wölfe* heulen einem gemeinsamen Gründungsmythos hinterher. Der Legende nach soll eine Wölfin die türkischen Stämme vor der Unterjochung des Feindes gerettet und in die Freiheit geführt haben. Die Mitglieder verbindet darüber hinaus ein eindeutiges Feindbild: Kurden, Armenier, Juden und Amerikaner.

Der Verfassungsschutz warnt vor der Vereinigung, die unverhohlen im Internet zur Gewalt aufrufe. In einem Bericht von 2009 heißt es über die jugendlichen Anhänger: »Sie hetzen gegen das friedliche Zusammenleben der verschiedenen ethnischen und religiösen Gruppierungen und fördern damit auch in der Bundesrepublik Deutschland das Entstehen von Parallelgesellschaften mit dem entsprechenden Konfliktpotenzial.«

Orkun kennt die *Grauen Wölfe* gut. Die Cafés, in denen sich die Anhänger treffen, besucht er regelmäßig. Er sagt: »Das sind lauter stolze Türken.« Auch auf seinen Kumpel Hüseyin haben die *Grauen Wölfe* eine Anziehungskraft. Bei ihm daheim hängt ein Bild, auf dem ein glitzernder Wolf mit Halbmond abgebildet ist. Ein Freund hat es ihm geschenkt. Hüseyin sagt, er findet es einfach schön. Murat hat sich einmal verleiten lassen, das Handzeichen der *Grauen Wölfe* zu machen – nach dem verlorenen EM-Spiel, als er sich von kurdischen Fußballfans provoziert fühlte.

Der Politologe Kemal Bozay sieht eine Gefahr darin, wenn sich junge Menschen bei den Demonstrationen plötzlich das Abzeichen der *Grauen Wölfe* anstecken, oder die Hand zum Erkennungszeichen, dem Wolfskopf, formen. Er sagt: »Irgendwann kann diese Popkultur zur Identität werden, zu einer politischen Demonstrationsform.« In dem Erstarken der türkischen Rechtsextremisten sieht er eine neue Form des Nationalismus, die längst nicht nur marginalisierte Schichten betreffe. »Entscheidend sind die Stigmatisierungserfahrungen und wie stark in der Familie traditionelle Wertvorstellungen vermittelt wurden.«

Murat und seine Freunde aber bremsen sich gegenseitig aus, etwa wenn die Debatte über Kurden zu einseitig zu werden scheint. Hüseyin sagt dann: »Uns verbindet mit den Kurden doch auch eine jahrhundertelange Freundschaft.« Orkun warnt: »Man darf nicht alles über einen Kamm scheren.« Und Murat ist überzeugt: »Unsere Feindbilder werden durch das Fernsehen und die türkische Regierung bewusst gestärkt.«

Murat ärgert sich selbst über die einseitigen Debatten über die Gewalt junger Migranten, über islamischen Fundamentalismus, über Kopftuch und Minarette, mit denen er jeden Tag konfrontiert ist. Debatten, in denen er sich als Türke ungerecht behandelt fühlt. Er sagt: »Wenn es um Kriminalität geht, heißt es immer gleich: Die Türken waren das. Aber die Deutschen werden schon noch sehen, was sie an uns haben.«

Mit seinen Freunden Hüseyin und Orkun hat Murat ein Netz gebildet, in das er sich fallen lassen kann, wenn er das Gefühl hat, das Gleichgewicht zu verlieren. Die Freunde rücken zusammen, wenn einer abzustürzen droht. Wenn Hüseyin etwa in einen Streit gerät, dann ist es meist Murat, der vermittelt. Wenn Orkun dringend einen Job braucht, dann nimmt Hüseyin ihn mit sich auf Montage.

Als Murat der Führerschein entzogen wurde, hatte er dunkle Gedanken. »Ich hab mir gesagt: Hätte ich die Waffe doch mal auf jemanden gerichtet, dann wäre das alles wenigstens gerechtfertigt.« Dann rief Murat seine Freunde an. Die sind mit ihm ausgegangen – zur *Gayhane*, einer türkischen Party für Schwule und Lesben im berühmt-berüchtigten Nacht-Club *SO36*. Die drei Männer haben sich eingeschlichen, denn eigentlich ist die Party nur für Homosexuelle gedacht – an der Kasse wird streng selektiert. Doch als Murat und seine Freunde drin waren in der für sie so fremden Welt, haben sie sich wohlgefühlt. Sie haben die ganze Nacht lang getanzt und haben dabei ganz vergessen, dass sie eigentlich gar nicht zur Partygesellschaft dazugehören. Das hat Murat gutgetan. Und am nächsten Tag hat er wieder eine neue Bewerbung geschrieben. Den Versuch, Karriere zu machen, hat er längst noch nicht aufgegeben.

SCHLUSS

Zutritt in die »geschlossene Gesellschaft«

Türkische Männer in Deutschland – eine »geschlossene Gesellschaft«? Oder einfach nur eine schwer zugängliche? In den Gesprächen hatte ich das Gefühl, Männern gegenüberzusitzen, die sich darüber gefreut haben, dass ihnen jemand Interesse schenkte. Für viele war es eine Erleichterung, zuzugeben, dass auch sie sich orientierungslos fühlen, dass auch sie sich gerne Rat einholen würden. Ich hatte das Gefühl, durch meine Nachfragen in einigen der Männer etwas angestoßen zu haben. Nicht selten fielen in den Gesprächen die Wörter Beichte oder Geständnis. Im Nachhinein erfuhr ich, dass die Männer genauso überrascht waren über mein Interesse, wie ich über ihre Offenheit. Die Tatsache, dass ich eine Frau bin und aus einem anderen Kulturkreis stamme, hat das Gespräch möglicherweise sogar erleichtert. Die Männer konnten mir erklären, wie es sich anfühlt, der Erwartung ihrer Familien entsprechen zu müssen, immer stark zu sein, keine Schwäche zuzulassen. Einer türkischstämmigen Frau gegenüber wäre ihnen dies vielleicht schwerer gefallen.

So wie die Männer aus unterschiedlichen Milieus kommen, unterschiedlichen Generationen angehören, unterscheiden sich auch die Probleme und Anforderungen, vor die sie sich gestellt fühlen.

Die »Gastarbeiter« der ersten Generation hatten das Ziel, in Deutschland ein neues Leben aufzubauen. Sie wollten finanziell unabhängig werden und dann nach einigen Jahren wieder in die Türkei zurückkehren. Ali, der älteste der Männer, die portraitiert wurden, hat bei seinen Plänen die beiden Söhne vergessen. Diese ließ er in der Heimat zurück, im Glauben daran, in ihrem Interesse zu handeln. Viele Integrationsdramen beginnen so oder ähnlich. Viele Einwanderer der ersten Stunde sind geflohen vor Arbeitslosigkeit, Ausgrenzung und Armut. Für ihre Familie wollten sie das Beste und zerrissen sie auf diese Weise. Ali steht heute vor dem Scherbenhaufen seines Lebens, für den ganz allein er als Entscheidungsträger und Familienoberhaupt die Verantwortung übernehmen muss.

Die Kinder der ehemaligen Gastarbeiter mussten unter den Konsequenzen des späten Familiennachzugs leiden. Ein Beispiel dafür ist Kemal. Erst mit sieben Jahren erfuhr er, wer seine Eltern sind. Seit seinem Neustart in Deutschland fühlt er sich entwurzelt. Nie konnte er sich darauf verlassen, dass Berlin seine Heimat war. Jedes Jahr hieß es in seiner Familie: Nächstes Jahr kehren wir zurück in die Türkei. So wie er saßen viele Vertreter der zweiten Generation wie auf einem Schleudersitz – jederzeit konnte es zurückgehen in die Heimat. Das hatte Konsequenzen für die Identitätsbildung, aber auch für die Schulbildung und die Deutschkenntnisse. Bei Kemal daheim spielten die Noten keine wichtige Rolle. Schließlich sollte er in jedem nächsten Jahr wieder in eine Schule in der Türkei gehen. Die Eltern gaben ihm nicht das Gefühl, ankommen zu können. In der Schule machte er zum ersten Mal Bekanntschaft mit dem Gefühl, ausgegrenzt zu sein: Die anderen hänselten ihn, weil er so schlecht Deutsch sprach.

Vor besondere Probleme sind »Importbräutigame« gestellt – Quereinsteiger in die deutsche Gesellschaft. Ahmet, der durch seine Hochzeit nach Deutschland kam, musste hier mit Orientierungslosigkeit und Arbeitslosigkeit kämpfen. Zugleich lastete auf ihm der Druck, seine Familie zu ernähren – in Berlin und im türkischen Heimatdorf. Seine Schwäche traute er sich nicht zuzugeben, weder in der Moschee noch gegenüber seiner Frau. An der Bürde, als Mann immer nur stark sein zu müssen, wäre er beinahe zerbrochen.

Auch diejenigen, die in Deutschland geboren wurden, kämpfen mit Problemen eigener Art. Murat und sein Freund Orkun etwa begeben sich täglich auf eine Gratwanderung. Murat nennt das deukisch – er ist deutsch und türkisch zugleich. Dass es dabei zu Konflikten kommen kann, zeigt die Anziehungskraft, die nationalistische

Organisationen wie die *Grauen Wölfe* auf insbesondere jugendliche Anhänger ausüben.

Zu den generationsspezifischen Problemen kommen bestimmte Erwartungen, die alle Männer belasteten. Etwa die, das Geld für die Familie nach Hause zu schaffen, Entscheidungsträger und Sittenwächter zu sein, Repräsentant nach außen und starker Mann innerhalb der Familie.

Die Verantwortung, als Mann das Geld für die Familie zu verdienen, wird zum sozialen Integrationshindernis. Bei einigen der portraitierten Männer beendete die Notwendigkeit, Geld zu verdienen, früh die Ausbildung. Ismet wollte eigentlich Abitur machen. Doch sein Traum ging nicht in Erfüllung, da sein Vater ihn zur Ehe drängte. Er musste von nun an seine Familie ernähren und hatte keine Chance mehr auf einen Schulabschluss mit Abitur. Selbst wenn Korays Frau bereit wäre, nach ihrer Ankunft in Berlin zu arbeiten, wird er ihr dies nicht erlauben. Es gehört zu seinem Selbstverständnis als Mann, seine Familie zu ernähren. Lieber arbeitet er weiterhin nachts und in Spielhallen, als seiner Frau einen Job zu erlauben. Tarık sagt, er habe in seiner Familie früh gelernt, wie wichtig es ist, viel zu verdienen. Schließlich hatten seine Eltern Schwierigkeiten damit, die Familie zu ernähren. Tarık setzte darauf, mit Drogen schnell viel Geld zu machen. Er spürte, dass er dadurch die Anerkennung seiner Eltern schneller erreichen konnte, als durch gute Noten.

Auch die frühe Verheiratung wird zum Bildungshindernis. Durch sie sollen die jungen Männer früh Verantwortung tragen und die Rolle des Ernährers und des Sittenwächters übernehmen. Sie werden zum Entscheidungsträger für ihre Familie. In einigen der portraitierten Fälle diente eine Hochzeit als Patentrezept der Eltern, den Sohn zur Vernunft zu bringen. Korays Mutter hoffte, die Ehe mit einer traditionell erzogenen Türkin werde ihren Sohn auf Knopfdruck ändern. Probleme zeichnen sich allerdings schon vor der eigentlichen Hochzeit ab. Beide Partner gehen mit vollkommen unterschiedlichen Erwartungen in die Ehe. Koray spürt die Gefahr, diese Erwartungen schon vor dem Familiennachzug zu enttäuschen. Über die Landesgrenzen hinweg geschlossene Ehen bergen Probleme, von denen auch die Männer betroffen sind: Ahmet machte als »Importbräutigam« die Erfahrung, von seiner Frau finanziell abhängig zu sein. Die Erwartungen seiner Familie und seiner Frau konnte er nicht erfüllen. Auch bei Adem wurde die Ehe über Landesgrenzen zur Belastung. Er spürte den Druck, seine Schwiegereltern in der Türkei finanziell unterstützen zu müssen. Trotzdem setzt Adem nun wieder auf eine Hochzeit mit einer Türkin, die er nach Berlin holen will. Er hofft, dass diese Ehe nun besser wird. Er schätzt Gemeinsamkeiten wie Kultur und Herkunft als größer ein, als das, was trennt: die unterschiedlichen Erfahrungen in Deutschland und in der Türkei.

Dass das seit Jahren diskutierte Problem Zwangsehe auch Männer treffen kann, zeigen die Beispiele von Ismet und Serkan. Beide fühlten sich in ihre Ehe gedrängt. Bei Ismet war es vor allem der psychologische Druck, den sein Vater ausübte, der ihn in die Heirat einstimmen ließ. Serkan hatte sich seine Hochzeit zunächst selbst gewünscht, um aus der Enge, die er daheim erlebte, auszubrechen. Die Ehe war ein Experiment, durch das er sich mehr Freiheiten versprach. Sein Fall zeigt, wie nah Opfer- und Täterrolle beieinanderliegen können. Gegen Zwänge in der Ehe wehrte er sich, indem er sich die Freiheiten nahm, die er als Mann besaß. Er stürzte sich in den sexuellen Exzess, heiratete dreimal und lebte sogar in Polygamie. Für seine Frau wurde die Ehe dadurch zum Albtraum. Für Männer, die in Ehen gedrängt werden, ist die Situation meist erträglicher als für ihre Frauen. Anders als diese besitzen sie mehr Möglichkeiten aus dem Ehealltag zu flüchten. Die tragische Konsequenz: Die Probleme der Frauen vergrößern sich noch, je mehr Freiheiten sich die Männer nehmen.

Ehe und Ehre sind für viele der Männer eng miteinander verknüpft. Dass auch Männer unter der Last der Erwartungen zusammenbrechen können, ist ein Perspektivenwechsel: Eigentlich zeigt das Klischee Männer meist in der Rolle derer, die im Namen der Ehre bereit sind, zu morden oder ihre Töchter mit Zwang zu verheiraten. Serkan und Ismet aber sind zwei Männer, die gegen ihren Willen heirateten, um die Ehre der Frauen zu retten. Für diesen Ehrbegriff nahmen sie in Kauf, nicht glücklich zu werden. Anders Adem und Ahmet, die sich von ihren Ehefrauen in ihrer Männlichkeit und ihrem Stolz verletzt fühlten. Der »Importbräutigam« Ahmet, weil er sich in Deutschland seiner Frau unterlegen fühlte. Adem, weil seine Frau Gerüchte über angeblichen sexuellen Missbrauch an den Töchtern verbreitete. Statt ihre Ehre mit Gewalt wiederherstellen zu wollen, wendeten sie sich an Kazım Erdoğan und den Psychosozialen Dienst Neukölln. Sie haben dort gelernt, Vertrauen in eine Behörde zu haben, dass Ehre auch über den Rechtsweg wiederhergestellt werden kann.

Der Islam dient als Rückzugsmöglichkeit für einige der portraitierten Männer. Faruk suchte hier den Rückhalt, der ihm in Deutschland fehlte. Seine Einsamkeit und Sprachlosigkeit versuchte er durch Engagement in der Moschee und Gebete zu kompensieren und vergrößerte sie dadurch noch. Für den ehemaligen Kokainabhängigen Tarık ist die Religion zur Ersatzdroge geworden. Er hält sich akribisch an die vielen Regeln und Gebote. Er sucht in seinem Glauben Strukturen, die ihm Halt geben. Dabei verlässt er sich blind auf seine Glaubensbrüder – seine Zukunft hat er in ihre Hände gelegt. Auch Serkan sucht seinen Frieden in der Religion. Er vertraut auf den Imam, der ihm den Rat gab, sich mit seiner Zwangsehe abzufinden und auf ein glückliches Leben im Jenseits zu hoffen. Die Religion wurde Serkan zum Ersatz einer glücklichen Ehe.

Männer sind ähnlich wie Frauen Opfer traditionell-patriarchaler Strukturen. Aber ihr Leiden ist ein anderes als das der Frauen. Sie haben die Möglichkeit, aus der Enge des Familienlebens auszubrechen. Sie können sich Freiheiten nehmen, die viele Frauen nicht haben. Als Männer können sie einen Ausgleich außerhalb der Familie suchen, sie können flirten, feiern und Kaffeehäuser besuchen, ohne Konsequenzen fürchten zu müssen. Oftmals aber geht eben jene Freiheit, die sich die Männer nehmen, zu Lasten der Frauen. Besonders deutlich wird das im Fall von Serkan: Aus seiner Zwangsehe flüchtete er sich auf die Straße, heiratete mehrere Male. Seine Frau blieb daheim bei den Schwiegereltern.

Prägungen und die dadurch resultierenden Probleme setzen sich von Generation zu Generation fort; an ihrer Bürde tragen auch Frauen und Kinder. Kemal, der nach seinen Wurzeln in der Türkei suchte, entwurzelte damit seine Söhne. In mehreren Fällen wiederholen sich die Schicksale. Serkan machte ähnliche Fehler wie sein Vater: Auch er heiratete mehrere Male und auch er nahm seiner Frau das Kind weg. Kemal fühlte sich als Kind von seinen Eltern entführt. Seinen Sohn hat er als Erwachsener der Mutter ebenfalls beinahe weggenommen.

Ein Kreislauf, den der Psychologe Kazım Erdoğan beenden will. Den Männern versucht er eine Brücke zu sein zu einer Gesellschaft, von der sie ein unsichtbarer Graben trennt. Laufen aber müssen sie selbst über diese Brücke. Der Psychologe kann ihnen nur Hilfe zur Selbsthilfe bieten. Erdoğan bringt die Männer zum Nachdenken, dazu, eingefahrene Denkweisen zu hinterfragen. Sie sollen sich verabschieden von der Vorstellung einer Überlegenheit von Männern über Frauen, oder der, die Lösung ihrer Probleme im Männercafé zu finden. Er will, dass sie den Mut aufbringen, sich gegen überkommene Traditionen aufzulehnen. Dass sie aus der Opferrolle treten und ihr Schicksal in die Hand nehmen. Sie sollen selbst etwas verändern, nicht nur über Probleme lamentieren. Nun wollen die Männer die Mauer einreißen, von der sie das Gefühl haben, dass sie sie von anderen trennt. Eine Mauer, gegen die sie immer wieder rennen oder gerannt sind.

Integration aber geht immer von zwei Seiten aus – es ist eine Bewegung aufeinander zu. Die Gesellschaften müssen sich einander nähern. Es geht nicht um einseitige Schuldzuweisungen. Es geht darum, Probleme zu erkennen und selbstkritisch daran zu arbeiten. Die Gespräche bei Gipfeln, Konferenzen und Projekten helfen dabei, Integration voranzutreiben. Viele Projekte verpuffen aber, weil das Geld ausgeht oder sie nur kurzfristig angelegt waren. Ihnen ständen pragmatische Lösungsvorschläge gegenüber: kleinere Schulklassen, mehr Lehrer, auch türkischer Herkunft, die Kindergartenpflicht, der verbindliche Sprachtest für Kinder ab vier Jahren, Gesamtschulen.

Diese Maßnahmen sind jedoch teuer. Die Bertelsmann-Stiftung hat in einer Studie von 2008 die Kosten der verfehlten Integrationspolitik auf bis zu 16 Milliarden Euro geschätzt. Die Zahl ist nach oben hin offen.

Jahrelang wurde übereinander gesprochen, selten miteinander. Der Kommunikationsweg verlief vor allem vertikal, von oben nach unten. Viele der Männer, mit denen ich gesprochen habe, waren erstaunt über mein Interesse und zugleich fielen die Barrieren. »Wenn wir nicht kommunizieren, wenn wir nicht offen über Probleme sprechen, werden wir uns keinen Millimeter bewegen«, sagt der Psychologe Erdoğan. Es klingt nach einer viel zu einfachen Lösung. Aber: Wer nicht kommuniziert, wer von vornherein sagt, die Gesellschaft ist geschlossen, kann nicht ins Gespräch kommen. Und nur wer versteht, wo die Probleme sind, kann Lösungsansätze suchen und finden. Die Türen zur »geschlossenen Gesellschaft« lassen sich aufstoßen. Wir alle können einen Beitrag leisten zur Integration. Es ist längst Zeit.

DANK

Mein Dank gebührt den zwölf Männern, die den Mut aufgebracht haben, offen mit mir zu sprechen und sich dafür auf stundenlange Interviews eingelassen haben. Sie haben mir geduldig Antworten geschenkt, mich in Geheimnisse eingeweiht, von ihren Zweifeln gesprochen und von ihrer Unsicherheit. Über ihre Offenheit war ich manchmal erstaunt, für ihr Vertrauen immer dankbar. Mein Dank gilt auch Kazım Erdoğan, ohne den es dieses Buch nicht gäbe. Er hat den Entstehungsprozess von Anfang bis zum Schluss begleitet. Ich danke Timo für seine Gastfreundschaft und sein Fachwissen, Fulya für ihre bereichernden Ansichten und Daniel für die zündende Titelidee. Bei Christiane bedanke ich mich für ihre klugen Ratschläge. Ich danke ihr genau wie Tine, Nini und Sandra fürs Lesen und Beraten. Meinen Eltern danke ich für ihre Geduld und Zuversicht. Auch bei Melek und ihrer Familie möchte ich mich für den Einblick in ihr Leben bedanken, der ganz am Anfang meiner Recherchen stand. Besonders und für alles danke ich Juan Diego, der mich bei diesem Buch und durchs Leben begleitet.

Innenansicht der Bildungsmisere

Ursula Rogg
NORD NEUKÖLLN
Ein Frontbericht aus dem
Klassenzimmer
Geb. mit Schutzumschlag,
224 Seiten
ISBN 978-3-7205-3075-0
Diederichs Verlag, München

Vier Jahre unterrichtete Ursula Rogg an einem Gymnasium in Berlin-Neukölln. Sie begann mit viel Ambition und neuen Ideen für einen lebendigen Unterricht. Doch am Ende dieser Zeit steht die ernüchternde Einsicht, dass Lehrer in Problembezirken wie Neukölln auf verlorenem Posten wirken: Beleidigung, Demütigungen und sogar Gewalt stehen auf der Tagesordnung. Roggs Bericht ist packend wie eine Reportage und aufwühlend, wie es nur Geschichten aus dem realen Leben sein können.

Diederichs
Wissen der Welt

Rettet der Islam den Westen?

Tariq Ramadan
RADIKALE REFORM
Die Botschaft des Islam für die
moderne Gesellschaft
432 Seiten. Gebunden mit
Schutzumschlag
ISBN 978-3-424-35000-5

Allen Fanatikern und Reak-
tionären zum Trotz ent-
wickelt Tariq Ramadan eine
Lesart des Koran, die nicht
nur Freiheit und Würde des
Einzelnen betont, sondern
auch Glaube und Vernunft
versöhnt. An zahlreichen
Beispielen demonstriert
er die Grundsätze einer
modernen islamischen Ethik,
die den Menschen aus den
Fängen eines gewissenlosen
Fortschritts befreit.

Diederichs
Wissen der Welt